世界名址解疑点100处名址

刘乐土◎编著

华夏出版社

图书在版编目（CIP）数据

世界名址解疑点——100处名址/刘乐土编著.－北京：华夏出版社，2012.1
（完美人生读书计划）
ISBN 978-7-5080-6688-2

Ⅰ.①世… Ⅱ.①刘… Ⅲ.①名胜古迹－世界－通俗读物 Ⅳ.① K917－49

中国版本图书馆 CIP 数据核字（2011）第 215559 号

世界名址解疑点——100处名址

编　　著：	刘乐土
策　　划：	景　立　浩典图书
责任编辑：	赵　楠　刘晓冰　李春燕
责任印制：	刘　洋
装帧设计：	浩　典 / 道·光
出版发行：	华夏出版社
社　　址：	北京市东直门外香河园北里 4 号
邮政编码：	100028
经　　销：	新华书店
印　　刷：	三河市李旗庄少明印装厂
装　　订：	三河市李旗庄少明印装厂
开　　本：	720 × 1030　1/16
印　　张：	22
字　　数：	388 千字
版　　次：	2012 年 1 月北京第 1 版
印　　次：	2012 年 1 月北京第 1 次印刷
书　　号：	ISBN 978-7-5080-6688-2
定　　价：	30.00 元

本版图书凡印刷、装订错误，可及时向我社发行部调换

目 录

前言 / 1
孕育文明萌芽的南猿人骨化石遗址 / 2
揭示亚洲人类始祖生存状态的周口店"北京人"遗址 / 5
代表史前人类艺术巅峰的阿尔塔米拉洞窟 / 10
堪称史前艺术最大集散地的塔西利国家公园 / 13
被称为"百门之都"的底比斯古城及墓地 / 16
位居世界七大奇迹之首的吉萨大金字塔 / 20
"巨石阵"及埃夫伯里的巨石遗迹 23
代表着希腊史前文明的迈锡尼考古遗址 / 26
素有阿拉伯"古迹之城"之称的大马士革古城 / 30
见证古地中海辉煌文明的特洛伊考古遗址 / 32
记述着意大利艺术渊源的佛罗伦萨历史中心 / 35
孕育奥林匹克运动会的奥林匹亚考古遗址 / 38
彰显古中美洲城市建筑成就的特奥蒂瓦坎古城 / 42
被三大宗教尊为圣地的耶路撒冷旧城及其城墙 / 45
饱受战火摧残的迦太基考古遗址 48
代表阿拉伯精湛建筑成就的突尼斯老城 / 50
体现中国汉民族传统城市规划思想的平遥古城 / 53
孕育古罗马帝国辉煌的罗马历史中心 / 56
融合东西方文化的伊斯坦布尔历史区 / 62
释迦牟尼的诞生地兰毗尼 / 66
被古希腊人认定为世界中心的德尔斐考古遗址 / 68
埋葬在火山灰下的庞贝古城与赫库兰尼姆古城 / 70
在岩石上雕凿出来的佩特拉古城 / 75
见证阿契美尼德王朝建筑成就的波斯波利斯 / 78
为尊崇儒家思想而建的曲阜孔林、孔庙、孔府 / 81
把奇伟的自然美与建筑美融为一体的万里长城 / 86

公元前6000年

蕴藏着古希腊数千年辉煌艺术成就的雅典卫城 / 89
充分体现印度宗教建筑艺术风格的桑吉大塔 / 92
被称为"世界第八大奇迹"的秦始皇陵及其兵马俑 / 95
对西方穆斯林艺术产生重大影响的科尔多瓦历史中心 / 98
作为西非前伊斯兰教文化典范的杰内古城 / 102
对后期印度艺术发展产生重大影响的阿旃陀石窟 / 104
素有"美洲的雅典"美誉的帕伦克 / 107
德国境内保存古罗马建筑遗迹最多的特里尔古城 / 110
见证玛雅文明鼎盛和衰败的科潘玛雅遗址 / 115
被誉为"人类第八大奇迹"的纳斯卡巨画 / 118
塞纳河畔的艺术 / 121
展现自然景观的苏州园林 / 129

公元前247年

公元642年

见证天主教悠久历史和巨大精神力量的梵蒂冈城 / 136
堪称"露天博物馆"的复活节岛国家公园 / 140
辉煌的莫高窟 / 142
被拿破仑称为"举世罕见的奇城"的威尼斯及泻湖 / 145
体现日本神道文化特色的严岛神社 / 151
代表日本飞鸟文化最高水平的法隆寺木质建筑 / 154
素有"千塔之城"美誉的伊斯兰城市开罗 / 157
代表新罗王朝佛教文化的庆州石窟庵和佛国寺 / 161
表现出浓郁中世纪风貌的摩洛哥非斯老城 / 163
概括日本木建筑艺术特色的古京都历史建筑 / 167
集行政、宗教和政治于一体的拉萨布达拉宫和大昭寺 / 170
代表高棉建筑最高成就的吴哥遗址群 / 175
见证印度尼西亚佛教文明的婆罗浮屠寺庙群 / 178

被日本人视为"精神故乡"的奈良 /181
欧洲宗教建筑里程碑式的亚琛大教堂 /184
代表哥特式建筑艺术风格的沙特尔大教堂 /187
点缀在多瑙河畔的布达佩斯古建筑群 /190
被称为"百塔之城"的布拉格历史中心 /194
素有"北方的罗马"之称的萨尔茨堡历史中心 /198
英国哥特式建筑风格的威斯敏斯特教堂 /201
被誉为"西方奇迹"的圣米歇尔山和海湾 /204
有着"德国的雅典"盛誉的文化名城魏玛 /208
被命名为"世界印第安人的首都"的库斯科古城 /211
因失误而名扬天下的比萨大教堂 /214
镶嵌在岩石上的拉利贝拉岩石教堂 /218
见证梭纳班图文明的大津巴布韦遗址 /221
对后世城市规划与建设产生重大影响的姆扎卜河谷 /224
被誉为"摩洛哥南部明珠"的马拉喀什老城 /226
反映拉美不同时期发展特色的基多古城 /229
有着"民居博物馆"美誉的丽江古城 /232
北欧海上商贸中心吕贝克 /238
按阿兹特克"神鸟"启示而建设的墨西哥城 /241
标志着哥特建筑走向成熟的亚眠主教堂 /244
有"欧洲最美丽都市广场"美誉的布鲁塞尔大广场 /248
见证俄罗斯灵魂与历史的莫斯科克里姆林宫和红场 /252
弥漫着平和市井气息的伯尔尼老城 /255
象征着逻辑与次序的昌昌土城 /260
把修道院建筑在半空中的曼提奥拉 /263
展示泰式建筑起源的素可泰历史名城及相关城镇 /266
模仿中国故宫建筑风格的顺化古迹群 /271
享有"皇帝之城"美誉的兰斯大教堂 /274

公元960年

公元1191年

象征波兰民族文化与传统的历史名城华沙 / 277

堪称哥特式建筑完美典范的科隆大教堂 / 281

印证幕府时代日本封建文化的姬路城 / 284

摩尔人的阿兰布拉宫和赫内拉里费花园 / / 287

完美体现中国古代建筑艺术精华的故宫 / 291

安第斯山脉的文明摇篮马丘比丘历史圣地 / 294

被拿破仑称为"世纪之宫"的枫丹白露宫殿和园林 / 297

素有"世界银都"之称的波托西 / 300

代表莫卧儿早期建筑成就的胡马雍墓 / 303

素有"美洲直布罗陀"之称的魁北克古城 / 306

代表法国古典主义艺术巅峰的凡尔赛宫及其园林 / 310

象征着永恒爱情的泰姬陵 / 313

素有"北方威尼斯"美誉的圣彼得堡历史中心及古迹群 / 318

标志着美国独立战争开端的费城独立厅 / 321

作为工业革命重要象征的乔治铁桥 / 324

堪称中国园林艺术典范的北京颐和园 / 328

象征君主立宪政体的英国国会大厦 / 332

高举火炬的自由女神像 / 335

凝聚着英国各时代建筑艺术特色的伦敦塔 / 338

融世界古今建筑精华与艺术风格于一体的巴西利亚 / 342

公元1527年

公元1869年

前言

　　安静的阅读能带来头脑的充实、心境的平和以及性格的完美，但在现代社会匆忙的生活节奏中，你每天可以有多少时间去阅读？很少？甚至没有？让我们在匆忙的物质生活中抬起头来，去精神的世界里遨游一番。阅读能带来心灵的洗涤和精神的震撼，用知识装满头脑，你的人生才能够逐步完美。去安静地阅读吧！你获得的将不只是知识，还有受益匪浅的完美人生！

　　在悠悠的历史长河中，我们的先辈给我们留下了丰厚的文化遗产。在历史进程中，数以万计的灵魂人物涌现出来。他们是历史这辆火车的轨道铺路人，也是这辆火车的操纵者。可能这些在厚重的历史面前只能算沧海一粟，但我们却可以借助它们去了解历史，了解世界。卷帙浩繁，完美人生的阅读从何处开始呢？

　　《完美人生读书计划》丛书将人类历史中最具有代表性的名书、名人、名址、名文、建筑、学说、大事、战争一一分类收录，各自成册，方便读者阅读。本套丛书内容丰富，种类齐全，使读者可以全面而精简得当地了解完备的知识，进而完成完美人生的读书计划。

　　任何文明的发展都有其固有的印记，不管是史前的文明，还是文字出现之后人类所创造的文明，都是如此，如各种遗址或是现存的、仍然被使用的各种各样的建筑。当然，在这其中，也有一些因为时代的久远、无历史记载等原因，至今还是人类无法解开的谜团，但这并不妨碍其成为人类文明发展的标志，并不妨碍其成为人类文明坐标系中的重要一点。

起始时间	地理位置	推荐理由
400万年前	最初在南非中北部的塔翁发现，后又在南非斯泰克方丹等地陆续发现。	南猿又称为南方古猿，人类学家比较一致地认为南猿应归入人科，代表人科进化序列中一个重要发展阶段，是猿到人的过渡阶段的晚期代表。这一遗址的发现，具有重要的历史意义。

孕育文明萌芽的南猿人骨化石遗址

文明印记

这些化石是石灰矿工人在1924年于塔翁附近一处采矿场进行爆破时发现的（塔翁位于南非中北部卡拉哈里沙漠西部边缘地带），然后被送到了达特的家中。达特在其中发现了裹着一个小孩（目前已知相当于一个6岁或更年幼的小孩）的化石头骨、面骨和下颌骨的石灰石块。

达特后来回忆说，他当时立即意识到："我敢肯定，这是古人类学历史上最有意义的发现。"经过几个星期的精心剥离工作，达特于12月23日将头盖骨从石模中剔了出来。

1925年，达特将对塔翁化石的描述发表在当年2月7日的《自然》期刊上，他将这一化石命名为"南方古猿非洲种"，并创造了至今仍被用来说明人类家族最早成员的通行名称——南方古猿。他认为塔翁化石是介于类人猿和人类之间的一种古猿。

学术界在当时流行的看法是：所谓类人猿和人类之间失落的环节或许具有容量很大的大脑，类似类人猿一样的颌骨和牙齿。但塔翁化石人的脑容量却很小，与类人猿很接近，且具有看上去与人类相似的颌骨和牙齿，所以当时塔翁化石并没有立即被承认为人类祖先。此后，关于"塔翁化石"的争论在学术期刊上进行了几十年。

推迟承认塔翁化石为人类祖先的另一个原因是化石属于一个幼儿，很难确定其特征是否为成年人所共有。

12年后，即1938年，达特的支持者之一罗伯特·布鲁姆在南非的斯泰克方丹首次发现了成年南方古猿化石，随后又在距斯泰克方丹1.6公里的克罗姆德拉伊发现了南方古猿化石。1948年后，布鲁姆和约翰·罗宾森在斯瓦特克朗斯、吉瑟兄弟和阿伦·赫格斯在南非北部省马卡潘陆续发现了南方古猿化石。

在这些地方的继续发掘以及后来发现的一些遗址，导致在南非一地便出土了1000多件早期人类祖先的骨骼化石。这些发现证明，在大约300万年前至100万年前之间的南非，至少存在着两种不同的南方古猿：一种是南方古猿纤细种，另外一种是南方古猿粗壮种；此外，还有一些其他种类的早期猿人。

南非的斯瓦特克朗斯是距斯泰克方丹1公里的一处古代洞穴。那里有丰富的南方古猿粗壮种和早期人类化石，以及近180万年以来的大量动物与有关南非高地草原环境变化的遗迹。

▼ 博茨瓦纳的卡拉哈里沙漠风景。

沙漠中的驼队。

斯瓦特克朗斯出土了100万年前的烧骨，这可能是人类用火的早期证据。德兰士瓦博物馆的鲍伯瑞恩和开普敦大学的安德鲁·希伦对烧骨所做的化学分析表明，它们是受篝火而非野火烧灼的，但人们没有发现燃火的地点。假若早期人类确实学会了用火，那么人们并不知道这些火是人工点燃的还是取自闪电引起的自然火，也不知道原始人是否用火来做饭、取暖或防御食肉动物的侵袭。

在斯瓦特克朗斯发现的许多南方古猿化石，大概是被诸如豹、剑齿虎之类的大型猫科动物或者土狼所猎杀的。在一块年轻的南方古猿的部分头骨上留有一些孔洞，与在同一地层上发现的豹齿相吻合。有些南方古猿可能被豹子拖进洞穴入口处的树丛，以避免土狼之类食腐肉动物偷走这些猎物，食后的残骨可能是后来留在洞中的。

在斯瓦特克朗斯还发现了早期的石器以及磨光的骨器和兽角，它们可能是用来挖掘植物根茎的。

专家点评

南方古猿是一种脑量较小，近似类人猿的生物，生活在400万年前至100万年前的一段时间内。在人类形成的道路上，它迈出了直立行走的第一步，是连接类人猿和人类之间的一个重要环节。

起始时间	地理位置	推荐理由
约50万年前	北京市西南方50公里的龙骨山	从这座独一无二的遗址上，人们可以了解到很久以前亚洲大陆人类生存和社会发展的情况，从而揭示出人类进化的过程。

揭示亚洲人类始祖生存状态的周口店"北京人"遗址

文明印记

在约70万年到20万年前，北京周口店一带生息繁衍着一群手执石器的"北京人"。从这里发掘的头骨、石器及用火痕迹表明，直立人已经存在，人类进化的确是在依从猿到人的序列中完成的。

周口店"北京人"遗址的发现经过是这样的：1914年初，瑞典著名地质学家安特生接受中国政府的聘请，来华担任矿政顾问。安特生爱好广泛，学识渊博，不但是一位享有盛名的学者，还是一位出色的探险家。1918年2月的一天，他偶然听说周口店附近一个叫龙骨山的地方有"龙骨"和石灰岩洞穴，于是只身前往，对一小块遭到破坏的含化石的堆积物进行了小规模发掘，仅找到两个种的啮齿类和一个种的食肉类化石，收获不大。此后的1921年和1923年由外国学者单方面对另一地点又做了两次小规模的调查和试掘，发现了更多种的动物化石，但没有达到寻找人类远古祖先遗骸的预期目的。

1926年夏天，外国学者在整理那一批化石标本时有了重大发现，他们识别出一颗明确北京周口店人头盖骨。

的人牙，这才引起了中外学者的广泛关注。1927年，中国地质调查研究所代表中方、北京协和医院代表外方，共同签署了系统发掘周口店的协议，经费由洛克菲勒基金会提供。在当时的特定条件下，这一协议既坚持了维护国家权益的原则，又尊重了外国学者的学术专长，使合作项目得以顺利进行。

1927年，系统而大规模的发掘在周口店第一地点中段开始了。这次挖掘深度近20米，挖出的堆积物约3000立方米，获得动物化石标本500箱，特别是找到了一颗保存完好的人牙化石，可谓是旗开得胜。接着1928年的工作班子增加了中国学者杨钟健和裴文中，发掘面选在前一年的东部，发掘的堆积物2800立方米，得到材料575箱，又发现了一件少年女性右下颌骨和一件成年人的保存有三颗完整臼齿的下颌骨，使前一年根据一个单牙建立起来的"北京人"这个新属获得了更加充分的证据。

1929年，考古工作者将一颗沉睡地下几十万年的完整的"北京人"头盖骨发掘出来，这个消息震惊了全世界。事情发生在1929年12月2日下午四点多钟，当时已经日落西山，寒意袭人，考古发掘工作正在一个洞穴中紧张地进行着。天色越来越暗，人们点起蜡烛继续干。忽然有人大声叫了起来："这是什么？人头！"话音刚刚出口，许多人就围拢过来。因为大家知道，这就是要找的东西。主持发掘的裴文中先生考虑良久，最后才决定当天晚上亲手把它取出来。一时间，这个消息成了当时的爆炸性新闻，成了北京城里街头巷尾人们谈论的话题。

以后的发掘取得了更为丰硕的成果。除发现用火的证据、大量的石器和动物化石外，还发掘到了更多的人类化石材料，仅1936年11月间，贾兰坡就发现了相当完整的3个"北京人"头盖骨，再次引起广泛的轰动。

处于"从猿到人"进化转变过程中且更具人的性质的"北京人"化石的出土，是一个震惊世界的重大发现。然而，令人十分痛心的是，所有二三十年代发现的"北京人"化石，在1941年的太平洋战争中在美国人手中失踪，至今不知去向，成为一个不解之谜。

周口店"北京人"遗址发现的化石，包括人类化石和一些灵长类化石，出土后一直保存在北京协和医院底层的保险柜内。1941年，由于日美关系日趋紧张，在北京的美国侨民纷纷回国，出于对"北京人"化石的安全考虑，有关方面在11月初准备将其运往美国。化石分装在两个木箱内，于12月5日用专列从北京运往秦皇岛，打算送上预定于12月8日抵达秦皇岛的美国定期航轮哈里逊总统号。但由于日军迅速占领了美国机构，专用列车在秦皇岛被截，哈里逊总统号也未能抵达。从此，包括头盖骨在内的"北京人"化石下落不明。"北京人"遗址中出土的化石遗失清单包括"北京人"化石、山顶洞人化石及部分灵长类动物化石，分装在两个大白木箱子内。其中"北京人"化石计有："北京人"牙齿74小盒，"北京人"牙齿5大盒，"北京人"残股骨9件，"北京人"上臂骨2件，"北京人"上颌骨3件，"北京人"锁骨1件，"北京人"腕骨1件，"北京人"鼻骨1件，"北京人"腭骨1件，"北京人"第一脊椎骨1件，"北京人"头骨片15件，"北京人"头骨片1盒，"北京人"残下颌骨13件，"北京人"头盖骨13件，从E地发现的"北京人"头骨，从D地发现的北京人头骨。

世界上有许多人为寻找"北京人"化石的下落而四处奔波。然而这些无价的"北京人"化石究竟在哪里，至今下落不明。

从地理上说，现今北京西南郊50公里处的周口店正好处在山区和平原衔接的过渡地带，它的东南面是一望无际、微向东南倾斜的华北大平原，西、北两面是山峦重叠、连绵起伏的北京西山－磁行山山脉的一部分。这里的石灰岩一般很厚，且多被带酸性的水所溶解，特别在褶曲发育、断裂很多的地方更容易为地下水所穿通，因而形成了许多天然洞穴和裂隙，常常会成为人类生活的理想场所。

"北京人"生活的周口店第一地点的洞穴很大，东西长140多米，宽度2米至40米不等，在洞的中部又向南北各伸出一个裂隙，经常出入的洞口估计在岩洞的东头。当"北京人"最初在这里居住生活的时候，洞里绝大部分还比较空旷。长年累月的风雨给山洞带进了大量的土沙，再加上洞壁、洞顶塌落下来的大量石块，以及"北京人"的生活垃圾、死亡动物的骨骸，结果山洞就一层叠一层地一直堆到了几十米高的顶部，从下到上的堆积可分13个层次，年代跨度从距今70万年到20多万年，而"北京人"头骨则处在距今40至50万年的地层中。

"北京人"和我们现代人类的外貌是不同的。"北京人"头骨的特征是前额低平，眼眶上缘有两个互相连接的粗大眉骨，像房檐一样遮盖着双眼；脑壳很厚，大约比现代人要厚一倍。现代人的头盖骨是上部膨大，下部收缩，呈馒头状。相对而言，"北京人"的脑子还不算大，大约只有现代人的80%。如果和猿类相比，则又大得多，现代猿类的平均脑量只有"北京人"平均脑量的40%左右。现代人的嘴巴前缘和前额几乎是位于一条垂直线上，而"北京人"的嘴巴则特别向前伸，远远超出这条垂直线。可见，"北京人"的形象正好介于猿类和人类之间，说他像一只大猿，他又有若干人的特征；说他像人，可是它保留的猿的性质也不算少。

"北京人"的牙齿和四肢也没有进化到现代人的水平。他们的牙齿虽然比现代人的牙齿粗壮得多，齿面结构也比较复杂，但和大猿的相比，就又显得弱小和简单。"北京人"的四肢骨比头骨进步，基本上已具有现代人的形状了。他们的大腿骨在大小、形状、比例和肌肉附着点上都与现代人相似，但还具有若干原始的性质，如现代人大腿骨的中段都是前后方向宽、左右方向扁，而"北京人"正相反，这一点是接近于大猿的。"北京人"已经能够自由地使用两手进行劳动，动作上和现代人相同。下肢虽已具有现代人的形状，但多少还有些屈膝，不过已经能直立行走。"北京人"的这种上肢比下肢进步，肢骨又比头骨进步的不平衡发展的现象，说明肢骨适应于直立姿势的发展要先于头骨的转变，而用手劳动在四肢的分化和进化过程中，更起到了不可估量的作用。

在周口店天然平静、艰苦危险的自然环境中，"北京人"一代又一代顽强地生存着。他们用砾石制造简单古朴的生产工具，加工各种木器和骨角器；他们精心地维护着火种，用来照明取暖、烧烤食物、吓跑野兽。为了填饱肚子，他们四处流动，采集着各种根茎果块；有时成群结队地捕猎凶猛高大的野兽；有时用木棒和骨棒扒开鼠洞，捕获成窝的小老鼠；也有时两手空空或收获甚少，只能忍饥挨饿。在漫长的岁月中，他们靠着辛勤的劳动和智慧，战胜了重重困难和灾害，抚育了生命，延续了后代。

为了解决生存的问题，聪明的"北京人"用砾石做锤子，已能根据不同的原料使用不同的打制方法生产石器，修理工作也用石锤，从修理出来的痕迹看，似乎也使用了木棒和角棒。"北京人"的石器有多种类型，他们常常挑选一些扁圆形的砂岩或石英岩砾石，或一面或两面打出刃口，制成"砍斫器"，用来砍伐木柴或狩猎用的木棒；他们使用最多的是"刮削器"，是用大小不同的石片经过修理而成，有盘状、直刃、凸刃、凹刃和多边刃等形状，

周口店龙骨山北京猿人遗址。▶

大型的凹刃刮削器，适用于刮削狩猎用的木棒，小型刮削器大概是充当刀子使用的生活用具。其中一件类似石锥的尖状器，长长的尖头并有两个肩膀，把它放在旧石器时代晚期阶段，也算是一件难得的"珍品"。关于尖状器的用途，有人认为可以割剥兽皮，或用作挖取树虫的工具，有人则认为可用以挖剔骨头上的肌头筋脑。

从出土的"北京人"住居中，人们发现了火的遗迹，从而知道几十万年前的人类祖先就懂得使用和管理火了。在周口店发现了灰烬、炭块、烧过的骨头和石头。经火烧过的骨头，表面上出现了裂纹，甚至变得七扭八歪的，有的颜色变成了蓝、绿、灰、褐和黑色。烧过的石头也都裂开了纹，有些埋藏在灰烬中的石灰岩变成了石灰。在四五十万年以前，"北京人"是怎样取得火种，怎样管理和利用火的呢？如何使火永保不灭的呢？所有这些问题仍然是"北京人"留给我们的谜。

专家点评

不同历史阶段的古人类遗址，如此集中地出现在同一个地方，是十分罕见的现象。这里也是迄今为止发现的古人类遗址中最具有代表性、资料最丰富、最完整的一处遗址。

起始时间	地理位置	推荐理由
约1.3万年以前	西班牙北部桑坦德省的托雷拉维加	岩画中的艺术形象自然流畅，富有动感，透视准确，代表了马格德林文化时期的最高艺术成就。

代表史前人类艺术巅峰的阿尔塔米拉洞窟

文明印记

阿尔塔米拉洞窟，在西班牙北部的托雷拉维加附近的桑蒂利亚那石灰岩高原上，由几个石灰岩洞连接而成，总长约270米，其中最大的岩洞面积约有100多平方米。

阿尔塔米拉洞窟的壁画，形成于1.3万年之前，经历了欧洲旧石器时代晚期奥瑞纳、索鲁特和马格德林三个文化时期。最早期的壁画，大部分都很粗陋，是用手指画在岩壁上的简单几何图形和人物轮廓。马格德林时期画得很精细，用了红、黄、黑等几种颜色，刻画的野牛、野猪和鹿等动物一般长约2米。画家用有限的几种颜色，利用岩穴面轮廓，时常能形成立体效果。岩石上的一个天然小洞，能够变成瞪视的眼睛；岩石上的大裂口，能够涂上红色代表伤口；岩石上形状奇怪的凸出部分做成兽头、兽背或兽腰；石缝做成兽腿。不管是平面图画还是浮雕，画法都流畅自然、透视准确。有一段时期岩穴画家的风格，使人想到毕加索。那段时期画的动物，头为侧面，角却在正面，耳朵也许生在颊、颈等部位，画家爱画在什么部位都行。

岩穴画家究竟是什么人？当时西欧居民以克洛麦农人为主。克洛麦农人与现代人同种。名字得自法国多敦河区的克洛麦农岩穴。1868年，首先在那里发现了这种人的遗骨。克洛麦农人通常比我们矮小，额高，四肢硬直。他们穿兽皮，以狩猎、捕鱼，采集水果、浆果、甲壳类动物为生；还未学会种植农作物或饲养家畜；大概还不会骑马，也不会利用马负重。当时气候寒冷，在那种环境中生活艰困而短命。从遗骨显示，男人很少活到50岁，妇女很少活到35岁。即使只从克洛麦农人的岩穴图画判断，也可知他们具有极高的智力和灵敏的感觉。他们的歌曲、舞蹈和文化，也许与他们的视觉艺术有同样的成就。考古学上的证据证明，他们在坟墓里放置了食物和工具，陪伴死者踏上冥途，可见他们相信来世再生。他们可能还相信，动物也有灵魂；例如，在一个岩穴内，刻着一匹小马正从一匹受了伤奄奄待毙的大马腹里跃出来。

阿尔塔米拉洞窟岩画。

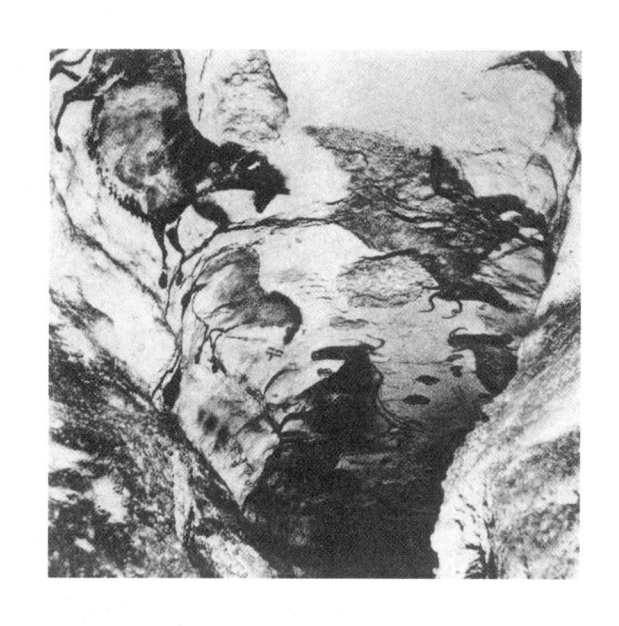

为什么创作这些美术品？考古学家认为，岩穴图画有严肃的宗教目的。对只有简单利器的人类来说，猎捕大野兽是十分艰难的。据专家猜测，史前人类已有一套非常复杂的"交感法术"仪式，想靠施用符咒镇住猎物。最有效的法术也许需要画出或刻出野兽的图像。他们相信只要把它的图像刻画在穴壁上，它就不能再有抗拒人的力量。画家要把动物的灵魂捕捉到图画里，或许还得表现出动物的显著特征：画马或鹿要表现脚力矫健；画野牛或长毛象要表现力气大；画野猪或狮要表现勇猛。更重要的是，画家可能画一根长矛贯穿野兽，以保证行猎成功，并且利用这种图画来教导年轻猎人哪些部位最易致命。猎物稀少必然时常引起食物补给不足，因此许多考古学家推论，绘画的主要功用是增加动物的生育

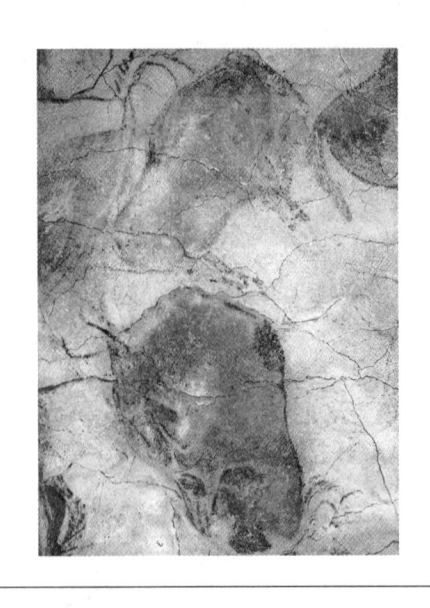

阿尔塔米拉洞窟顶部的两只几乎等比例的野牛绘画。

力。如此说来，许多动物图画周围的古怪图形，可能是象征多产的符咒。

美术家如何工作？先用尖锐的燧石在穴壁上刻画出动物的轮廓，然后着色，旧石器时代的画家，没有绿、蓝两种颜料。黑、紫两种颜料却很容易从含氧化锰的泥土中取得。他们也可能从木炭和油烟中取得黑色，又从铁矿中取得褐、红、橙、黄等色。先把铁矿矿石用石头磨成粉末，然后与动物血液、植物汁液或动物脂肪混合在一起，制成颜料。颜色涂得很厚。涂法有很多种：用手指，用毛皮、羽毛或咬破树枝梢制成的刷子，用成片的地衣和苔藓，用中空的芦苇管或兽骨把颜料吹到穴壁上，有时还用赭石混入兽脂卷成细蜡笔。在阿尔塔米拉岩穴里发现过此种蜡笔的遗迹。

让人奇怪的是，如此高超的壁画创作艺术似乎此后便失传了。也许与当地气候逐渐转暖有关，随着大片冰原的消失，马格德林时期的人们离开了他们居住的洞穴，来到了空旷的平原地区生活。他们的后代逐渐适应了低地生活的要求，学会了农耕，忘记了他们祖先当初狩猎的生活方式，当然，也不再在岩壁上刻画那些活灵活现的动物以及栩栩如生的狩猎场景了。

专家点评

阿尔塔米拉洞窟的壁画，完整地反映了欧洲旧石器时代晚期的三个文化时期，特别是马格德林文化时期的最高艺术成就。

起始时间	地理位置	推荐理由
约公元前 6000 年	阿尔及利亚撒哈拉东南与尼日尔、利比亚交界处	这座高原上的遗址具有重大的科学价值和艺术价值。被世界各国学者公认为"世界上最大的一个史前艺术博物馆"。

堪称史前艺术最大集散地的塔西利国家公园

文明印记

　　塔西利国家公园面积3000平方公里。公园地区的海拔高度，由北部的1500米，逐渐升高到东南部的1800米。史前时期的洪水在这里留下了狭窄的峡口、深长的河谷，以及由积存雨水而形成的湖泊。这里生长着油橄榄和名叫"达罗特"的千年古柏等古老珍稀植物。

　　塔西利史前洞窟中有公元前6000年至公元初年几个世纪的壁画和雕刻作品1.5万多件。小至几厘米，大至七八米。大多数彩色图像是用各种土色颜料绘制的，有褐色、红色、淡绿色和黄色，还有白色和天蓝色，图像一层一层地画在岩石上，一些完整的场面在内容上毫无关系却彼此覆盖着，有的多达12层。根据风格、技术、石垢的色泽、所表现的动物种类、服饰及武器等差别，非洲岩画大体可分为四期，阿杰尔高原的岩石图画也不例外。

　　第一期为古代水牛时期（约公元前6000～公元前3500年），以单独动物、大动物群及绝种动物的写实图像为代表，是古代狩猎生活的反映。这个时期，阿杰尔高原的艺术作品主要是岩刻，其中雄伟写实的古代水牛图十分引人注目。水牛图轮廓线精美，表现细腻，表明生活在这片土地上的民族很熟悉这种动物。除水牛外，还有雄健的犀牛、长颈鹿等图像，其中一个犀牛形象高达8米，一件描绘几个7米高的长颈鹿构图，竟然占有82平方米的面积。

第二期为牧养公牛时期（约公元前3500～公元前1500年），以大型的写实家畜图像及风格化的大动物群图像为代表，包括大批的公牛图像等。这个时期，阿杰尔高原的艺术作品中反映畜牧部族生活的图像是主要部分。这是由于随着畜牧部落抵达撒哈拉，岩画的题材发生了变化，原有的形式被一些新的艺术形式所代替。通过这些新形式，既扩大了写实成分，也增加了风格化成分，出现了大量优美的艺术作品。例如，阿杰尔高原泰拉拉特山谷的三头公牛图像岩刻，其形象很注意透视关系，互相重叠的公牛轮廓、毛皮上的斑点以及额头上的秃斑都被十分细腻地凿磨出来。这种认真的细节刻画，表现出当时的牧人对动物认识的深入。有时还在互相连接的画面上表现出活动的连续性。例如，第一幅图像是表现一个坐在自己茅舍前的妇女，一个男子正向她走去；第二幅表现他们正并排站着谈话；第三幅可以看出他们之间谈妥了什么事情；第四幅上有几个人坐着，说明这是描绘亲人们之间的交往。有时还注意通过人的形体动作刻画人物的心理。如一幅可以称为《责备》的岩画中，四个人稍微向前弯着身子，做着手势，企图说服第五个人，而第五个人却高傲地扬着头，右手叉腰，直挺挺地站着。

第三期为马时期（约公元前1500～公元2世纪），包括风格化的人物图像、马拉的板车及大型马车、钟形样式的服装、风格化的公牛及其他家畜形象。在这个时期阿杰尔高原

▼ 猎人们正在追捕猎物。

塔西利岩画中牧民照管牛群的情景。

的艺术作品中，马被描绘成飞速急驰的姿势，人物的衣服长及过膝，腰部勒得很紧，仿佛是古罗马的束腰紧身衣，大型马拉战车图像则说明当时的部族已经把这种马车当成重要的交通工具。以后大型马车逐渐为骑马图像所代替，显示了当时牧民生活习俗的变化。在这个时期，还有一些不同类型的岩画风格出现，甚至从有些岩画作品中还能够看到与埃及艺术相似的成分，如著名的《双角女神》岩画。一位掌握五谷的女神，头戴羽毛饰带，头部周围有点状帷帘以及一片撒播种子的庄稼地。这种饰物可能是用来代替面纱的。女神的双角与埃及神话中繁殖女神的双角相似。与此同时，阿杰尔高原还发现了大批公牛的形象。

第四期为骆驼时期（约始于2世纪）。这一时期，骆驼的出现与大旱降临、土著居民生活发生深刻变化有着密切的联系。如果缺少这种动物，沙漠上的生活就很难想象。骆驼图像在数量和传播区域上都超过了从前的岩画。在撒哈拉到处都能遇到风格化和写实的骆驼岩画。另外，用简单粗糙技术刻成的小型晚期图像，还混合有题记和象征性标志。

专家点评

阿杰尔高原岩画不仅为我们研究撒哈拉地区的生物、气候等问题提供了重要的形象材料，同时也是一部绚烂多彩的非洲史前社会生活史。通过那一幅幅描绘在山岩峭壁上的久已消失的生活图景，我们仿佛可以感受到非洲史前人类为了控制自然，曾经在这片土地上不顾一切地斗争，并获得创造世界的无限欢乐。

起始时间	地理位置	推荐理由
4000多年前	尼罗河中游	底比斯曾是埃及的首都，阿蒙神（太阳神）之城。这里挖掘出来的珍贵文物如黄金面具等，都有力地见证了在顶峰时期的古埃及文明。

被称为"百门之都"的底比斯古城及墓地

文明印记

底比斯是古代埃及帝国的中王朝和新王朝的国都，历代帝王辛勤经营了一千多年，确实是一座美轮美奂、"生者与死者奇妙结合"的城市。城跨尼罗河两岸，东岸是"生者的乐园"，是法老（国王）居住的地方，规模壮阔，号称"百门之城"，拥有一百座城门，乃当时世界上最大的城市。城内布满豪华的王宫、阴森的神庙、大臣和奴隶主的府第、外国使节的宾馆、手工作坊、监狱、兵营、奴隶住的地洞、茅舍等等；西岸是太阳沉落的地方，"死者的天堂"，历代帝王及其亲属、大臣葬于此，营建了连绵不绝的陵墓群，号称"国王谷"。

入夜，不断变幻的各色灯光射向古址，将断廊巨柱烘托得更加雄伟瑰丽。身入古殿，旧日各种声响频频入耳，模拟得十分逼真，再加形象生动的解说，使人朦朦胧胧，犹如时间倒退了几千年。

卡纳克神庙是底比斯城遗址上保存最完整、规模最大的建筑群，经历代帝王持续营建五百多年而成。全庙由三座大殿组成，占地33.57万平方米。一条平坦大道直通庙门，路两侧整齐地排列着几十尊狮身羊头石像。第二殿和第三殿之间以柱廊相连,那就是举世闻名的柱厅。134根圆柱耸入云天,各高14至24米;中间最大的12根柱,粗需5人合抱,遍体精美浮雕;每根柱顶的花瓣盘能站立100人。相传这个"连柱厅"是拉美西斯一世在公元前1320年建造的。

卡纳克神庙以奉阿蒙神为主。阿蒙神又称太阳神,是宇宙八大神之一,是底比斯人崇拜的主神。历代法老为巩固自己的王权和奴隶主的统治地位,极力宣扬自己的文治武功。有的仿照神的装扮建造自己的巨大雕像,有的在神庙里竖立铭刻战功事迹的方尖碑,有的将战役经过刻在墙壁上。例如公元前1480年打败迦叠什国王以及与巴勒斯坦、利比亚的战役都一一留在了雕刻品上,用图文做了生动的描述。

卡纳克神庙雄伟的柱廊。

南墙上有一段这样的铭文:"拉巴蒙王第五年(即公元前926年),埃及王舍沙克攻占了耶路撒冷,他拿走了所罗门圣殿和宫内的宝物,他拿走了一切,拿走了所罗门王的金盾牌。"这段纪事竟同《圣经》14章25节记录的事实完全相符。侵略者残暴掠夺的面目跃然壁上,为后人留下了确凿的史证。

综观世界已经发现的古代宗教建筑遗址,卡纳克神庙的规模无疑是最大的。它的全貌已不可能再现,但神庙一方石碑为它做了生动的描述:墙体用精细砂石砌成,然后通体贴金。路面涂银，所有门道镀上黄金。雕像均用上等的整块花岗岩、砂岩、彩石琢造。正殿有一个金、玉砌成的御座。庙前竖立一排纯金铸成的旗杆。人工河引来尼罗河的水，环庙而流。每当太阳升起，神庙的光芒如同太阳光一样灿烂。

在卡纳克神庙以南1公里处，建有一座较小的卢克索神庙，也是亏了沙子的掩埋才保存下来的。此庙建于公元前12世纪，100多年前被发掘出来，人们花了两年功夫才使它重见天日。庙内原有6尊巨大雕像、2根方尖碑，目前只剩3尊、1根。方尖碑高25米，四方柱形，用整块花岗岩制成，柱面雕以神像和图案，竖于庙门两侧，作为崇拜太阳神的象征。另一根被埃及统治者穆罕默德·阿里作为礼物，于1831年送给了法国国王路易·菲利普，如今耸立在巴黎协和广场上。

西岸"国王谷"峰峰相连，悬崖相对。从第十八王朝开国国王为自己建造第一座陵墓开始，历经500多年，组成世界上少有的王陵群。墓穴依山开凿，高低错落，布满崖坡。已发现国王墓62座，据史载还应该有11座。

墓道中常见这样的文字："你死之后，必将复生，灵不离躯体。你在人世所为，犹如一场梦。"帝王们正是为此，将其坟墓建得极其豪华、神秘和隐蔽。墓成之日，即将建陵匠人悉数处死。但其愈诡秘，愈能激发冒险家的贪欲。千百年来，盗墓活动从未停止过，"国王谷"珍宝散失殆尽。

幸运的是，1911年发掘到一座从未被人触动过的陵墓，取出国王完好如初的尸体（木乃伊）和数不尽的金银财宝。从出土到运往开罗博物馆，整整花了9年时间，那财宝该有多少啊？而这位图坦卡蒙国王（约公元前1371年～公元前1351年），不过是名毫无作为的傀儡皇帝、20岁便夭折的末代君王，用的竟是黄金棺木、黄金面具、黄金宝座，还有殉葬财宝两千多件。那么，有功有势的国王，墓中宝物不是更多吗？但由于盗墓者长期的窃取，现在开罗博物馆收藏的王陵文物，只不过是"国王谷"财宝沧海中的一粟罢了。

现今已有好几座陵墓清理出来让人参观。南道深入地下几十到百余米，两壁凹凸不平，空气稀薄，光线阴暗，令人感到窒闷、恐怖。一抵墓室，突然敞亮，四壁的浮雕和象形文字美不胜收。左右厅室和顶壁的彩绘眩人耳目，石棺精雕细刻，死者雕像栩栩如生（复制的），殉葬品比比皆是。几千年的岁月似乎都在这里凝止不动了！

除去帝王陵外，还有后妃区、大臣贵族区的墓葬群，数来也有四、五百座之多。它的规模没有王陵的大，不似王陵那样阴森僵死，更接近凡人的生活。墓室里的壁画充满了生活乐趣，表现了当年吃、喝、玩、乐、舞蹈、谈情说爱、家庭生活和山川田野的情景。

西岸唯一的一座大神庙离"国王谷"有数公里之遥，名叫哈脱舍普苏庙。它的样式独一无二，紧附底比斯山冈，分为三层，极为雄伟。大殿上的浮雕保存完整，其中有女王出师远征的情景和宫廷种种争端的场面。还有阿蒙神同母后交合，生下女王的神话故事。女王的装扮也非常奇特，穿男人服装，戴法老的假胡须。这一切都是为了论证哈脱舍普苏女王的合法性。她费尽心机，取得王位，前后执政21年，是埃及古代历史上唯一的女王。

专家点评

4000年前的都城底比斯，是古埃及文明的发祥地。即使你到过开罗，看过金字塔，倘若未曾游览底比斯，也不能算真正到过埃及。

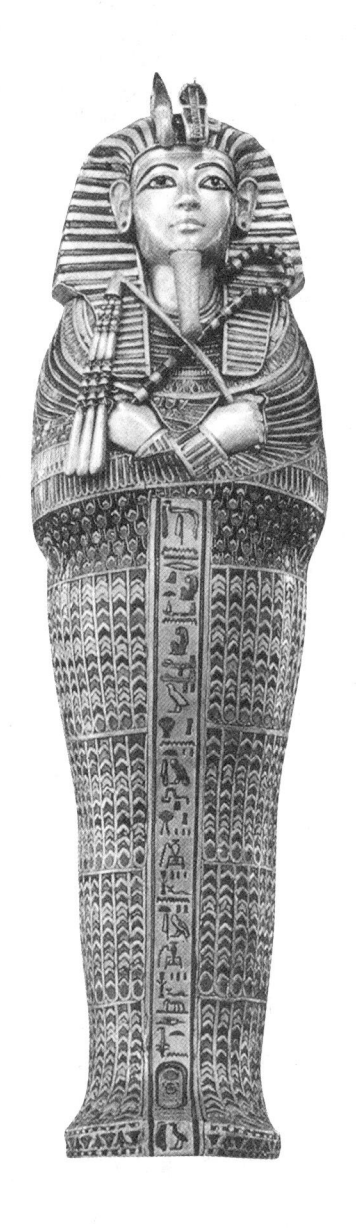

装有图坦卡蒙内脏的独脚金棺。

19

起始时间

约公元前2700年

地理位置

非洲埃及开罗附近的吉萨高原

推荐理由

金字塔是古代埃及智慧的结晶,古代埃及文明的象征。它是人类建筑艺术史上不朽的丰碑。

位居世界七大奇迹之首的吉萨大金字塔

文明印记

金字塔是古埃及文明的代表,是埃及的象征,其中,大金字塔更被前人尊为世界七大奇迹之首。它高为146.5米,在1889年巴黎埃菲尔铁塔落成前,一直是地球上最高的建筑物。它的底面呈正方形,边长约230多米,四边相差不到20厘米。四个角极为准确地指向东西南北四个方位。塔身由230万块大小不一的巨石组成,最小的重1.5吨,最大的达160吨。石块都经过打磨,并按照锥形的体积计算出每一块的几何形斜度,然后层层垒砌的。这需要极为精密的测量技术。在石块与石块之间没有任何的粘接物却叠合得天衣无缝,甚至在历经数千年后的现在用一把锋利的薄刀片也很难插进去,为了保证不被腐损,整个金字塔的建构中没有一根木料、一颗铁钉,可说是建筑史上的奇迹。

大金字塔以其高超的建筑技巧令人啧啧惊奇,它的建造过程更是超乎人们的想象。据希罗多德的《历史》一书记载,修建这一工程极为浩繁巨大,法老调动役使了全埃及的人,平均每10万人为一班轮番工作,3个月轮替一次。

金字塔是用上百万块巨石垒起来的，在当时，既无轮车、吊车、滑轮、绞索这样的起重、装卸设备，也没有炸药和钢钎，甚至连马车都没有，这些巨石是如何开采和运输的，让后人十分费解。金字塔所用的石块，有的就近取材，有的必须到尼罗河东岸的采石场或更远的地方采集。巨石被运送到建筑地点后将四周的天然沙土堆成斜面，把巨石沿着斜面拉上金字塔。就这样，堆一层坡，砌一层石，逐渐加高金字塔。工人们得花10年搭建运建材的斜坡，然后再用20年的光阴将金字塔完成，前后至少需要30年。

金字塔不仅外观雄伟，内部结构也相当复杂。传说它的入口极其秘密，无人知晓。9世纪时，人们从该塔的北面开了一个洞口。发现在塔基13.7米高的上部，有一个以石材砌成的真正入口。从这个入口沿着向下倾斜的通道前进，里面像迷宫一样曲折。通道有整齐的台阶，脉络一样地向墓室延伸，直到很深很深的地下。

在地平线以下30多米深有一间石室，石室里有一条倾斜的甬道。沿着甬道上行，又有一条水平支道，在支道的尽头有一个房间，人们称它为"王后墓室"，这里并没有任何棺椁。从甬道折回，沿上倾的甬道前行，就是一条8米的长廊。走到尽头，出现大小并列而且互通的两个房间，里大外小，顶盖是平的，称为"国王墓室"。胡夫的棺椁就停放在这间大房间里，可里面是空的，木乃伊早已不存在。在"国王墓室"南北两面墙上，各有一个细小的气孔，直通墓室外面，这两条气孔，一条对准天龙座（永生），一条对准猎户座。学者们认为开凿这两个气孔是为了让法老的灵魂能够自由出入。埃及宗教相信：人死之后，可以进入另一个世界里继续"生活"，就像植物在冬天枯萎，来年可以再生一样。古埃及人认为银河旁的猎户座，就是死去的法老在天堂的居所；而金字塔则是法老的肉体在人间的居所。他们相信，当法老死后，他的灵魂将会透过金字塔顶的上升通道，到达猎户座。在墓室的顶部砌着五层房间，每层以大石板相隔，最上层的顶盖呈三角形，便于减轻塔顶的压力。这些石室与通道都是用磨得十分平光的石块重叠积垒而成，内有精彩的雕饰和各种陪葬物品。

金字塔矗立于世，不能不使人由衷地赞叹埃及古代文明的伟大。因为它的建筑技术在许多方面是不可思议的，表现出相当丰富的物理学、几何学、数学和天文学知识和惊人的科学水平。天文学家比亚兹·史密斯把金字塔看做是"石头的圣经"，因为通过它可以测算到地球的直径以及与太阳的距离，能推算出每年的天数、岁差时间的长短等等一系列数据。如金字塔的自重×1015＝地球的重量；金字塔的塔高×10亿＝地球到太阳的距离1.5亿公里；金字塔的底面周长×2＝赤道的时分度；金字塔的底周长÷（塔高×2）＝圆周率。

种种离奇的巧合，使人们不禁对它的制造者做出种种的探索和假设。有人认为：金字塔是由亚特兰蒂斯岛先民所造。该岛在公元前一万年曾创造过辉煌的文明，后来突然沉于海底。岛上的科学家们提前撤离，一部分人带着科技资料在埃及建立了科学中心，并参照该岛的庙宇形状建造了金字塔，并把他们的全部科学知识隐藏于塔的内部结构中。另外，还有人认为：金字塔并不是法老的陵墓，而是外星人到达地球上的一个降落地点，在里面储藏着重要文献。他们才是金字塔真正的制造者，金字塔是他们观察苍穹、了解星辰运行的天文台和测绘土地、计算时间的多功能计算器。还有人说，金字塔内的真正殡宫尚未发现，吉萨三座金字塔的下面有一座完整的地下城市，连通着地面上所有的金字塔。

专家点评

金字塔似乎带有着无穷的魔力，几个世纪以来，引发着人们不断的探索和追寻。埃及有句谚语说："一切都惧怕时间，而时间却惧怕金字塔。"就连时间都已经成为了这旷世奇迹的证明。

古埃及的金字塔、狮身人面像。

起始时间	地理位置	推荐理由
新石器时代后期，约公元前2750年左右	英国的威尔士郡	"巨石阵"和埃夫伯里是世界上最著名的原始巨石建筑群遗迹之一。这两座史前遗址是人类文明的有力见证。

"巨石阵"及埃夫伯里的巨石遗迹

文明印记

几千年来，那一条条笔直的石柱插天而立，它们默默地在岁月中注视着人间的沧桑，而自身却始终笼罩在一种神秘莫测的气氛之中。

18世纪英国人谈到石阵时常说："我们能从那些大石的结构中获得的全部知识，它们就在那里。"英国著名学者詹姆斯则认为："这些庞然大物，冷然兀立，你对它们有许许多多的问题想要找出答案，但是在它们四周阳光普照下那种万籁无声的气氛中，你那种渴求答案的好奇心就会全部冷下去。"

索尔兹伯里巨石阵的主题是由一根根巨大的石柱排列成几个巨大的同心圆。周围由一道深20多英尺、宽70英尺的壕沟勾出轮廓。沟是在天然的石灰土壤里挖出来的，挖出的土方正好作为土冈的材料。紧靠土冈的内侧由56个等距离的坑构成又一个圆圈，坑用灰土填满，里面还夹杂着人类的骨灰。在这个范围内有两个巨型方石柱一般大小的圆形石阵遗迹，并列在一个小村旁边。这些巨石高约5米~10米，平均重量为25吨~30吨，直立的石块上还架着巨石的横梁。砂岩圈的内部是5组砂岩三石塔，排列成马蹄形，也称为拱门，其中最高的一块重达50吨。这个马蹄形位于整个"巨石阵"的中心线上，开口正好对着仲夏日出的方向。

◀ 英国埃夫伯里"巨石阵"中的巨石。

令人不可思议的是，巨型方石阵于公元前2750年开始建造，距今已将近5000年，其建造时间可能比埃及最古老的金字塔还要早。即使按照现代工程量预算，至少需要150万人。在建筑工程中，人们又始终没有找到用轮载工具或是牲畜的痕迹。从实际的施工技巧来看，有的巨型石块要是单靠滚木和绳索，恐怕得用1000人才能移动起来。据此推断，石阵的建造者们绝对不是一个未开化的民族。

几千年来的风吹雨淋，巨型方石阵有些地方已经严重损伤，但整个大石结构依然屹立。尽管现代科学家们借助先进的高科技手段已准确地确定了它的建造年代和建造方法，但却始终无法解答一个最基本的问题——这样的庞然巨构到底有什么用途呢？

时至今日，尽管考古学家和历史学家已经为此争论了500多年，但世界各地的游人们站在"巨石阵"面前，还是不由自主地猜测。有人认为是战争纪念物，有人认为它是早期古代人建造的墓地，有人认为它是宗教场所，也有人认为它是古罗马祭祀建造的祭坛，还有人认为是用来供奉的神殿，甚至有人认为它是外星人的创造……

直到200年前，才有人注意到它的天文意义。指出石阶的主轴线指向夏至日出的方位，而其中93、94两块巨石的连线又指向冬至日落的方位。20世纪初，英国天文学家洛基尔研究后公布，据他推测，"巨石阵"标志的是一种一年分为8个节气的历法。

1965年，天文学家霍金斯出版了《揭开巨型方石阵之谜》一书。在书中，他通过电脑的推演求证，认为"巨石阵"是一座推演天文历法的"计算机"，其中几个主要位置标出了夏至时太阳在北回归线上升起的位置。"巨石阵"的结构包含了主要节气时月亮升落的准线。那56个洞则跟日食、月食56年一个周期的规律相符。果真如此的话，那么"巨石阵"的建造者在天文学和数学方面的造诣，将远比希腊人、哥白尼甚至牛顿更高。天文学家迈克·桑德斯则认为，"巨石阵"是在已经了解太阳系构造的基础上建造的。

埃夫伯里坐落在"巨石阵"以北30公里处。它是欧洲最大的古石碑群。最外层碑圈由100根青石柱组成，周长1300米，圈内有两个相切的小圆圈。公元前3000年，这里曾经安放了180块竖石，有4条道路从东西南北方向通向神庙。

　　在埃夫伯里附近的锡尔伯里山上，用25万立方米的泥土和石膏混合物垒起的墓群，是欧洲最大的史前墓群。

专家点评

　　以方形巨石柱布成的英国"巨石阵"，可说是一个古代宗教与科学的神秘遗迹，留给后世一个建筑学上的奇迹，也是对人类想象力的称颂。究竟这个"巨石阵"是神圣的墓地抑或是史前天文台，永远是一个谜。

▼ "巨石阵"的造型究竟表达了什么含义？它们是为了测算天文而建立的吗？人们不得而知。

起始时间

公元前2000年左右

地理位置

希腊南部伯罗奔尼撒半岛的一个山谷

推荐理由

迈锡尼文明,是希腊大陆青铜时代后期文明的别称。迈锡尼考古遗址的发现,揭开了迈锡尼文明的面纱。几代考古学家辛勤工作,使迈锡尼时代的大量居民遗址、王宫、城池重新显出魅力。

代表着希腊史前文明的迈锡尼考古遗址

文明印记

伯罗奔尼撒半岛一座山的山顶上有一个废墟,据说是希腊最古老的城市,也是古希腊传奇中尚武的阿伽门农国王的堡垒。

1876年12月6日,考古史上出现了一件最轰动的事件。当时,德国业余考古学家谢里曼在这片废墟里掘出一个井状墓穴,之后又掘出4个,它们就是现今迈锡尼的A号环形墓。他发掘墓穴时发现了满墓财宝,还有19具遗骸,遗骸的周围摆放着金饰、镶嵌着金银的青铜兵器、黄金胸甲和金银杯盏。在V号井状墓穴中,谢里曼发现了墓穴群中最华丽、精美的出土文物——一个华贵的金面具。他确信这个死亡面具的主人就是国王阿伽门农。根据写于公元前8世纪的希腊荷马史诗记载,阿伽门农是阿哈伊亚国王(经考证,阿哈伊亚就是迈锡尼),曾率领希腊人围攻特洛伊。谢里曼立刻打电报给希腊国王,把这个令人振奋的消息告诉他:"我看见了阿伽门农的脸。"

迈锡尼城本身就是一个伟大文明的中心,在公元前1600至公元前1100年这500年间,迈锡尼取代了米诺斯，支配着爱琴海一带的文化。在远至意大利南部、塞浦路斯、埃及、叙利亚和巴勒斯坦等地，都曾发现迈锡尼时代的陶器。在发现的数百块粘土片上，刻有B类线形文字，详细记载了当时森严的社会等级和复杂的经济体系，迈锡尼城的财富就是在此基础上建立起来的。

迈锡尼城堡位于战略要冲，俯瞰阿尔戈斯平原，扼北达科林斯的山口。其高大的城墙用不规则石灰岩块砌成，厚5公尺，后世认为，只有神话中的独眼巨人才能建成这座城，故称之为"独眼巨人城"。主要城门称为"狮门"，约建于公元前1260年。门上的过梁长5米，高90公分，宽2.4米，梁上刻有两只巨大的石狮。

"狮子门"内左边有一间小屋，估计是古代看门人的住所。在"狮子门"内侧、"独眼巨人墙"以东发现有6座长方形竖穴墓，这些墓葬被包围在竖立的石板围成的圆圈中，直径约26.5米，称为圆形墓圈A。在石圆圈中，谢里曼夫妇发现了5座坟墓，希腊考古学会派来监视他们的斯塔马太基后来又发现了第6座坟墓。这6座长方形的竖穴墓大小深度不同，长2.7米至6.1米，深0.9米至4.5米，墓顶用圆木、石板铺盖，大部分已经坍塌。6座墓葬中共葬有19人，有男有女，还有两个小孩，这批古墓和墓中有大量的金银制品。同一墓中的尸骨彼此靠得很近，男人的脸上罩着金面具，胸部覆着金片，身边放着刀剑、金杯、银杯等；妇女头上戴着金冠或金制额饰，身旁放着装饰用的金匣，各种名贵材料做的别针，衣服上装饰着雕刻有蜜蜂、乌贼、玫瑰、螺纹等图案的金箔饰件；两个小孩也包裹在金片之中。

1951年，即谢里曼发掘迈锡尼之后75年，希腊考古学家帕巴底米特里博士发现了第二个墓区，称为圆形墓圈B，这个墓区在"狮子门"以西仅百米之遥，发掘出来的珍宝完全可与谢里曼发现的相媲美，而且时代与前者基本相当。古希腊人认为这里是阿伽门农的妻子克里泰涅斯特拉及其情夫和同谋者的墓

◀ 在迈锡尼出土的狮头状黄金水杯。

地，因为古神话传说谋杀阿伽门农的凶手是不配葬在城堡以内的。

事实上，这些长方形竖穴墓的年代约为公元前1600年至公元前1500年，早于特洛伊战争的年代约三四百年。假使果真有阿伽门农其人的话，他应该是生活在特洛伊战争时期，即公元前1180年左右，而不是公元前1600年至公元前1500年，显然这些墓穴既不是阿伽门农及其随从的墓地，更不会是阿伽门农妻子与情夫等人的葬身之所，而是迈锡尼王族成员的墓穴，墓圹中的死者也是陆续安葬进去的。

大约与希腊考古学家约翰·帕巴底米特里发现圆形墓圈B同一时期，英国考古学家韦思等在"独眼巨人墙"以西、"狮子门"之外的地区发掘了9座史前公墓，这些圆顶墓（因形似蜂房，又名蜂房墓）均属于青铜时代中期，大约相当于公元前1500年至公元前1300年。考古学家们在墓中发现了荷马史诗中描述的建筑物、武器和器物，从而证实了荷马史诗的真实性，解决了历史上长期以来有关荷马史诗的争论。

在这些圆顶墓中，最大的一座即是著名的"阿特柔斯宝库"（"阿特柔斯"是阿伽门农之父）。这座墓的门上有一个三角形的开口，形似蜂房，故而又称为"蜂房墓"。令人惊奇的是，"阿特柔斯宝库"的石门梁重达120吨，迈锡尼人是用什么方法将其安置上去的呢？迈锡尼人在没有起重机和千斤顶的情况下，却能将百余吨重的门梁准确地安置起来，不能说不是一个人间奇迹。这座墓室的四壁饰以壁画，长期以来，人们一直认为迈锡尼君主将他们的宝藏都收藏在里面，故称之为"宝库"。

迈锡尼王宫位于城市中心的制高点，有大厅、后厅、走廊、侧室、浴室等遗址。迈锡尼人修建了"独眼巨人墙"、"狮子门"和暗道门，王宫中有表现车马等题材的壁画。考古学家们还在不远处的埃里阿斯山巅上发现了瞭望塔的遗址。早期诸王墓地被人们用石板围起来，里面有镌刻着马拉战车的墓碑以及水井状的圆祭台，这样祭祀动物的鲜血就可以直接流入墓室里，供奉长眠在地下的英雄们任意享用。若干年过后，山坡上冲刷下来的泥土，将这些墓葬掩埋了起来。

值得注意的是，迈锡尼文明已经产生了一种为王室、官吏和平民所共同使用的文字系统——线形文字B。线形文字B属希腊语，是一种音节文字，是由克里特岛的线形文字A发展而来的，公元前13、14世纪在希腊各地流行，后随着迈

锡尼文明的衰落而被人们遗忘。这种文字系统在1952年由英国建筑师文特里斯释读成功，证实了迈锡尼文明是古希腊人的一支阿卡亚人创造的。令人困惑不解的是，当时的人们甚至用线形文字B来写货物清单，可是他们为什么不在墓碑上刻上死者的姓名和业绩呢？埃及人、腓尼基人都在其坟墓墙上刻下了文字，后来的希腊罗马人也树有文字的墓碑；而迈锡尼偏偏没有，这究竟又是为什么呢？

公元前1150年前后，迈锡尼文明突然消失，可能该城被毁或被荒废，原因不详。随着其湮没，希腊进入"黑暗时代"。之后，希腊文明踏入灿烂的古典时期。

专家点评

迈锡尼墓葬掩埋在荒寂的山峦下长达几千年之久。几千年后的今天，我们又能解读多少关于这个文明城市的秘密呢？

起始时间	地理位置	推荐理由
约公元前2000年	叙利亚西南部	大马士革是中东地区最古老的城市之一，被誉为"天国里的城市"。该城有史以来各个时期曾留存下来125个遗址，所以大马士革是阿拉伯世界古文物的荟萃之地。

素有阿拉伯"古迹之城"之称的大马士革古城

文明印记

叙利亚首都大马士革，位于叙利亚西南部克辛山麓，巴拉达河由北向南从城中缓缓流过，依山临水，风景优美，拥有4000多年的历史，是世界上最古老的城市之一。

大马士革素有"古迹之城"之称，是阿拉伯世界古文物的荟萃之地。这里的名胜古迹集中在市内的老城区，主要古迹都在直街及其附近一带。老城区有条著名的直街，是古罗马统治时期的主要街道，它自东而西纵贯古城，老城区还有奥马亚清真寺、萨拉丁陵、大马士革城堡等，都是闻名于世的古迹。

历史上，大马士革曾荣获许多赞誉，如"园林之城"、"诗歌之城"、"清真寺之城"等，古往今来一直是人们所向往的地方。阿瓦什河流经城郊，整个城市内外水道纵横，波光粼粼。河道两旁一排排白杨树挺拔秀逸，城市四周草绿花香，百花争艳。市区幢幢别致典雅的白色房屋和清真寺掩映在绿荫丛中，总之，大马士革以其悠久的历史使它留下了神奇的传说和众多的古迹，而得天独厚的自然环境给它带来了生机勃勃、欣欣向荣的景象。

今天，漫步在大马士革城内，仍然会看到一座"古迹之城"，被保存下来的著名古建筑很多，全市有250座清真寺，建于公元705年的奥马亚清真寺，是伊斯兰最著名的清真寺，也是世界上最古老、最富丽堂皇的清真寺之一。该寺由奥马亚王朝国王亲自主持兴建，历时10多年才落成。清真寺的大门高10多米。3座高耸的尖塔直插蓝天。礼拜大厅长136米，宽37米，全部用巨大的石块建成，由大理石石柱支撑，北、西、东三面回廊环绕。大厅四壁和圆柱上雕刻着精美的花纹，厅顶悬挂着一盏巨大的水晶吊灯，大厅外的广场四周建有走廊。走廊的墙壁上是用金砂、石块和贝壳镶嵌的巨幅壁画，描绘出奥马亚时代大马士革的繁荣景象。

清真寺附近的罗马神话中主神朱庇特的神庙遗迹和阿拉伯民族英雄萨拉丁的陵墓也是久负盛名的古迹。

大马士革城堡也富有珍贵的历史文化价值，它始建于2000多年前，公元11世纪时被彻底改建。整个城堡占地3.2万平方米，全部采用巨石砌成，四周有护城河，河上架有吊桥。城堡的城墙上有300多个射孔，并建有瞭望和防守用的高塔。叙利亚历史上三位著名的阿拉伯苏丹努拉尔丁、萨拉丁和倍贝尔，都在这座城堡中指挥过抵御外族入侵的战役。

现今的大马士革面积约100平方公里，人口143万。宽阔笔直的大街，雅致舒适的别墅，绿树成荫的街心公园，现代化的体育城、大学城、博物馆、政府大楼、医院、银行、影戏院等掩映在郁郁葱葱的树木之中，与古老的建筑相互衬托，使城市显得更加淡雅、秀美。走进大马士革古城区，可以看到《一千零一夜》中所描绘的那种典型的东方市场景象。狭长的街道上，金银首饰作坊和铜器店中的敲打声不断，街上人来人往，熙熙攘攘，热闹非凡。

专家点评

大马士革至今仍享有"阿拉伯世界古文物荟萃地"的声誉，这里的众多建筑富丽堂皇，庄严壮丽，都可堪称为建筑史上的奇葩。

◀ 拿轮子的罗马神话中主神朱庇特小雕像。

起始时间	地理位置	推荐理由
公元前13世纪	土耳其西北部，名叫西沙里克的小山	特洛伊位于小亚细亚安纳利亚高原西北部，是世界上最富希腊神秘色彩的考古遗址之一。

见证古地中海辉煌文明的特洛伊考古遗址

文明印记

在西沙里克小山，谢里曼雇用了120名民工，纵贯小山两端，挖出了一道130英尺长的坑。令人吃惊的是，他发现的不仅仅是特洛伊，还有埋在下面的一大片城市！一层一层的废墟一个压一个，各层之间又有多层泥土相隔，一共有45英尺深！每一层代表着一个城市——一个在前一个废墟基础上建造的城市。

谢里曼对上面几层，不太感兴趣，因为他认为真正的特洛伊，即荷马史诗中的特洛伊，应该是在最下面或靠近最下面的地层。所以，使后来的考古学家深感遗憾的是：谢里曼支使他的民工残忍无情地用大车拖走了成千上万立方码的泥土和石头，使这座遗址小丘上面几层具有考古实证价值的地层，在他大刀阔斧向底层鲁莽发掘下丢掉了！

这次大规模发掘的高峰一直持续到5月底，此时的谢里曼已经发掘出了考古学家所能发现的最不平凡的遗址之一：普里阿摩斯国王的黄金宝藏！他发现大量的黄金饰物一个紧挨着一个存放着，好像它们之前是放在木箱里，而木箱随后又腐烂掉了。

后来，在坑顶部的一个小室里，谢里曼又发现了许多金、银器皿，还有一些银锭和工具。但是，最令人瞩目的还是黄金珠宝饰物，包括3件头饰、60只耳环、6只手镯及近9000颗黄金珠子（谢里曼后来用这些珠子打成一条异常珍贵的金项链），这是当时考古学上最有价值的发现。

然而，普里阿摩斯宝藏却给谢里曼带来了麻烦。虽然宝藏是在土耳其发现的，但是谢里曼却准备把他交给希腊；希腊政府慑于土耳其的威力，不敢接受这笔财富。最后，谢里曼只有把它们送到德国，存放在柏林一家国立博物馆中。第二次世界大战期间，德国的艺术珍宝（包括特洛伊的黄金宝藏）被统统打包，藏进了地下碉堡，以避不测。在大战结束的一片混乱中，取胜的俄国和美国军队占领了德国，许多珍藏品便不翼而飞，特洛伊的黄

已知最早的神秘的特洛伊木马形象。

金宝藏也从此消失！历史学家们哀叹这样的损失，担心这批稀世文物是不是已经被熔铸成了金锭？至此，普里阿摩斯宝藏的命运又成为现代考古学的最大秘密之一，考古学家们甚至开始怀疑谢里曼所描述的寻宝经过是否真实。

谢里曼是"如何"与"何时"发现这批宝藏的细节可能永远也不会有人知道了，但这批宝藏到底流落何方？1993年，俄国政府揭开了谜底：谢里曼所发掘的宝藏在大战后就转移到了莫斯科。由于土耳其、希腊、德国、俄国在这批宝藏的所有权上展开了激烈争论，所以珍宝在1996年才在莫斯科展出。这是宝藏出土半个多世纪后第一次公开亮相。

据现代考古学家推断，普里阿摩斯宝藏发掘的地层，形成于公元前2500年至前2200年，这比传说中的特洛伊战争年代要早1000年。看来，谢里曼错认了特洛伊。他雇佣来

◀ 遗迹中所留下的古希腊荷马塑像。

监督工程的威廉·多朴菲尔德专家根据各地层所属年代的考察，发现出土黄金的整个废墟遗址从下往上由九个不同地层构成。特洛伊Ⅰ可追溯到大约公元前300年；特洛伊Ⅱ（谢里曼认为的特洛伊），形成于公元前2500年至前2200年；特洛伊Ⅵ，则是公元前13世纪，也就是《伊里亚特》史诗中所描述的年代；特洛伊Ⅷ，是亚历山大大帝在公元前4世纪所来到的这座希腊城市；特洛伊Ⅸ，为最上面的地层，是古罗马的新特洛伊城。

20世纪一位名叫卡尔·布勒根的美国考古学家，在谢里曼和威廉所遗留下的未被发掘过的小丘地区，获取了大量关于特洛伊Ⅲ、Ⅳ、Ⅴ的资料；他把威廉划分的9个地层进一步分成46层。他断定：特洛伊Ⅶ地层当中的一层最有可能是传奇中的特洛伊。考古学家们已经着手对特洛伊的史前遗址进行考察，但迄今为止几乎没有任何新的进展。

今日的西沙里克已经完全不是1870年谢里曼开始发掘的那个泥土覆盖的小山丘了，它就像一个采石场，四处是孔洞和壕沟，还有崩破的石墙，遗留下一摊面目全非的城市痕迹。它目前是土耳其的主要文化景观之一，每年吸引着30万观光者来到这里。

专家点评

与谢里曼不同，今天的考古学家们把特洛伊视为具有悠久而曲折、复杂历史的名城。特洛伊无疑是古时一大强国。它位于海岬之上，俯视着欧亚之间的重要贸易通道，即地中海与黑海之间的航道；处于这样一个贸易与旅游交叉路口的城市，特洛伊极易卷入战争并受到攻击，这类型的冲突为数世纪的人所记忆，并代代相传，从而给荷马的传奇故事增添了真实的色彩。

起始时间	地理位置	推荐理由
公元前1000年左右	意大利的中部佛罗伦萨	佛罗伦萨意为"鲜花之城",位于意大利中部的阿尔诺河上,是意大利文艺复兴的发祥地,也是欧洲在该时期保存雕塑、绘画和建筑艺术最集中之地,是闻名世界的艺术之都。

记述着意大利艺术渊源的佛罗伦萨历史中心

文明印记

从圣明尼亚托山腰那已有968年历史的教堂露台上远眺,春日朝阳下的佛罗伦萨丽景尽收眼底。前面是主教座堂的高耸圆顶和乔托设计的钟楼,左边是"旧宫"——中世纪市政厅——那砌了雉堞的墙顶。阿尔诺河把城景分成不平均的两半,远方是片片橄榄园和葡萄园的青山。

很少有别的地方曾经像佛罗伦萨一样出过这么多俊彦之士。在这里,但丁曾写下他早期的诗歌,拉斐尔曾绘出辉耀的圣母像,米开朗基罗雕刻了许多他最受人赞赏的雕像,布鲁乃内斯基发现了透视定律。

古罗马人从繁花似锦的阿尔诺河谷得到了灵感,把他们这里的殖民地定名为——如花似锦之市。直到今天,佛罗伦萨仍以花为市徽。主教座堂是奉献给"花圣玛丽"的——那是佛罗伦萨人的发明。从旧日宫殿基础上凸出的石凳已转用为花台,在春天,白百合就像是从冷冰冰的石头上长出来似的。春天是佛罗伦萨的最好时节,那时一年一度的音乐节会提供一连串的歌剧、演奏会和芭蕾舞表演，苍头燕雀和夜莺则在古老别墅的葱郁花园里高歌。

对艺术和建筑爱好者来说，佛罗伦萨令人缅怀往昔。中世纪留下了许多迂回曲折的后街，夹街是门面狭窄的住宅，探出的屋檐几乎在街心合缝，提供了热天受人欢迎的阴凉。中世纪也留下了分属两个教会的两座大教堂，至今仍由这两个教会照管：一处是方济各会的圣十字教堂，一处是道明会的新圣母教堂——这两座中世纪教堂都有很多祭坛饰物，绘有壁画的小圣堂、宗教雕刻和透气的回廊。

佛罗伦萨继承的大部分遗产，可以追溯到文艺复兴时代，最明显的是市内的许多公共建筑物和100栋左右外观壮丽而院内矗立着圆柱的私人邸宅。佛罗伦萨之所以如此富庶，原因之一是大庄园内都盛产小麦、水果和葡萄酒；另一原因是那里的人们极端精明的经商才能，至今，这种才能仍是佛罗伦萨人的一种特长。

佛罗伦萨是个应该慢慢欣赏的城市。它的历史区出人意外地十分集中，大部分名胜都在步行游览的范围内。从市中心的政会广场开始逛起——佛罗伦萨人都喜欢在那里的露天咖啡馆喝咖啡。马车在树荫下等客，车夫在打盹儿。在矛骑兵廊的拱顶走廊上，柴里尼在1554年雕铸的朴修斯铜像高举着蛇发女妖美杜莎的首级。附近耸立着峭壁般的"旧宫"。这宫殿建造于1299年至1314年，它的巨大砂岩石块略呈暗赭色，细瘦的尖塔上站立着一只雄狮，高出广场94米。马基雅维里就曾在这个建筑三楼的办公室里协助拟订多斯加纳的外交政策。

沿着宽阔、现代化的"袜贩街"步行10分钟，就到了一个三大建筑物丛：洗礼院、钟楼和主教座堂。无人知道洗礼院究竟是何时建造的，不过但丁曾在这里受洗，而且它还是佛罗伦萨现存的最古老的大建筑。它比例匀称，为正八角形，大理石外墙，低伞形屋顶，里面的天花板上有灿烂的黄金镶嵌图案。不过这建筑最著名的部分是东侧的那些青铜大门，门上雕刻有旧约故事，是佛罗伦萨金工季勃特的杰作，米开朗基罗称它们为"天堂之门"。

同样有大理石外墙的是乔托设计的85米高的钟楼。它那些哥特式的高拱顶窗户，和白色、粉红色以及绿色大理石的装饰，显示出它的设计出自于对画笔的运用比对铅管的设计更为高明的艺术家之手。它的旁边是本城地理与历史的焦点——主教座堂。座堂内部长153米，是欧洲最大的教堂之一。它最突出的特点是布鲁乃内斯基于1420年至1436年所建造的庞大蜂巢式圆顶。布鲁乃内斯基是文艺复兴时代的全能天才，既是数学家，又是诗人、金工、建筑师和雕刻家。圆顶直径42米，高107米，建造时未用鹰架——那是惊人的成就——建成后立刻被誉为世界奇观之一。它有一个内壳和一个外壳，二者之间有螺旋形楼梯。由楼梯上至顶端的游客，可以饱览全城风雨剥蚀的屋顶和葱绿地平线的全景。

普通游客在佛罗伦萨盘桓的期间，不可能毫无遗漏地欣赏完它那些博物馆所展出的万千珍宝。但有些地方是必须要参观到的：收藏了100多幅安杰里哥油画的古老圣马可修道院，收藏了米开朗基罗的大卫王大理石巨大雕像的学术院，收藏拉斐尔和谛善油画的庇蒂宫，展出波利切利名画《春》和《维纳斯的诞生》（两幅都是美第奇家族委托画的）以及无数其他伟大艺术作品的政府大楼。

尽管佛罗伦萨有欧洲艺术首都之誉，但基本上它仍然是个劳动城市。它是国际驰名的服装设计师蒲契的家乡。佛罗伦萨的织工仍在织造着波利切利画中仕女服装上那种细致花卉图案的锦缎，以米为单位出售。许多忙碌的手艺人都在各行业的工场里面锯木、粘贴、锤打、焊接，制造手雕画框以及各种艳丽的镶嵌工艺品。佛罗伦萨闻名遐迩的古董店出售16世纪宫殿的胡桃木家具、绘画、雕像和分枝烛台。在夹道边尽是店铺，32家珠宝店陈列着它们的商品——从俗艳的纪念品到镶钻石和红宝石的手镯，应有尽有。

这个蕴藏那么多人类文化遗产的城市，它永远是个令人不舍得离开的地方。

专家点评

佛罗伦萨是座庞大而美丽的文艺复兴遗迹，它呈现了15世纪艺术与文化的觉醒。但丁、佩拖拉克及马基雅维里等作家，都对其傲人的文学资产有过贡献；然而，波利切利、米开朗基罗等艺术家的绘画和雕塑，更使这座城市成为世界上最伟大的艺术之都。

意大利艺术家米开朗基罗雕塑的大卫

起始时间	地理位置	推荐理由
公元前10世纪	伯罗奔尼撒半岛西部	延续1000多年的古代奥林匹克竞技会灿烂文化的遗址，至今仍是体育运动的"圣地"。

孕育奥林匹克运动会的奥林匹亚考古遗址

文明印记

在伊利亚地区南部的阿尔菲奥斯河北岸，有一个名为克洛诺斯的小山丘。山上树木繁盛，绿草如茵。著名的奥林匹亚遗址就坐落在克洛诺斯山麓。

奥林匹亚是古希腊的圣地，这里因为举办祭祀宙斯主神的体育盛典而闻名于世，是奥林匹克运动的发祥地。

从18世纪开始，一批又一批的学者接连不断地来到这里考察和寻找古代奥林匹克竞技会的遗迹。1766年，英国人钱德勒首次发现了宙斯神庙的遗址。此后，经过大批德国、法国、英国的考古学家、史学家们对奥林匹亚遗址系统、大规模地勘查、发掘，至1881年取得了大量有关古代奥林匹克竞技会的珍贵文物和史料。1936年第11届奥运会后，因有部分余款，国际奥委会决定用这笔款项继续对奥林匹亚遗址进行发掘，发现并复原了体育场。

奥林匹亚考古遗迹中的许多建筑和设施，都是为体育比赛修建的。基姆那西翁体育馆南侧，是特拉伊斯特拉遗址。特拉伊斯特拉是一座四边形建筑，里面有用柱廊围成的供训练用的中庭，中庭四周有浴室、更衣室等房间。

奥林匹亚遗址东西长约520米，南北宽约400米，中心是阿尔提斯神域，是为宙斯设祭的地方，从发掘资料看，长只有200米，宽175米。神域内的主要建筑是宙斯神庙和赫拉神庙，此外还有圣院、宝物库、宾馆及行政用房等。

最早的建筑物可上溯到公元前2000至公元前1600年，其中尤以位于中部的宙斯神庙最著名。它长约66米，宽30米，东西两端各有6柱，南北两面各有13柱，取多里安柱式，全用石料精制。神殿东西两面墙上的群像，表现了希腊英雄珀罗普斯在奥林匹亚赛车中和希腊人与半人半马怪兽斗争的神话故事，是早期古典雕刻的代表作。约完成于公元前5世纪后半叶的宙斯巨像，用黄金、象牙镶嵌，传为古典雕刻大师菲狄亚斯所做，是古希腊极盛时期雕塑的代表，极为宏伟精美，被希腊人赞为世界七大奇迹之一。今天我们只能凭空

希腊露天大剧场。

摹想这座比实体大七倍的雕像。他庄严地坐在由青铜、黄金、象牙和宝石制作的宝座上，宝座四周饰有大量的神话图景。他右手托着胜利女神，左手握着象征上帝威权的王杖，王杖之端栖着一只雄鹰。神像的躯体用贵重木质雕刻，皮肤和衣饰、须发以及草鞋分别用象牙和黄金镶嵌，而王冠则是白银的橄榄叶花圈。

宙斯神殿的旁边，还有菲狄亚斯工作过的作坊遗址。

奥林匹亚遗址现存的建筑中，最古老的是规模不大的赫拉神殿。它建于公元前600年左右，供奉着女神赫拉像，是希腊最早的神庙之一。现代奥林匹克大会的圣火点燃仪式，

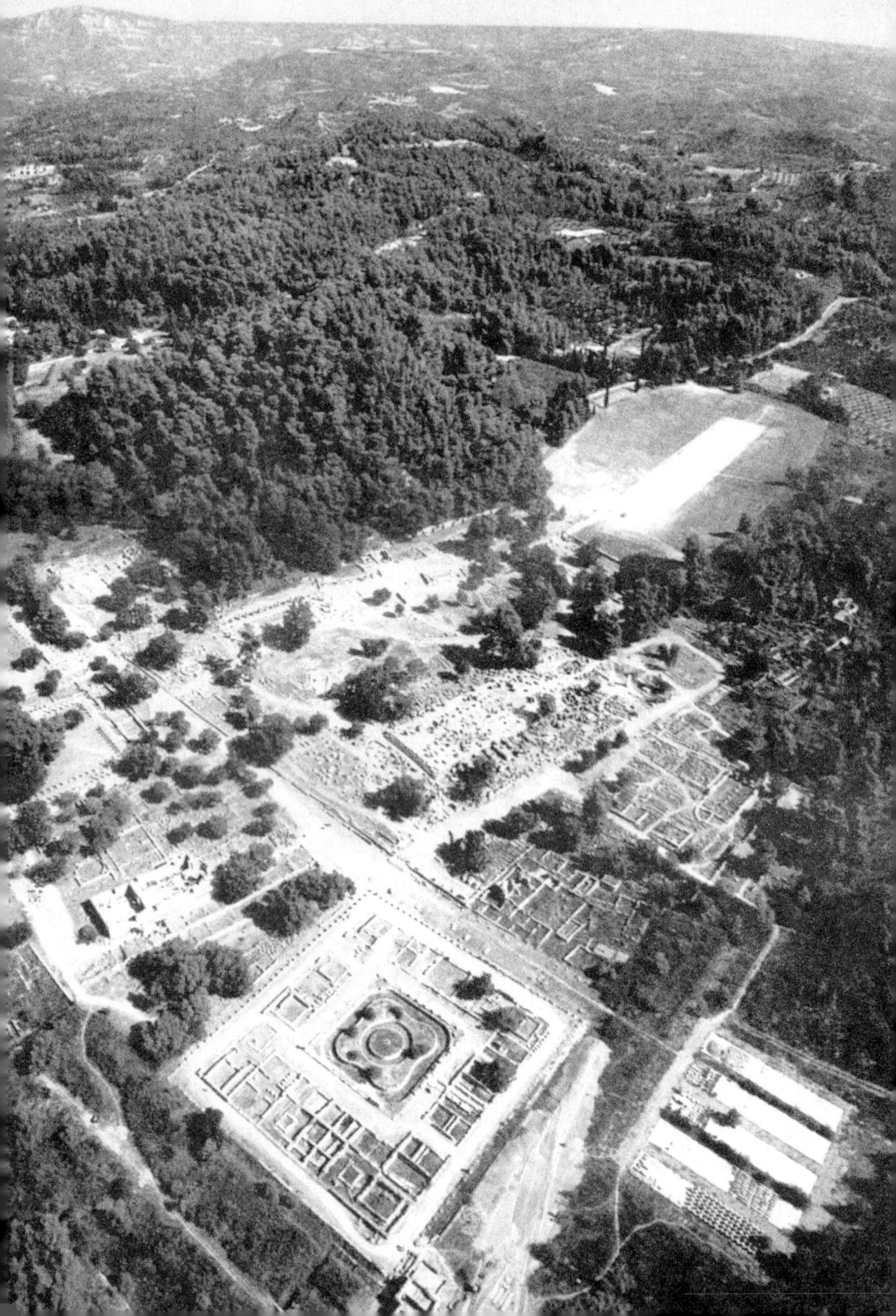

◀ 这里是希腊神话中宙斯神的圣地,是希腊宗教中心地之一,现代奥林匹克运动会的圣火采集仪式也在这里举行。

就在这座神殿的祭坛旁边举行。其东面的赫拉圣坛,迄今仍为奥运圣火之源。届时,在身着古代祭司服的少女环绕之下,一位号称贞洁女祭司者持一面凹镜,将阳光聚焦点燃火炬。持火炬者昼夜兼程接力赶赴奥运会所在地。赫拉神庙中原供着许多神像,包括宙斯和赫拉在内,如今只余下赫拉的头部被保存在博物馆中。公元160年旅行家保罗尼亚斯还在赫拉神庙亲眼目睹了公元前8世纪各城邦的休战协议,它是被雕刻在一面青铜盘上的。

在神庙之间的空地上原立有一座7米高台。圣所东头是一排回音廊,回音七重。廊前原立有10多米高的托勒密二世纪念碑。回音廊北端是东进运动场的入口,其石拱门显然是后人重建的。入口西面原立着16座宙斯青铜像,这是用违规罚款建成的,迄今只有基础存留。

东北侧为体育场,四周有大片的坡形看台,西侧设有运动员和裁判员的入场口,场内跑道的长度为210米,宽32米。它与附近的演武场、司祭人宿舍、宾馆、会议大厅、圣火坛和其他用房等共同构成了竞技会的庞大建筑群。

现遗址上建有奥林匹克考古学博物馆,馆内收藏有发掘出土的文物,包括大量古代奥林匹克竞技会的比赛器材和古希腊武器甲胄等。最主要的是宙斯庙东、西两端雄伟的楣饰以及普拉希特勒的大理石雕塑——上帝信使赫麦斯。它是世界上现存的最光彩动人的雕塑之一,代表了希腊雕塑难以逾越的艺术高峰。院子后面是巨大的修复车间,能工巧匠们正为众多的神灵恢复青春。

这个延续1000多年的古代奥林匹克竞技会灿烂文化的遗址,至今仍是体育运动的"圣地"。每届奥运会的圣火,都在这里点燃。

专家点评

人类文明中的许多艺术高峰都是不可能逾越的。这是有别于科技之处。人们可以恢复这些神像,也可能恢复奥林匹亚的形式,但是奥林匹亚精神,也许只能作为一种历史形态而存在了,这也就是该遗址能够魅力长存的原因所在。

起始时间	地理位置	推荐理由
约公元前200年至公元700年间，确切时间待考	墨西哥首都墨西哥城东北约50公里	特奥蒂瓦坎曾经是西半球最大、最重要的城市，也是当时全世界屈指可数的大城市之一，其遗址上的建筑形体优美无比。

彰显古中美洲城市建筑成就的特奥蒂瓦坎古城

文明印记

城市的古老也许不足为奇，俯瞰特奥蒂瓦坎遗址，最令人惊异的是：它的整个城市似乎是严格按照一个宏伟而完备的计划建造的！

我们都知道，古代城市大部分都是自然形成的，即使是像罗马或长安那样举世闻名的大都市，也处处可以看见杂乱无章与城市布局不合理之处，然而特奥蒂瓦坎的建筑却处处经过精心设计，全城采取网络布局，构成一个巨大的几何形图案。中心广场上两条大道垂直相交，3公里长、30米宽的黄泉大道纵贯南北（"黄泉大道"这个名字是阿兹特克人起的，他们以为街道两旁的建筑是诸神的坟墓，其实并非如此）。两旁的建筑错落有致，街道的坡度设定巧妙，在3公里的街道上每隔若干米就建有6级台阶和一处平台。这样，从南向北望去，街道上的台阶与3公里外的月亮金字塔的台阶融为一体，没有尽头，给人以直逼云天之感。这里，从设计到施工，每一处台阶、平台的尺寸和间隔都要经过精确地计算，不能有任何偏差，即使是使用了先进仪器的现代化城市建设也很难做到这一点。

"黄泉大道"的东面是太阳金字塔，塔高65米，底座面积为222米×225米，塔身坐东朝西，共5层，正面有数百级台阶直通塔顶。塔顶曾有过一座金碧辉煌的太阳神庙，里面供奉着太阳神塑像。太阳神金字塔的体积要比举世闻名的埃及胡夫金字塔更大。它的设计采用了古代印第安人视为神圣符号的五点形，即把正方形四角各置放一点，而把第五点放在代表生命的中心，使所有相互对立的力量在此合而为一。因此有人认为，太阳金字塔的建造是代表宇宙中心的。在阿兹特克人的传记中，也有"太阳从特奥蒂瓦坎升起，徐徐升到宇宙的中心"的说法。有人曾在春分那一天，在太阳金字塔顶上向南眺望，太阳在一块标有记号的石头下坠入地平线，分毫不差。经考古学家鉴定，太阳金字塔大约完成于公元1世纪。

特奥蒂瓦坎所有的建筑物，包括宫殿和民居，都与太阳金字塔的方向严格一致，坐东朝西，表示太阳在天上的运行轨迹。

月亮金字塔位于"黄泉大道"北端，与太阳金字塔形状相似，但规模较小，塔基长150米，宽120米，高4米。从建筑结构上看，月亮金字塔更为复杂，其下层正面由若干级相连的斜坡组成，而不是一斜到底。它是祭祀月亮神的地方。据记载，当时这两座金字塔金碧辉煌，塔内分别供奉着太阳神与月亮神，当太阳从东方升起照在镶嵌着金银饰片的神像上时，便放射出神圣的光辉。

▼ 太阳金字塔是阿兹特克人朝拜太阳神的圣地。

另一处大建筑物被称为"城堡"。这是一个凹陷的广场，四周建有多座平台式的神庙，大约是祭祖的殿堂。著名的"奎扎科特尔"神庙就坐落在广场中心。"奎扎科特尔"就是羽蛇的意思，羽蛇是印第安人崇拜的神话动物。在印第安人的古老传说中，他还是一个来自遥远太空的神灵。如今这座神庙早已成为废墟，只剩下它的底座———座6层的造型优美的棱锥形建筑，但仅仅这一个底座的豪华精美和雍容华贵就已使世人惊叹不已。它的每一层都有众多的羽蛇头像和雨神头像石雕间隔排列，其工艺精致得就像一个模子铸出来的，庙基上还刻有许多精美的图案和怪异的象形文字。

专家点评

特奥蒂瓦坎古城向世人展现了古代墨西哥印第安人非凡的文明成就和智慧，如同它的文化一样，它的兴建和衰落也处处笼罩着一层神秘莫测的色彩。

起始时间	地理位置	推荐理由
公元前10世纪	中东地区地中海东岸的犹地亚山上	耶路撒冷是世界最著名的古城之一，作为犹太教、基督教和伊斯兰教的世界著名三重圣城，耶路撒冷一直有着重要的象征意义。

被三大宗教尊为圣地的耶路撒冷旧城及其城墙

文明印记

岁月沧桑，耶路撒冷城历经磨难，也留下无数古迹。《圣经》中提到的人名、事件和地点，城中几乎都有相关的遗迹。

西耶路撒冷的锡安山上有大卫王的墓地。"晚餐室"据说是耶稣受难前夜和12门徒举行"最后的晚餐"的地方。

城东的橄榄山，相传是上帝派遣使者前来复兴犹太国的降临之处，也是耶稣升天的地方。

在犹太圣殿废墟上，有一段用大石块垒起的石墙，是圣殿的西墙，长近50米。传说罗马人统治耶路撒冷时，每逢星期五，犹太人常聚集在墙下哭泣哀悼。后来，这里成为犹太教最重要的崇拜物，各地的犹太人都来到这里一边对着墙头祈祷，一边哀叹犹太民族被迫流亡和圣殿被毁的悲惨命运。

许多朝拜者把写好的祷词放在哭墙裂缝中，把自己的心声直接倾诉给上帝。今天，希律的圣殿就只剩下西墙，对于犹太人而言，它是世界上最神圣的地方。一般人将西墙称为"哭墙"。

圣墓教堂标明了亚利马太的约瑟安葬耶稣的地方，耶稣葬于一个从岩石凿成的墓中。

圣墓教堂的历史可追溯至公元135年，罗马皇帝哈德良夷平了耶路撒冷，并在该神圣之地修建了维纳斯神殿。

公元326年，君士坦丁大帝（第一位信仰基督教的君主）的母亲海伦娜（后称女王海伦娜）到耶路撒冷做了一次具有历史意义的朝拜。她得到希腊大主教马卡里奥斯的帮助，在维纳斯神殿找到了耶稣之墓的所在地。后来君士坦丁拆毁了神殿，建造了一座由长方形建筑群组成的教堂。

公元335年，该教堂举行献堂仪式，教堂中心是一座圆形神殿，将基督之墓（圆形圣墓）围于其中。教堂之外还有其他建筑，包括耶稣殉难处和举行礼拜的4.5万块琉璃瓦。圆顶最初用木料建成，外镶纯金片。现存圆顶建于1963年，用铝合金建成，外刻古兰经。

现在，耶路撒冷古城有星期五、星期六和星期日三个安息日，它们分别是穆斯林、犹太教徒和基督教徒的安息日。

专家点评

现在的圣墓教堂建于1927年地震以后，完全按十字军的教堂重建。世界上六大基督教团体，即罗马天主教、希腊东正教、叙利亚教会、衣索比亚教会、亚美尼亚教会及科普特教会共同承担其维修保养，并在那里举行各种宗教活动。

古城东部有一块伊斯兰圣地，占地26万平方米。长方形的院落中，有宏伟的阿克萨清真寺、华丽的萨赫莱清真寺、4座高耸的宣礼塔，还有一座图书馆和一座伊斯兰博物馆。最值得一提的是大石圆顶神殿——萨赫莱清真寺，它为现存最古老的伊斯兰教圣殿，

▲ 耶路撒冷的哭墙。

是仅次于麦加和麦地那的第三大穆斯林圣地,建于公元687年至691年。

对称的八角形结构支撑着熠熠生辉的圆顶,支撑墙壁的底基用大理石装饰,上部有4.5万块琉璃瓦。圆顶最初用木料建成,外镶纯金片。现存圆顶建于1963年,用铝合金建成,外刻古兰经。

专家点评

耶路撒冷既是三大宗教信徒引以为荣的圣地,同时也是他们产生各种争端的源头。

起始时间	地理位置	推荐理由
公元前814年	今突尼斯共和国首都突尼斯市东北17公里处，紧傍地中海岸	迦太基遗址本身就是一个巨大的历史博物馆，据说地下30米还有大量文物。

饱受战火摧残的迦太基考古遗址

文明印记

突尼斯1956年独立后，有计划地发掘迦太基遗址，出土的文物多为罗马时代的作品。其中最完整的是古罗马剧场，它呈露天圆形阶梯状，石头层层垒叠。观众席几乎层垒到山顶，任何座位都能看到舞台，并能清晰地听到舞台上的歌声和台词，剧场正面和左右都有门。突尼斯政府将它加以修整后，每年都在这里举办"迦太基国际联欢节"。

另一处是罗马皇帝安东尼建的安东尼公共浴室，面积3.5万平方米，为古罗马第四大浴室。从柱石、残墙、拱门，可以隐约看出两边对称的一间间浴室。按用途可分为更衣室、温水室、冷水室、蒸浴室、按摩室、健身房、游泳池。当年，这里是社会交际的场所，上层人不但来洗澡，还在这里会友洽事。

浴室在海边，咸水不能用于洗浴。它的水源来自郊外的札古旺城"代百乐水庙"，通过60公里长的渡槽引来。渡槽为椭圆形封闭式，直径2米，架于距地6米至20米的空中，秒流量400升。现遗址的地面仅存有几段渡槽的支架。

游人到了迦太基，当地人会指出哪里是蒂都同勇士艾伊尼阿斯谈情说爱的地方，哪里是蒂都濯洗梳妆的井台，哪里是女王号令之所。更妙的是，遗址的小山丘上建了一座豪华位于突尼斯的迦太基遗址。

的大厦，取名为"蒂都女王旅馆"。

蒂都女王旅馆附近有座博物馆，专门收藏遗址出土的文物。有陶制的杯、盘、盆、碗，残缺不全的石雕像，埋葬死人的石头棺，棺盖刻着死者的浮雕全身像。雕像上卷曲的络腮胡子、蓬松的头发和魁伟的身材，一看就知道是古代罗马人。

突尼斯城西北5公里的巴尔多国家博物馆，收藏更为丰富。它在1882年由部分王宫改建而成，为世界上仅次于开罗的收藏镶嵌画最丰富的博物馆。

镶嵌画首创于伊拉克两河流域，以粘土块、卵石、贝壳为材料，人们称它是"洗不掉的壁画"、"踩不烂的地毯"。这种永久性的图画由腓尼基人带到北非，装饰于迦太基的宫殿、神庙、浴池的墙壁和地面上。后来，迦太基的历代统治者——突尼斯的阿拉伯人，继承发展了这种工艺，将材料扩展到色石、碧玉、天青石、红玉、玛瑙、珊瑚和有色玻璃，色彩越来越艳丽。突尼斯因此被誉为"镶嵌画之都"。迦太基的建筑物不复存在，但地面的一些镶嵌画却奇迹般地保存了下来。《海神尼普顿的胜利》是世界现存最大的镶嵌画，面积137平方米，占据了一个展览厅的地面；画面上手持三叉戟的海神站在4匹海马拉的战车上，56位神女在周围陪衬。《维尔日勒肖像》用十几种彩色石块和绿玻璃镶成，诗人维尔日勒握着诗卷坐在椅子上，聆听历史女神克丽亚朗诵，悲剧女神听得悲怆戚戚，刻画得惟妙惟肖。

专家点评

公元前3世纪到公元7世纪，腓尼基人、罗马人、汪达尔人、拜占庭人都先后占领过迦太基，并在这里建立了国都或首府，最后却归于阿拉伯人手中。每次争夺都非常残酷，都以踏平迦太基而结束。因此，古城留下来的腓尼基、罗马、希腊、日耳曼、土耳其的古物并不多。

起始时间	地理位置	推荐理由
公元前9世纪	突尼斯首都突尼斯市	突尼斯首都突尼斯市是举世闻名的旅游胜地和国际会议中心,也是阿拉伯国家联盟的所在地。

代表阿拉伯精湛建筑成就的突尼斯老城

文明印记

突尼斯市拥有120余万人口,是一座融阿拉伯古老建筑与现代化建筑艺术于一体的城市。

城市的一边是现代化的新城,另一边是具有民族传统风格的旧城。新城与旧城之间仅隔着一道城门。

在新城区,有欧化城市的高大建筑,设计新颖、样式别致、建筑精美的别墅式房舍参错其间。

宽阔笔直的街道上绿树成行,浓荫覆地,宾馆、旅店、饭馆、超级市场、银行、影院、酒吧间、咖啡屋等布满两侧。

市中心是繁华的商业区。

市中心东面不远是火车站和海港。

市中心的北面是风景区——贝尔韦代尔公园,整座公园坐落在一片树木葱茏的丘陵上,

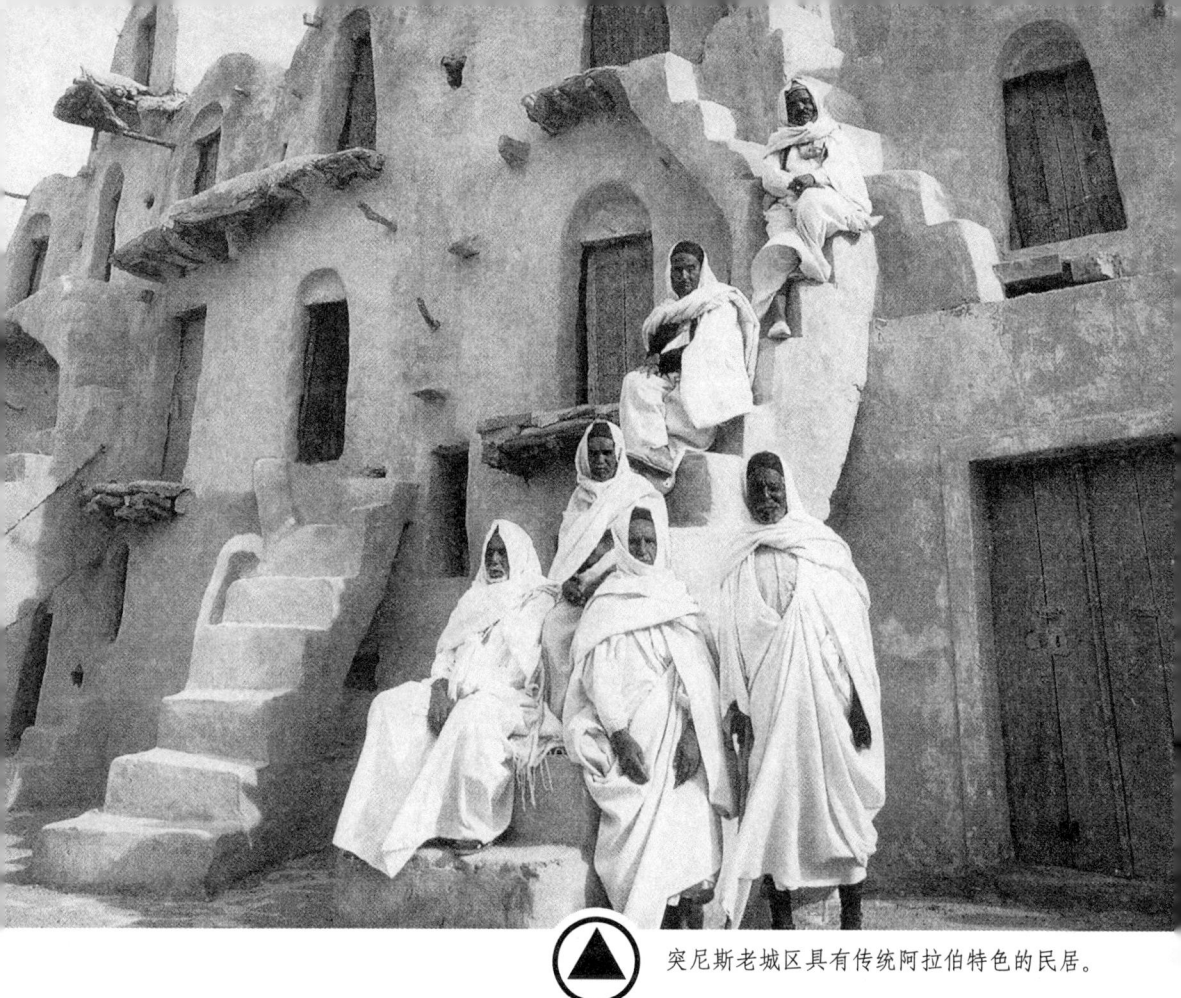

▲ 突尼斯老城区具有传统阿拉伯特色的民居。

即使在每年12月份,也是芳草如茵,鲜花盛开。这个公园被誉为植物标本园,凡是地中海一带的树木花草,在园内均可以见到。新城区兴建于1881年以后的殖民统治时期,因坐落在旧城通向海滨的一片低洼地带,因而称为"低城"。

突尼斯市的西部和南部是旧城区,当地人称为麦地纳。突尼斯老城拥有700多个纪念性建筑,包括宫殿、清真寺、陵墓和喷泉,展示着它昔日的辉煌。

在北非伊斯兰城市中,突尼斯老城是城市规划最协调的典范之一,反映出精湛的阿拉伯建筑艺术风格。

白色房屋是突尼斯老城最醒目的城市景观。风格不同的建筑和谐地构成一个整体,对东马格布地区的建筑和装饰艺术产生了重大的影响。

在阿拉伯语里,"麦地纳"意为"城市",又有"城中之城"的解释。它主要是商业、手工业和民用住宅三位结合的城区。这里没有高层建筑,最高的房屋仅有两层,有些狭窄弯曲的街道只能容两人相对通过,保持着古香古色的阿拉伯东方色彩。

连接突尼斯老城与新城的海门。

　　旧城区的城墙虽已不存在，但仍保存有近10座城门，其中有新旧城相接的海门以及旧城与郊区相连的苏卡门等。旧城区里市场一个接着一个，店铺一个挨着一个，而且每条街道通常经营一种行业。有铜器、金银首饰、香料、地毯、橄榄木制品、皮革、马鞍、嫁妆等，样样俱全。这里一天到晚人来人往，熙熙攘攘，到处是手工作坊发出的锵锵声和小商小贩的叫卖声，充满着浓厚的阿拉伯乡土气息。置身在这麦地纳的阿拉伯市场，仿佛又回到《一千零一夜》里所描绘的那种仙境之中。

　　建于公元3世纪的宰图纳清真寺是老城最古老、最庄重的建筑，它还是突尼斯历史最悠久的大学的所在地。

　　突尼斯市东北郊是著名的风景游览区，有古莱特、迦太基等古镇，白墙蓝窗的阿拉伯小楼掩映在青翠的山坡上，山下水天一色。

专家点评

　　在北非伊斯兰城市中，突尼斯老城是城市规划最协调的典范之一，反映出精湛的阿拉伯建筑艺术风格。

起始时间	地理位置	推荐理由
公元前827年—公元前782年的周宣王时期	中国山西省中部的平遥县	平遥古城是一座具有2700多年历史的文化名城，是中国目前保存最为完整的四座古城之一，平遥古城是依据中国汉族文化思想和建筑风格的特点建立起来的。

体现中国汉民族传统城市规划思想的平遥古城

文明印记

　　平遥古城素有"中国古建筑的荟萃和宝库"之称，文物古迹保存之多、品位之高实为国内所罕见。现存的平遥古城是明代洪武三年扩建而成的，占地面积2.25平方公里。现在的古城墙基本保持完整，城墙周长6157.7米，墙高6米至10米；墙体内填土夯实，外周青砖砌裹，顶部铺砖排水，城墙四角各建有角楼，东南角还建有魁星楼一座。墙外筑护城壕，深、宽各1丈。四面墙体每隔60米筑观敌楼一座，整个城墙上共有72座观敌楼，上有垛口3000个，是按孔夫子的弟子3000、贤人72的数字修筑的。

　　鸟瞰平遥古城，更令人称奇道绝。城池平面呈方形，略偏东南向。东、西、北三面线条径直，只有南墙沿河走向曲折，形如龟状，因此平遥古城素有"龟城"之称。城门六座，南北各一，东西各二。城池南门为"龟头"，门外两眼水井象征龟的双目。北城门为"龟尾"，是全城的最低处，城内所有积水都要经此流出。城池东西四座瓮城，双双相对，上西门、下西门、上东门的瓮城城门均向南开，形似龟爪前伸，唯下东门瓮城的外城门径直向东开，据说是造城时恐怕乌龟爬走，将其左腿拉直，拴在距城20里的麓台上。这个看似虚妄的传说，闪射出古人对乌龟的极其崇拜之情。乌龟乃长生之物，在古人心目中自然如同神灵一样圣洁。它凝示着希冀借龟神之力使平遥古城坚如磐石，金汤永固，安然无恙，永世长存的深刻含义。

平遥古城是一座完全按照中国汉民族传统城市规划思想和布局程式修建的县城。迄今为止，古城的城墙、街道、民居、店铺、庙宇等建筑仍然基本完好，原来的形式和格局大体未动，它们同属平遥古城现存历史文物的有机组成部分。

在封闭的城池里，有4条大街、8条小街及72条小巷经纬交织在一起，东、西、南、北四条大街相交呈"十"字，主要街道两旁都是店铺。建筑物以市楼为中心，对称排列。市楼是城内的最高建筑，十分壮观。楼的东南角原来有一口水井，井内水色如金，所以又叫"金水楼"。楼顶铺有琉璃瓦，组成了"喜"字等图案。

平遥古城是中国古代民居建筑的荟萃中心之一。在古城内现存的4000处古、近代民居建筑中，有400余处典型地体现了中国古、近代北方民居建筑的风格和特点，对于研究中国古代城市发展，了解明清时期的城市风貌和建筑艺术，都具有重要价值。城内古居民宅全是清一色青砖灰瓦的四合院，轴线明确，左右对称，其建筑形式主要分三种：一为砖木结构的封闭式四合院；另有一种是在砖碹窑洞外面加盖木廊外檐；还有一种是在砖砌窑洞的上面修建砖木结构的瓦房，更是具有很浓的乡土气息。

▼ 平遥古城楼。

平遥古城南大街客栈院景。

除古城墙和民居以外，古城之宝不胜枚举。

出古城北门向东北是镇国寺。该寺的万佛殿建于五代（公元10世纪）时期，是中国现存五代时期唯一的古建筑，目前排名中国古老木结构建筑的第三位（前两位为五台山的佛光寺大殿和五台山的南禅寺），距今已有一千多年的历史。殿内的五代彩塑是不可多得的雕塑艺术珍品，是研究中国早期彩塑的样本。

位于古城西南方向、重建于北齐武平二年（公元571年）的双林寺，被人们誉为"彩塑艺术的宝库"。在该寺的十余座大殿内有元代至明代的彩色泥塑两千多尊。

另外，古城内还有中国宋金时期文庙的罕见实物——文庙大成殿；有中国金融上的开山鼻祖，被誉为"天下第一号"、"汇通天下"的"日升昌"票号；有始建于唐显庆二年、具有中国古建筑中罕见的"悬梁吊柱"奇特结构的清虚观，观内二十余尊木雕神像是研究中国古代木雕造像艺术和道教发展的稀有之物；有遍布古城内外一千通碑刻及年代不一、形式多样、色彩缤纷的各种琉璃实物。

难怪到过平遥的人说："走进平遥，就如同走进一座大型的历史博物馆。"

专家点评

平遥是中国境内保存完整的明清时期古代县城的原型，迄今已有2700多年的历史。它是以古代城墙、宫衙、街市、民居、寺庙作为整体，于1997年12月3日被列入《世界遗产名录》的古城，是研究中国政治、经济、文化、艺术和宗教发展的实物标本。

起始时间	地理位置	推荐理由
公元前753年	位于梵蒂冈和意大利的罗马	罗马城作为世界闻名的古城，距今已有2700多年的历史，被称为"永恒之城"。罗马犹如一座巨型露天博物馆，迄今仍保留着许多珍贵的名胜古迹。

孕育古罗马帝国辉煌的罗马历史中心

文明印记

罗马城分为新城和旧城两部分，旧城为古罗马帝国的发祥地和首都，公元756年至1870年为教皇国的首都。1870年意大利王国统一后成为意大利的首都。

罗马历史中心在阿文蒂诺、凯里、卡皮托利诺、埃斯奎利诺、帕拉蒂诺、奎里纳尔和维米那尔等7座山丘上，占现在罗马市面积的40%。

罗马历史中心的古迹众多。公元1、2世纪，是罗马帝国的鼎盛时期。这个时期，罗马城十分繁荣，出现了一大批宏伟的建筑。今天，千姿百态的残垣断壁，珍贵的名胜古迹，深厚庄重的圆顶教堂，巧夺天工的雕刻艺术，形态各异的喷泉以及辉煌的宫殿，古老的建筑群，随处可见。在宽广的帝国大道两旁矗立着帝国的元老院，宫廷，贞女祠，恺撒庙，君士坦丁大帝凯旋门。帝国大道东边的特拉亚诺市场是古罗马的商业中心，市场旁矗立着一根高40米的凯旋柱，柱上螺旋形的浮雕描述了特拉亚诺大帝远征多瑙河流域的故事。还有威尼斯广场上的无名英雄纪念碑、古罗马的露天竞技场、万神殿……至于那古罗马的水道、城墙、浴场、高耸入云的方尖石碑、壁垒森严的古城堡、引人瞩目的教堂、金碧辉煌的博物馆、精美绝伦的大理石雕像以及脍炙人口的油画更是令人惊叹不已，流连忘返。罗马还是文艺复兴时期群英荟萃的地方之一，是一座文艺复兴时代的艺术宝库，当年艺术大师们的杰作已经成为意大利人民的宝贵财富。正是由于罗马的悠久历史和古老文化，它才赢得了"永恒之城"的美称。

罗马全城以著名的圆柱广场为中心，那里有一座高达43米的大理石圆柱，该圆柱建于公元176年至193年，柱上刻有浮雕，记载着当时的"战迹"。靠广场的一侧是古老的齐吉宫和蒙泰奇托里奥宫，现为意大利总理府和众议院的所在地。这两座古老的宫殿从外表看显得十分陈旧，但里面却非常豪华，内部既有古色古香的雕塑、油画等艺术装饰，又有现代化的设备。宫内走廊的两侧排列着历史上著名议员的大理石雕像，个个栩栩如生。特别有趣的是，在大楼里除了没有睡觉的床铺以外，其他所需的生活和工作设施应有尽有。

市中心的威尼斯广场是罗马最大的广场，长130米，宽75米。西北是威尼斯大厦，由巴尔保枢机主教于1455年兴建，为罗马最著名的文艺复兴式的宫殿式建筑，1494年法王加禄八世曾在大厦里逗留。1797年起，大厦被奥地利占据长达120年之久。1916年意大利政府将其收回并加以整修刷新。墨索里尼上台后将其作为官邸，并常在正中阳台上向民众发表训话式的演说。1943年墨索里尼垮台后，这里改为艺术博物馆。大厦中间有一座狮像，是威尼斯的标志，也是威尼斯保护神——圣马可的象征。

埃马努埃尔二世纪念碑在罗马的威尼斯广场南面，是高大雄伟的白色大理石建筑，又名无名英雄纪念碑，始建于1885年，1911年竣工，由萨科尼工程师设计。纪念碑是为纪念意大利开国国王埃马努埃尔二世而建的，是意大利独立和统一的象征。纪念碑前方有宽阔的石阶，两旁有镀金的象征性铜像，左方代表"思想"，右方代表"行动"。石阶前方有两个半圆形的喷泉石池，池上各卧一巨人石像，分别代表意大利东、西两岸的海洋，右边代表"第勒尼安海"，为贾乐理所制，左边代表"亚得里亚海"，为夸德雷利雕刻。在中央的石基高台上，是埃马努埃尔二世的高大镀金骑马铜像，高与宽均为12米，是马卡尼亚尼的精心杰作。铜像后面有长约72米的长廊，用16根高15米的石柱建成，廊内有各省模型，廊壁上刻有庆祝第一次世界大战胜利结束的浮雕。走廊两端各有4匹铜马，拉着一辆双轮战车，由象征胜利的女神驾驭，为方塔纳埃和巴尔托利尼的作品。1921年为纪念"为国牺牲的英雄"，在纪念碑的基座下增建了无名英雄墓。无名英雄墓前的两支火炬日夜燃烧，终年不息，两旁有两个身着军服的卫兵轮番守护在那里。卫兵背后有两个浮雕，左边是"工作第一的群众"，右边是"爱国至上的人民"。纪念碑与无名英雄墓皆为纪念意大利的独立与统一而建，故又称"祖国祭坛"。每年意大利国庆节期间，都要在这里举行纪念仪式，由意大利共和国总统亲自主持向无名英雄敬献花圈。各国首脑来意大利访问，通常都要到祭坛来献花圈致意。

从威尼斯广场向北行，不远处就可以见到迄今保存最完好的古罗马建筑——万神殿。万神庙结构简洁，形体单纯，是古罗马建筑最辉煌的成就之一，它坐落在万神殿广场南面。这座具有两千多年历史的著名古建筑，是罗马帝国的开国皇帝奥古斯都于公元前27年至公元前25年修建的，即比斗兽场还早100多年，后被雷电击毁，公元120年至公元125年重建起来，至今仍保留其历史面目。当时它是古罗马唯一的大建筑，是为古罗马大将军安东尼征服埃及而建，公元7世纪改为教堂，现为名人灵堂，拉斐尔、埃马努埃尔二世国王均长眠于此。

万神殿门廊呈长方形，有16根巨柱支撑着古希腊式的三角形门顶，每根石柱都是用整块的花冈岩雕成。主体建筑是圆形结构，上面罩着的圆顶是世界古建筑中最大的，殿内没有一根柱子、一扇窗户，阳光从圆顶中央直径9米的开口处射进来，如同上天无所不见的眼光，氤氲出一种天人相通的神圣气氛，使神殿显得越发森严、肃穆。

万神庙刚一落成，便因内部无比的恢宏壮阔和庄严崇高引起了人们的赞叹。有一句古谚说，如果一个人到了罗马而不去看看万神庙，那么，"他来的时候是头蠢驴，去的时候还是一头蠢驴"。

在众多的名胜古迹中最吸引游客的是作为古罗马帝国象征的大角斗场，被人们称为世界八大名胜之一。大角斗场是罗马帝国强大的标志，又叫圆剧场，是两个半圆剧场面对面拼接起来的意思。它位于罗马城中心，古罗马角斗场。

基址是原来尼禄皇帝"金殿"的大花园里的湖泊,排干了之后建了这座建筑物。

角斗场的形制脱胎于剧场。在古希腊时候,剧场是半圆形的,依山而建,层层升起的观众席,遍布在山坡上,视线和音质效果都很好。艾庇道鲁斯圣地里的剧场,坐在后面第55排的观众都能听清表演区里一枚硬币落在地上的声音。

大角斗场所具有的气势与规模令世人惊叹。它的长轴188米,短轴156米,周长527米。它中央是"表演"区,外围排列着层层看台。"表演"区也是椭圆形的,长轴86米,短轴54米,地面铺着木板,板底下的地下室用厚厚的混凝土墙隔成小间,有些用来关猛兽,有些用来关角斗士,他们大多是奴隶。看台约有60排座位,逐排升起,由低到高分为5区,前面一区是荣誉席,给长官、元老、外国使节、祭司、修女之类的"贵宾"坐。第二区坐的是骑士和其他贵人们,第三区坐的是富人,第四区是普通公民坐的,最后一区在柱廊里,可能是给妇女们坐的。柱廊顶上站着些水手,他们像操纵风帆一样管理着悬索上的天篷,给观众们遮阴。

大角斗场的看台架在三层放射状排列的混凝土筒形拱上,每层80个喇叭形拱。喇叭形拱里有楼梯分别通向看台的各区。观众们根据入场券的号码,找到自己的入口,再找到

法国柯罗1826年描绘的古罗马广场。

自己的楼梯，登上去就能很方便地到达自己的座位。整个角斗场可以容纳5万人左右，出入都井井有条，十分顺畅，不致混乱。它的设计原则被后来历代沿用，直到现代的体育场，还完全一样。

大角斗场也可以从输水管引水，积水成湖，表演海战的场面。公元248年，在大角斗场举行过罗马建成1000年的庆典，这大约是它最体面的一次实用了。

大角斗场壮丽的形象给每个人以强烈的印象，在一本中世纪基督教的《颂书》里记载了一位朝圣者的话："只要大角斗场屹立着，罗马就屹立着，大角斗场颓圮了，罗马就颓圮了，一旦罗马颓圮了，世界就会颓圮。"但是，大角斗场却不断遭到地震破坏，屡圮屡修，屡修又屡圮。这种颓圮荒废状态引起了19世纪浪漫主义者吊古伤今的情绪，拜伦就曾即景写过诗，小说家狄更斯也在1846年写道："这是人们可以想象的最具震撼力的、最庄严的、最隆重的、最恢弘的、最崇高的形象，又是最令人悲痛的形象。在它血腥的年代，这个大角斗场巨大的、充满了强劲生命力的形象没有感动过任何人，现在成了废墟，它却能感动每一个看到它的人。感谢上帝，它成了废墟。"

当古罗马帝国强盛的时候，罗马人凭借武力征服了许多地区和民族，在占领地建造了驻屯军队的营垒城市。为纪念皇帝的功勋，在罗马城和占领地城市的中心或干道起止点建造了巨大而雄壮的凯旋门，以炫耀武功。这些凯旋门高大宽厚，或者是一个券洞，或者是三个券洞，券洞间装饰着壁柱，顶部是高高的女儿墙，墙面上镌刻着纪念文字，墙头通常还有镀金的战车铜像，象征着胜利和光荣。

罗马城内君士坦丁凯旋门建于公元312年，是这类建筑的代表作之一。门总高20.63米，宽25米，比例和谐，气势雄壮。在宽厚的墙体上开着三个门洞，中间大，两边小，八根用整块石料凿成的科林斯式柱子倚峙在券洞的前后两侧。女儿墙正中墙面镂刻铭文，左右墙面是高浮雕，在每个科林斯柱的柱顶都立有圆雕人像。在其他部位包括凯旋门的侧面也装饰有浮雕。这些雕刻使坚实厚重的建筑实体在雄壮中却不显粗笨，具有丰富的表现力。整个凯旋门既是一座杰出的建筑，也是一件精美的雕刻艺术品。当年罗马皇帝得胜回朝，远征的将士就是带着满脸的骄傲，从这座凯旋门下浩浩荡荡通过的。

历史学家普利尼奥曾将古罗马供水系统比喻为"供水皇后"，水道后来在战争中遭到了破坏。为了庆祝文艺复兴，罗马城内又新建造了许多别有风格的喷泉，使美丽的罗马有了"喷泉之都"的盛誉。喷洒在空中的泉水，在阳光照射下，呈现出一道道彩虹，如同五颜六色的锦缎飘舞在空中。市内共有3000多处喷泉，最著名的要数特雷维喷泉。它建于1762年，喷池中央竖立着一尊海神像，两侧是象征富饶与安乐的女神。市内这些喷泉的泉水均来自罗马的古老水道。

罗马城在天主教徒的心目中占有神圣的位置，城内天主教堂随处可见，据说有450多座。城西北有梵蒂冈的圣彼得大教堂，它是世界上最大的天主教堂，是文艺复兴时期的建筑物，建于1506年至1626年，前后历时120年。在半圆形的教堂回廊上，竖立着300多根巨型圆柱，每根柱子上都有姿态生动的雕像。教堂里的雕刻、雕像、壁画等都是当时的艺术杰作，拥有极高的历史文化价值。此外，这里还有300多座天主教堂、300多座修道院和7所天主教大学。

罗马城的古迹除以上所列举外，还有皇帝广场群，道路、浴室、体育场、图书馆、剧场等。

专家点评

罗马，这个让西方人为之震撼的名字，足可以代表一个文明，一种传统。它是一座名城，一段古史，更是一本让人读不完的书。

起始时间	地理位置	推荐理由
公元前657年	土耳其西北部，距首都安卡拉西北约380公里	世界上的城市，只有伊斯坦布尔跨建在两大洲上。它已有2600年历史，市内有近900座基督教堂和回教寺，是土耳其最大的城市和历史名城。

融合东西方文化的伊斯坦布尔历史区

文明印记

举世闻名的古城伊斯坦布尔，被博斯普鲁斯海峡分为东、西两部分。其东部在亚洲，具有浓郁的东方色彩；西部在欧洲，呈现一派欧洲风光。两部分由一座大吊桥连接起来，真可谓是东西方文化的荟萃之地。

博斯普鲁斯海峡大吊桥，即连接伊斯坦布尔欧亚两部分的大吊桥，建于1968年，是由原西德、英国和土耳其等国共同设计的，于1973年10月在庆祝土耳其共和国成立50周年之际正式通车。大桥长1560米，两座塔桥之间跨越海峡水面部分的桥长为1070米，宽63米，高出海面64米，整个桥身仅以两根粗达90厘米的网索从两岸高达165米的两座桥塔牵引支撑。大桥桥塔呈"门"字形，一个重6万吨，另一个重5万吨，极其雄伟壮观，是欧洲第一大吊桥，也是世界第四大吊桥，犹如一条长虹飞跨欧亚大陆。

历史悠久的古城，宫殿林立，寺塔高耸，与现代化建筑相映生辉。著名的蒂奥多西城墙亦称拜占庭城墙，是罗马帝国为了防御外敌的入侵而建筑的城垣。公元4世纪时，蒂奥多西在这里扩建城墙，城墙从黄金角直到马尔马拉海边，全长7公里。城墙高大、坚固，并建有许多碉堡，是当时西方最坚固的一座城堡。

东罗马帝国时代，信奉基督教，在这里建有许多教堂，其中最大的是圣索菲亚教堂，是罗马帝国时代的古建筑之一。君士坦丁一世在君士坦丁堡建造的罗马式大教堂于532年毁于火灾。当时，东罗马帝国皇帝查斯丁尼一世将它予以重建，工程历时5年，于537年竣工。这座教堂融合罗马式长方形教堂与中心式正方形教堂的特点，采用新颖的屋顶设计。中心为一直径33米的圆穹窿，坐落在4根巨大的塔形方柱上，顶端距地面60米。中心穹窿的东西两侧各连接一个较低的半圆形穹窿，使建筑平面呈长方形。教堂内部由圆柱和柱廊分隔成3条侧廊，柱廊上面的幕墙上穿插排列着大小不等的窗户，中心穹窿基部环以40扇窗户，光线从四面八方透入堂内。所有的圆柱均用颜色、花纹各异的大理石加工而成，墙壁下部也用大理石贴面。穹窿顶部和四周幕墙上满布着色彩绚丽的镶嵌画及大量精美的壁画和雕塑，把教堂装饰得辉煌夺目。当时的记载无不盛赞它惊人的艺术之美，它曾与雅典和罗马的万神庙并称古代三大建筑杰作。

在8世纪至9世纪的圣像破坏运动和13世纪初的第四次十字军东征中，该教堂遭到了严重的破坏，原有的镶嵌画及其他艺术珍品大都被毁，此后虽经多次修复，终未能恢复旧观。1453年土耳其攻占君士坦丁堡，将该教堂改为清真寺，在建筑物四周增建了4座土耳其式尖塔。

1932年，圣索菲亚教堂辟为博物馆。

著名的蓝色清真寺又称云塔清真寺，是建于17世纪伊斯坦布尔的最大清真寺。1000多年前开辟的丝绸之路将中国的瓷器与烧瓷技术一起传到这里，而土耳其工匠又用自己烧出的瓷砖创造出独具匠心的奇迹。

除蓝色清真寺外，比较著名的清真寺还有苏丹穆罕默德二世（亦称胜利者）清真寺，建于1470年，曾毁于地震，1768年重建；苏丹拜耶济德二世清真寺，建于1501年至1505年；苏丹苏里曼一世清真寺，建于1557年，出自著名建筑家西纳之手，华美出众，有4座尖塔耸立在寺院的四角，其中西面两座较高；苏丹阿哈麦德三世清真寺，寺内矗立着7座尖塔，高耸入云，蔚为奇观，现辟为博物馆。美丽的伊斯坦布尔，不愧人们又称它为"寺庙之城"。

伊斯坦布尔宫殿建筑的代表首推托普卡珀宫。宫殿始建于1462年，是一座富丽堂皇、辉煌雄伟的皇宫。前后共有25位苏丹居住过此宫。当你踏进曾经的禁门时，想起往日帝王的繁华，是否会诚惶诚恐呢？手舞弯刀的侍卫不见了，从前帝王偷窥美人嬉戏的庭院也空无一人。现在院中的厅堂还是200年前的老样子，只是再没有后宫佳丽随謦师弹奏的音乐款摆腰肢让帝王独自欣赏的景象了。走进国王的寝室（室中有人造喷泉，潺溪之声足以掩盖国王跟别人谈话时的声音），仿佛置身于《一千零一夜》的故事中，眼底尽是罗衣锦绣，一切都豪华富丽。

道尔马巴赫切宫位于海峡两岸，是奥斯曼帝国的宫殿，建于1853年，它保留了奥斯曼时代的建筑特点，又吸取了欧洲的建筑风格，是欧亚建筑的典型代表。宫内有8个大厅，200多个房间，内部装饰极其华丽。位于宫殿中央的"喜庆厅"，悬挂着一个装有750只灯泡的水晶大吊灯，从远处望去，宛如瀑布飞溅，蔚为壮观。

古城里还有一个拜占庭时代的竞技场，位于索菲亚教堂的对面，始建于3世纪初，后由君士坦丁皇帝扩建成拥有10万个座位的大竞技场。广场总长400米，宽120米，专门用来举行战车比赛，是当时古城的文化、娱乐中心。现在旧址上仍耸立着高大的石碑、铜柱和砖砌的尖塔。

君士坦丁堡的凯旋门。

到了现在，这个有悠久历史背景的伊斯坦布尔所接待的不是征服者，而是游客。游览车和游览船不断带来了爱好文化和搜购廉宜货品的人，市内的街道原貌未改，熙来攘往的情况似乎永无休止。

晴朗的日子，可从欧洲部分的伊斯坦布尔远眺亚洲部分的乌斯库达，极目处是安那托里亚高原连绵起伏的山峦。两区相隔一水，渡船穿梭往来，热闹非凡。举目四顾，可以看见附近的回教寺院教堂、形形色色的王宫和禁苑，还有逛街的肚皮舞娘和牵着熊的江湖艺人。此外，还有一所建于1453年的大学。

虽然伊斯坦布尔以东360公里的安卡拉才是现在的土耳其首都，伊斯坦布尔却依然是全国的工商业和经济中心。在传统上，伊斯坦布尔的贸易是在叫做"商场"的庞大购物中世界上唯一一座6塔清真寺——蓝色清真寺。

心里进行的。主要的"商场"有两个，一个是500年前建立的"大市集"，另一个名为"埃及市场"，也已有300年历史。这两个"商场"都在旧日的拜占庭区。伊斯坦布尔的其他部分为乌斯库达、加拉大（历史之久位列第二）和比尤格鲁住宅区，即以前的培拉。

"大市集"极为宏伟，里面的大街小巷纵横交错，简直像个迷宫。市集有上盖，可蔽风雨，两旁尽是大小菜馆、喷泉以及各式各样的商店。商店分成珠宝、家具、铜器、布匹等类，成行成市。据自古相传的说法，一个空着手从"大市集"一端走进去的人，出来时可以带着老婆、妆奁、全屋的家具，却也留下了一辈子都还不清的债。

聚居"大市集"后面那些弯弯曲曲的千年古街上的工匠们，把制品送到市集出售。茶壶匠能在半小时内造出一件"真正古董"。皮匠能把皮革弄成旧麻布般柔软。

在傍晚时分乘渡船横过博斯普鲁斯海峡，暮色苍茫中，遥望上游，可见到首次把伊斯坦布尔欧、亚两部分连接起来的新桥。那座桥在土耳其共和国成立50周年纪念日时启用。从乌斯库达向欧洲部分的伊斯坦布尔看，所见的是一个巍峨侧影，寺院和王宫的圆顶浑似皇冠，尖塔有如点缀品，仿佛还能听见尖塔里有人号召信徒祷告。夕阳西下，一抹残霞把全市染作金黄色。

专家点评

伊斯坦布尔是世界上唯一跨越两大洲的都市，城市的主要部分在欧洲，亚洲部分为市郊，现两部分已由1600米长的博斯普鲁斯吊桥连接起来。它从古迄今，都是活生生的历史。如今，伊斯坦布尔市市区是土耳其最大的商埠，也是商业和娱乐的中心。

起始时间	地理位置	推荐理由
公元前623年	尼泊尔兰毗尼专区的鲁潘德希县	兰毗尼是古印度佛教四大圣地之一，佛祖释迦牟尼于公元前623年诞生在这一闻名的兰毗尼花园中的一棵菩提树下，因此这里就成了虔诚的佛教徒的朝拜圣地。

释迦牟尼的诞生地兰毗尼

文明印记

今日的兰毗尼，面积仅有6、7平方公里，四周围着篱笆，风景秀丽。在高大的菩提树间，坐落着许多与释迦牟尼有关的历史遗迹。这里曾经有3座佛塔、2个寺院和1座摩耶庙。近年在摩耶庙大殿的佛像下一米处挖掘出了一块石板，据考证，该石板所在地方正是佛祖诞生的具体位置。摩耶庙虽已拆掉，但摩耶夫人生太子的石刻像等珍贵文物仍存放在附近的一个寺庙里。石像面积不到1平方米，上刻摩耶夫人手扶树枝，小太子朝六个方向各行七步，手指上天，口说"天上地下，唯我独尊"的情景。摩耶夫人洗澡的圣池保存完好，旁边竖牌标明："摩耶夫人生佛之前，曾在此处沐浴。"池边长着一棵娑罗双树，树身粗约十三四米。原树在法显著作中曾有记载，玄奘来访时已"枯悴"，现存此树系后人补种。

在该寺遗址北面不远处，还有一个著名古迹，即"阿育王柱"。阿育王是公元前3世纪统一印度的著名君王，对弘扬佛教功勋卓著。此柱是他前来朝拜佛陀诞生地时所立。石碑全长9米，埋入地下4米，地上高5米，顶端有石马雕像。石碑上刻有梵文铭文"神所宠阿育王灌顶凡二十年，亲来恭敬申言，此为释迦牟尼佛祖降生地，爰建此柱，立马于顶。以世尊降生故，兰毗尼村以所产八分之一计赋，免各税"。

▲ 全世界佛教徒向往的地方——印度摩诃菩提寺。

菩提树再向南，有两个印度教的标志。圣池的西面，是一片充满自然韵味的芦苇地。

在圣园周围，有尼泊尔、日本、韩国、越南、泰国、缅甸等国援建的寺庙。藏传佛教的白教葛举派也有一座较大的寺庙在此。中国佛教协会援建的"中华寺"也已竣工，即将与尼宗教界开展合作往来。兰毗尼西27公里处，是当年释迦牟尼的父亲净饭王和王后摩耶夫人的王宫位置，称梯罗拉廓特。这里分布着王宫、佛塔、寺院的地基。最为著名的是悉达多太子出家时走出的东门。在梯罗拉廓特的东北尼吉拉瓦，有公元前三世纪阿育王柱的两个碎片。此外还有萨嘎哈瓦和阿罗拉廓特等古迹。

专家点评

现在兰毗尼正发展成为世界性佛教徒的朝圣中心，这与佛祖释迦牟尼诞生于此地有密切的关系。

起始时间	地理位置	推荐理由
公元前7世纪	希腊弗吉达州	德尔斐是希腊神话中主神所确定的"世界之脐"的位置，同时也是古希腊传说中德尔斐神谕的发布地。

被古希腊人认定为世界中心的德尔斐考古遗址

文明印记

德尔斐遗址位于帕纳瑟斯山的悬崖峭壁下。自从19世纪被开发以来，这里一直是希腊最能吸引游人的地方：峭壁耸立，直插云霄，时有雄鹰在高空盘旋。游客循路登山，不时可随山势变换观察角度，发现更多景点。

遗址被一条通往雅典的道路分成两个区域。地势较低的区域内，有雅典娜女神的旧神庙，这座圆形建筑物是古希腊建筑中最优美的建筑之一。现存有三根完整的饰有图案的圆柱和另一根圆柱的下半部分，分别位于一面多边形的墙前。

山坡上是德尔斐的圣域，圣域内有圣道、宝库、纪念碑等建筑。公元前7世纪至前6世纪，朝拜者从各地来到这里，场面非常壮观。德尔斐圣域的中心建筑是阿波罗神殿。据说，阿波罗神殿是建于这里的第六座庙宇，前三座只有文字记载；第四座是建于公元前7世纪末的多瑞克神庙，后毁于大火；第五座也是多瑞克神庙，于公元前6世纪末竣工，后毁于地震；第六座（即现存）神庙建于公元前4世纪。

阿波罗神庙遗址上的多立克式石柱。▶

阿波罗是宙斯和拉托的儿子，被人们认为是掌管人间诸如音乐、艺术、哲学、法律、医药、射艺等美好事物的神。在这里，人们主要为他的预言而崇拜他。

德尔斐的神谕包括几个步骤，阿波罗神向被指定的女巫发布神的旨意，女巫在入定的情况下接受神旨并转达给牧师，牧师再以隐晦的方式转释给祈祷人，并收取费用。

阿波罗神殿上面的不远处有一座保存完好的大剧场。剧场建于公元前2世纪，可容纳5000名观众，剧场内有良好的声音效果和俯视圣域的绝美景观。这里曾发生了俄狄浦斯杀父娶母的故事——塑造了世界上最著名的悲剧英雄，也给予了弗洛伊德关于恋母情结的灵感。

剧场附近还有一处大竞技场遗址。大竞技场长达200米。北边有12排座位，南边有6排（现多已坍塌）。游客依然可以清晰地分辨出起跑线和终点线，在石灰线界定的跑道上，甚至可以看到为运动员起跑而设计的脚位。

德尔斐博物馆内著名的馆藏是铸于公元前470年的青铜马车夫雕塑。另外，塑造于公元前6世纪的银质公牛尺寸几乎与实物相近，是现存的最大一座以珍稀金属雕刻而成的作品。创作于6世纪的那克细亚斯芬克斯，屹立于高达11米的基柱上，曾经威严地守卫着阿波罗神殿。

专家点评

在公元前7世纪到前6世纪，德尔斐是名副其实的宗教中心和朝拜圣地。它于公元前3世纪成为全希腊文化和艺术的中心，也是古希腊团结的象征。尚存的雅典娜神庙、阿波罗神殿、大剧场、大竞技场等历史遗迹显示着其昔日的辉煌。

起始时间	地理位置	推荐理由
公元前7世纪	意大利东南部维苏威火山脚下	庞贝为研究古罗马的社会生活和历史提供了原始资料。赫库兰尼姆城与庞贝齐名,维苏威火山爆发时,它与庞贝、斯塔比奥三座城市一起被毁。

埋葬在火山灰下的庞贝古城与赫库兰尼姆古城

文明印记

1592年,有人在庞贝城所在地修建水渠,偶然发现一些大理石碎块和古钱。1689年,有人在那不勒斯郊外掘井,发掘出一些刻字的石块,其中有一块刻有庞贝的名字。据此有人推测,庞贝城就在这一地区。1748年,当地农民在庞贝古城遗址偶然发现了一些遗物,于是寻找庞贝古城的工作就此开始了。4月6日,从棕红色的火山灰堆下发现了第一幅奇妙的壁画。4月19日,挖出了第一具人体残骸,残骸旁边散落着一些古代金币和银币,从死者留在地上的痕迹来看,这个死者正在急匆匆地去抓滚落的金币时,就因火山爆发,厄运突降而暴卒了。

1808年至1815年,法国学者缪拉主持了这座死城的发掘工作。从1860年起,人们对庞贝城进行了系统的发掘。1890年,考古学家乌塞皮·菲奥雷利使发掘工作走上正轨,他研制出一种新的发掘技术,使死城中被埋葬的人、动物、家具、木结构建筑物等充分地再现出当年的风貌。浇铸后形成的塑像生动逼真,栩栩如生,再现了古城居民当年罹难时的

庞贝古城遗址。

各种姿态。游客可以看到死难者的临死百态：或两手抱头，蜷缩一团；或手掩脸部，仰倒在地；或怀抱婴儿，母子同难；或手攥钱袋，仓皇逃跑；还有挣不脱枷锁，死在铁链上的奴隶角斗士……一幕幕悲剧呈现在游客眼前。一切都似乎发生在昨天，庞贝城好像沉睡了1900年，刚刚苏醒。

庞贝城占地面积1.8平方公里，城墙用石头砌建，周长4.8公里，有城门7个，塔楼14座，蔚为壮观。城内有美丽的街心喷泉、宏伟的奥古斯都庙宇和农牧之神神殿等建筑。

纵横的4条石铺大街构成一个"井"字形，将全城分割成9个区，每块地区又有许多大街小巷相通，大街上被金属车轮辗出的深深的车辙历历在目，仿佛马车刚刚驶过一般。横穿大街有独特的"人行横道"，每隔一步设一块高出路面三四寸的石头，好像乡村小溪的过河石，下雨水漫街道时不会打湿鞋子。

在大街的十字路口都设有石头水槽，高近1米，长约2米，向市民供水。水槽与城里的水塔相通。水塔的水则是通过砖石砌成的渡槽，从城外高山的泉水引进而来的，然

▲ 图为《庞贝的末日》。画中描绘了火山爆发的瞬间，火山岩浆从天而降，雕像从屋顶倾落，人们落荒而逃的情景。

后分流到各个十字路口的公共水槽中，贵族富商庭院里的喷泉和鱼池也是依靠这个系统供水。

城内有三座公共澡堂。每座用一个锅炉统一烧水，将热水、温水分导到男部和女部各浴室。浴室的天花板砌成圆拱形（故而没有压塌），室内的蒸汽上升到天花板凝成水滴后，顺圆拱缓缓流下，不会滴到浴客身上。

城西南有一个长方形广场，四周建有官署、法庭、太阳神庙、女神庙和市场，显然是庞贝的宗教、政治、经济中心。这些宏伟建筑在公元63年的地震中遭到破坏，还来不及修复便被火山灰掩埋了。现在人们看到的只是一些墙基、门、柱和石牌坊。石柱高达10余米，粗可达两人合抱，神庙门框以大理石琢成，图案精美。

庞贝人还修建了3座大型剧场，其中最大的一座位于城东南，建于公元前70年，比罗马圆形剧场还早40年，可容纳观众2万人。这里还兼做角斗场，当年人与人、人与兽的角斗就在这里举行。这座大型剧场的东侧还有一座圆形体育场，近似正方形，每边长约

130米，场地三边围以圆柱长廊，黄柱红瓦，十分华丽，场地正中是一个游泳池，这个体育场估计能容纳观众1万余名。

庞贝的手工业相当发达。在这里发掘出许多面包作坊、榨橄榄油作坊和纺织作坊，其中以羊毛纺织印染作坊最多，它们拥有洗毛石槽、染缸和熏硫磺漂白设备。

庞贝城遗址充分反映了古罗马社会的道德堕落，一部分人耽于酒色，纸醉金迷，生活淫糜。

庞贝城明显有两多：一是妓院多，一是酒馆多。妓院墙壁上画满了不堪入目的春宫画和各种淫荡的场面；城内酒店林立，店铺不是很大，酒垆与柜台都在门口，酒徒可以站在柜台外面喝酒，在一些酒店的墙壁上留下了酒鬼们信手涂鸦的歪诗邪文，至今依稀可辨。

庞贝城里贵族富豪的宅院十分讲究，有大理石圆柱、大理石门楼、艳丽的壁画、彩石镶嵌画、雕刻、喷泉、鱼池。在发掘这些宅院时，经常会挖出大量金银币、金银餐具和珠宝，可以想象当时房屋主人搜敛财富的能力。

1709年，工人们在赫库兰尼姆城的所在地挖井时，发现了古时剧场的舞台，进一步挖掘后，发现了众多的大理石构件。赫库兰尼姆城就这样很偶然地被发现了。

1738年，意大利皇家图书馆馆长、人文学家唐·马塞罗·凡努提侯爵开始在赫库兰尼姆城发掘。同年12月11日，发掘队找到一方铭文，从中了解到有个名叫鲁福斯的人曾出资兴建"海格立斯剧场"。据此，专家们断定，这里就是失踪千年的罗马古城赫库兰尼姆。

直到1927年，意大利政府才决定对赫库兰尼姆城进行分阶段的发掘，赫库兰尼姆城的原貌逐步得以显现出来。

赫库兰尼姆城建在由维苏威火山流下的两条溪流之间的高地上，四周高墙环绕。由于落在庞贝城上的火山灰和浮岩比较疏松，掩埋得较浅，平均只有3.6米深；而覆盖在赫库兰尼姆城的熔岩混杂有许多巨大的岩石，掩埋得较深，平均深达20米至26米，这就给发掘工作带来了许多想象不到的困难。在一个小吃店的柜台上还摆放着胡桃；修理店里，一个铜烛台和一尊酒神铜像仍放在原处等待修理；面包房里，烤面包的铜盘仍旧留在烤箱里；离这儿不远处，两头小毛驴的骨架永世套在磨盘上；玉雕店里，一个病孩躺在一张精美的木板床上，桌上放着为他做的一条鸡大腿……但是，赫库兰尼姆城的居民却"失踪"了。

在最初250年的挖掘中，只找到9具遗骸。所以人们一度认为赫库兰尼姆城的居民大多数都逃走了。今天的那不勒斯市，仍保留有"赫库兰尼姆居民区"。

事实并非如此。

1980年，工人们在安装地下水泵时，发现两具躺在古海滩上的遗骸。一具是矮胖的男性，考古学家们发现他的身边有只打翻了的船，故称他为"舵手"；另一具是女性，她被认为是位"美女"。1982年，考古学家们大面积清理海滩，出乎意料地发现了13具遗骸，其中一具身上佩有军用剑和鞘，说明他生前是个士兵。同一年，挖掘机挖通海堤下面堵塞着岩石的三处石头拱门，在一个拱门下，发现了6个成年人、4个儿童和1个怀抱婴儿的小保姆，他们的遗骨挤作一团；在另一个拱门下，一排排地躺着48具尸骨；而在第三处拱门下，19具尸骨和一匹马的尸骸横七竖八地堵在里面。

赫库兰尼姆城前后共出土了近200具遗骸，为防止这些遗骸迅速腐烂，史密森大学物理考古学家萨拉·比西尔将他们浸入一种防腐的丙烯酸树脂溶液中。随后，比西尔对他们进行了深入细致的研究，了解到古罗马男子一般身高1.70米，女子1.55米，虽然其中几具骸骨有患关节炎、贫血症等迹象，但总的说来，大部分人营养充足、体格健壮、肌肉发达。

赫库兰尼姆虽与庞贝城几乎同时覆灭，但两座死城的状况存在着很大区别。受维苏威火山上流下的丰富地下水浸润而保持潮湿的泥土将赫库兰尼姆城密封起来，这就使它比在火山灰和浮岩覆盖下的庞贝城保存得要好得多。许多日常生活中容易腐烂的东西，由于保持了一定的温度和湿度，同时又受不到空气的影响，尽管曾经被炽热的岩浆炙烧过，但仍保存完好，发掘出来时几乎与掩埋时没有什么两样。

专家点评

公元79年的维苏威火山爆发，瞬间吞没了罗马帝国时期两座十分繁荣的城镇庞贝与赫库兰尼姆，直到18世纪以后，这些2000年前文明历史的遗迹才被逐渐挖掘出来并供公众参观，如今，这些遗迹本身就可被看作博物馆。

起始时间	地理位置	推荐理由
公元前6世纪	安曼首都安曼以南190公里的山谷中	古城佩特拉，建筑在靠人工开凿于朱红色或褐色岩石形成的山脉之中，通道和峡谷交错迷离，是世界上有名的"石头城"考古遗址之一。

在岩石上雕凿出来的佩特拉古城

文明印记

提到佩特拉，很可能有人会脱口说出一句很熟悉的名言："一座玫瑰红的城市，其历史有人类历史的一半。"这是19世纪的一个英国诗人伯根的一首诗里的一句。几年之后，当伯根去该地参观后，他不得不承认当初所做出的此番描述是不确切的，佩特拉并非是玫瑰红色的，它甚至不能称为一座城市，却更像一座纪念碑似的公墓——这儿的房屋可能是泥制的，现在已不复存在。这里的墓碑群曾被当做是房屋，现在人们认识到这是些坟墓，曾开凿于海拔914米的难以到达的岩石中。它们图案细致典雅，体现了埃及和亚述建筑的风格。整个建筑重点放在正面，内部则是毫无装饰的巨室。这里有许多无法解答的问题，而神秘的气氛使得这原已特别的地方更具吸引力。

佩特拉坐落于海拔950米的山谷中。进入佩特拉古城，要通过1.5公里长的峡谷，峡谷最宽处不过7米，最窄处仅能通过一辆马车。两边的石壁高70米至100米，行人抬头仅能望到一线青天。走出峡谷，是宽广的谷地，豁然开朗。在方圆数千里的谷地里，岩石嵯峨，奇峰突兀，建筑物都凿在半山腰的岩壁上。门檐相间，殿宇重叠，十分壮观。

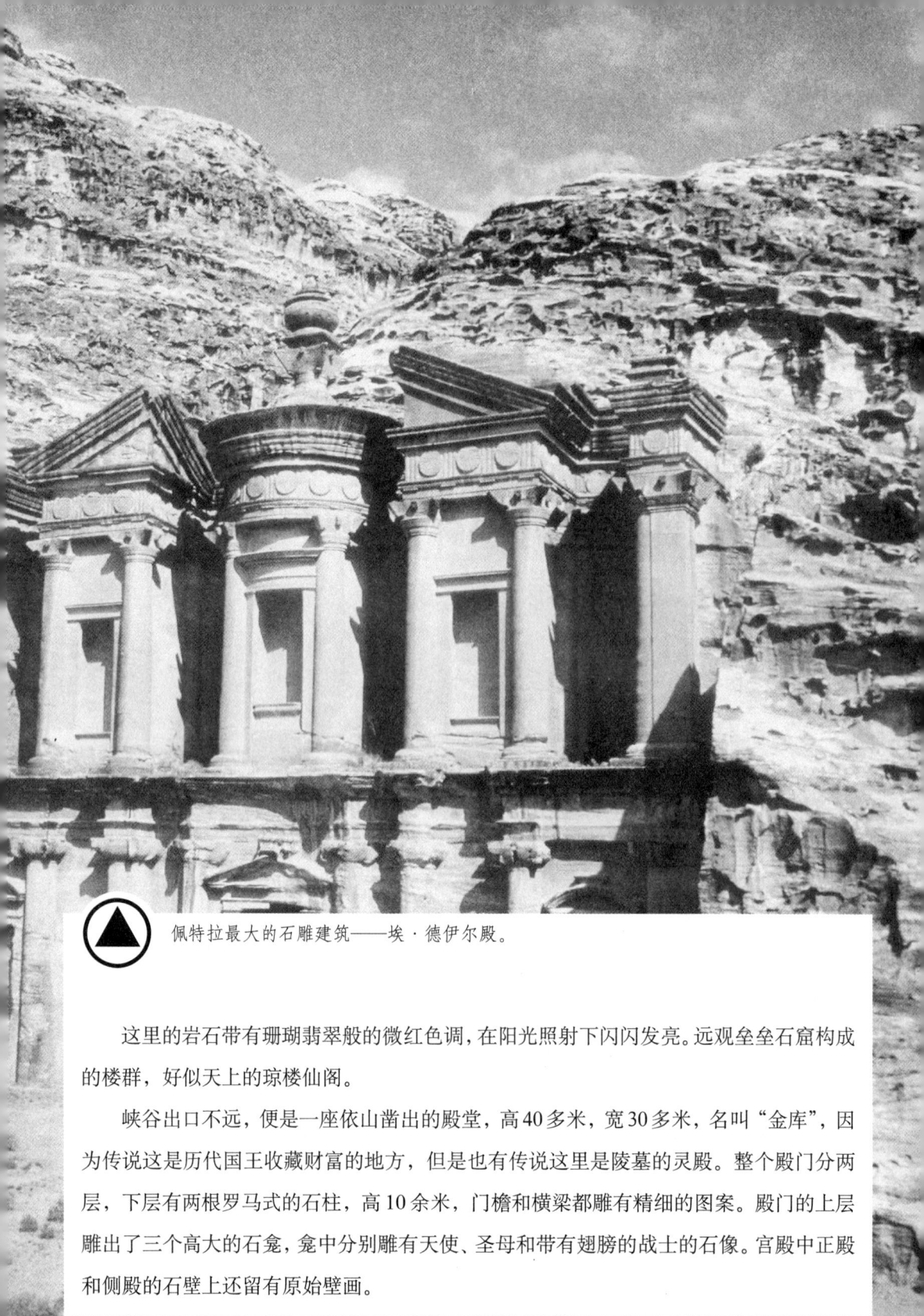

▲ 佩特拉最大的石雕建筑——埃·德伊尔殿。

　　这里的岩石带有珊瑚翡翠般的微红色调,在阳光照射下闪闪发亮。远观垒垒石窟构成的楼群,好似天上的琼楼仙阁。

　　峡谷出口不远,便是一座依山凿出的殿堂,高40多米,宽30多米,名叫"金库",因为传说这是历代国王收藏财富的地方,但是也有传说这里是陵墓的灵殿。整个殿门分两层,下层有两根罗马式的石柱,高10余米,门檐和横梁都雕有精细的图案。殿门的上层雕出了三个高大的石龛,龛中分别雕有天使、圣母和带有翅膀的战士的石像。宫殿中正殿和侧殿的石壁上还留有原始壁画。

古城核心是一个大广场，广场正面是宏伟的哈兹纳宫。宫室凿在陡岩上，分上下两层，总高50米，宽30米，带有罗马的建筑风格。底层由6根直径2米的大圆柱撑着前殿，构成堂皇的柱廊。顶层6根半圆形石柱附壁琢成，柱与柱间是神龛，供奉着圣母、带翅武士等神像，虽多残缺，仍不失本来的神韵。正殿后壁龛肃立着圣母像，栩栩如生。左右殿壁的壁画，色彩暗淡，但粗犷的线条依稀可辨。

南面半山腰的欧翁宫似是王室殿宇。拾级而上，只见半山岩石被掏空了，几百平方米的大殿不见一根柱子。后面的配殿肃穆而阴森，是历代国王的陵墓。欧翁宫的两侧是密如蜂巢的石窟群，分别作为寺院、住宅、浴室、墓窟。洞型和内部雕饰并不雷同，悬崖顶部的洞室富于诗意，白云缭绕，赛如鹊巢鹰窝。到了那里，恍若置身仙境。

欧翁宫斜对面有一座罗马式露天大剧场，依山坡凿成扇面形看台，十几层阶梯石座环护着舞台，可容观众数千人。舞台用巨石铺砌，声音可以清楚地传到最后一排席位。舞台上还残存有4根巨大的石柱。

平地上显然还有许多民居陋室，但因千年风霜侵蚀，早已荡然无存。遍地岩景天生自然，那玫瑰红、赭红、海蓝的斑斓色彩，似怪兽伏地的巨岩、如巨笔插天的石笋，绝非人造假山可以相比。人们把佩特拉叫做"玫瑰色的石头城"，一点也不夸张。

穿过幽谷，爬上曲折的山道，便是佩特拉博物馆。门口几尊塑像笑容可掬，馆内人兽雕塑美不胜收：绰约多姿的顶水少女、盛气凌人的壮硕武士、咆哮的雄狮、温顺的绵羊，一尊尊呼之欲出。馆里收藏的岩城文物，展示了古都昔日的盛况。

岩城现有100多名居民，一部分仍然住在洞窟里，他们就是纳巴泰人的后裔，保持着祖先的习俗，身穿阿拉伯长袍，头缠红色带条纹头巾，妇女蒙着面纱。

专家点评

古城中的宫殿、庙宇、陵墓以及民居、浴室和剧场等无一不是在山岩中开凿出来的。这里保留的古建筑把罗马东正教的传统艺术与希腊的建筑风格巧妙地融合在一起。

起始时间	地理位置	推荐理由
公元前518年	伊朗南部的法尔斯省	波斯波利斯古城遗址提供了许多关于古代波斯文明的珍贵资料，具有重要的考古价值。

见证阿契美尼德王朝建筑成就的波斯波利斯

文明印记

大流士在获得权力之后，开始建造一座希腊人称之为波斯波利斯的新城。这座新城的中心建在一个长435米、宽310米的巨大平台上，平台外边整齐地砌着巨大的石板，石板间用铁钩固定，紧密相连。平台高出四周的平地15.5米，相当于我们今天的三四层楼高。首先建起的是一对宏伟的楼梯，然后是一个巨大的接见厅，其雪松天花板用36根几乎高达20米的柱子支撑。这个可以容纳几千人的公共集会场所就是著名的阿帕达那厅。大厅有三条柱廊向外开放，其中一条柱廊可以俯瞰下面的平原。平台上的许多重要建筑本身又建在各自的平台之上，平台的入口处有附加的楼梯，使整个建筑群具有多层的效果。整个建筑群建在这样高的平台上，显示出威严、庄重的宏伟气势。平台西北入口处的一条石阶路，宽阔平缓，即使骑马也可以进入王宫。

大流士在阿帕达那厅后面又造了一幢较小的宫殿，叫"塔沙拉"，通常在那里举行国宴。他的后继者，尤其是他的儿子薛西斯（公元前486至公元前465年）和孙子阿尔泰薛

浮雕大流士一世在波斯波利斯登基。

西斯（公元前465至公元前424年）继续进行建筑工程。建设工作在波斯波利斯从来没有停止过。台地上渐渐布满了建筑群：柱廊、会议厅、觐见厅、内苑和金库。阿契美尼德王朝的君主们有意要把波斯波利斯变成一座建筑城，以表现他们的伟大。他们从帝国各省找来工匠和工头，因为阿契美尼德皇家艺术采用了波斯帝国治下不同国家的不同风格。这些影响是显而易见的，但产生的总体效果却无可否认是新颖独到的。这种融合的一个引人注目的例子可以在圆柱上找到。尽管这些圆柱在其柱基、颀长的柱身、动物形柱头上所雕刻的植物图案会让人同时想起埃及、希腊和亚述，但却依然是典型的波斯风格。大流士之后，阿契美尼德艺术转而向巨型化发展。

薛西斯在那座巨型楼梯上方建造了一座硕大无比的正门，门道的两壁有对称的巨型神像，神像人面牛身，长有双翅，是当时西亚地区流行的保护神。

进入王宫，便是正方形的觐见厅，这是国王会见大臣和外国使臣的地方。大厅每边长76.2米，由36根21米高的石柱支撑厅顶。现在仍有几根石柱屹立在台基上，游人由此可以想象出觐见厅当年的恢弘气势。

在觐见厅北面和西面的墙壁上，有对称的狮子斗牛浮雕，另外还有23处浮雕，刻画着国王和他的臣下们、波斯军队和政府官员以及帝国各处前来纳贡朝拜的场面。

过了觐见厅，便是当年大臣处理国家大事和开会议政的地方，称作"议事厅"，也叫"大会厅"、"百柱大厅"。大厅由100根高11.3米的石柱支撑着宽广的雪松木平顶。每根石柱的柱身上刻着垂直的凹槽，柱头和柱底刻着精美的雕饰，体现出古希腊与埃及艺术相融合的特征。觐见厅的南面是国王宫殿，当年是大流士办公的地方。相比其他大厅，虽然这座宫殿面积不是很大，但是内部装饰非常精美华丽，墙壁上布满了彩砖与浮雕构成的图案和花纹饰带。

阿尔泰薛西斯没有步他父亲的后尘，他选择了高雅和精美。那正是菲迪亚斯监督指导雅典巴特农神庙建筑的时候，想必是灿烂的希腊艺术对这位国王的宫廷产生了影响。阿尔泰薛西斯之后，只有阿尔塔泰西斯三世还给台地增添了一幢建筑，余者都只是给已有建筑装修润饰而已。

那么，对波斯帝国而言，波斯波利斯究竟代表着什么呢？它既不是政治首都，又不是经济活动中心，也并无任何重大战略地位可言。国王们每年只在那儿呆很少一部分时间。秋冬季节，国王们通常住在苏萨，天气转暖以后则与侍从们去埃克巴塔那，这两处都是阿契美尼德王朝的君主们发号施令、执行法律和进行外交活动的首都，而波斯波利斯则成了波斯帝国某种意义上的灵都。

波斯波利斯遗址上的浮雕像。

专家点评

在2500年后的今天，波斯波利斯已只剩下一副骨架。奇形怪状的一堆堆废墟，空荡荡的门框以及石柱柱基，似乎都在满怀着永恒的期望，凝视着这一望无际的平原。多少世纪以来，这些遗迹一直在诱使人们进行种种揣测。1930年以来，波斯波利斯的发掘工作已经提供了有关这一古代波斯文明的许多珍贵资料，但波斯波利斯的神秘面纱依然存在。

起始时间	地理位置	推荐理由
公元前478年	山东省曲阜市	由于两千多年来历代中国皇帝的推崇，曲阜这一古迹群始终保持着杰出的中国艺术风格和历史特色，成为瞻仰儒家先祖的圣地。

为尊崇儒家思想而建的曲阜孔林、孔庙、孔府

文明印记

孔庙是祭祀"大成至圣先师"孔子的庙宇，除曲阜外，在中国、朝鲜、日本、越南、印度尼西亚、新加坡、美国等国家还有两千多座孔子庙，都以曲阜孔庙为范本。

孔庙始建于公元前478年，历经两千多年而从未放弃祭祀，是中国使用时间最长的庙宇，也是中国现存最为著名的古建筑群之一。孔庙面积约16000平方米，有5座大殿，堂、坛、阁460多间，门坊54座，御碑亭13座。整个建筑庞大宏伟，号称"天下第一庙"，与北京的故宫、承德避暑山庄并称为"中国三大建筑群"。

孔庙的总体设计是颇为讲究的。前为神道，两侧栽植桧柏，创造出庄严肃穆的气氛，培养谒庙者崇敬的情绪。建筑群贯串在一条中轴线上，左右对称，布局严谨。空间由窄而宽、建筑由少而多，追求温良、浑厚、凝重、和谐的整体风格。前后九进院落，前三进是引导性庭院，只有一些尺度较小的门坊，院内遍植成行的松柏，浓荫蔽日，创造出使人清心涤念的环境，而高耸挺拔的苍桧古柏间辟出的一条幽深甬道，既使人感到孔庙

孔庙大成殿。

历史的悠久，又烘托了孔子思想的深邃。门坊上高悬的额匾，极力赞颂孔子的功绩，给人以强烈的印象，使人敬仰之情油然而生。第四进之后的庭院，建筑雄伟，黄瓦、红墙、绿树，交相辉映，既喻示了孔子思想的博大高深，也喻示了孔子的丰功伟绩；供奉儒家贤达的东西两墙，分别长166米，喻示了儒家思想的源远流长。

孔庙四周用高大庄严的红色围墙围绕，南门外有仰圣门，上面篆刻着清朝乾隆皇帝御笔书写的"万仞宫墙"。仰圣门后、孔庙门前有金声玉振坊，象征孔子是古圣先贤的集大成者。坊后有一座单孔石拱桥，桥后东西两侧各立一座石碑，上刻"官员人等至此下马"的字样，俗称"下马碑"。无论官员还是平民经此都得下马、下轿，皇帝也不能例外，由此可见孔庙的尊严。

孔庙的主要建筑集中在中轴线上，如奎文阁、十三碑亭、杏坛、大成殿及其两庑的历代碑刻。

奎文阁被誉为"中国古代十大名阁之首"。"奎"是二十八星宿之一，后人将奎星演化为文官之首。奎文阁原来是孔庙藏书的地方，后用来珍藏孔子遗著和皇帝御赐书籍，是中国最早的大型图书馆之一。这座古阁始建于宋代，金代重修，700多年来一直巍然屹立。

穿过层层院落，迎面可见孔庙的主体建筑——大成殿。大成殿是孔庙的正殿，也是孔庙的核心。唐代时称文宣王殿，共有五间。宋天禧五年（公元102年）大修时，移今址并扩为七间。宋崇宁三年（公元1104年）徽宗赵佶取《孟子》"孔子之谓集大成"语义，下诏更名为"大成殿"。清雍正二年（公元1724年）重建，九脊重檐，黄瓦覆顶，雕梁画栋，八斗藻井饰以金龙和玺彩图，双重飞檐正中竖匾上刻清雍正皇帝御书"大成殿"三个贴金大字。殿高24.8米，长45.69米，宽24.85米，坐落在2.1米高的殿基上，为全庙最高建筑，整座大殿金碧辉煌、气势宏伟，是中国三大古殿之一，可与故宫的太和殿媲美。

这个殿最引人注目的是正面的十根石柱，每根柱上雕刻两条巨龙，飞腾于云彩之中，两龙之间有一宝珠，故名之曰二龙戏珠。石柱均以整石刻成，气势磅礴；图案各具变化，无一雷同，令人叹为观止。据说，每当皇帝来这里朝圣，当地官员总是用红绫把石柱包起来，以免皇帝见了心里嫉妒。

杏坛位于大成殿前甬道正中，传为孔子讲学之处，坛旁有一株古桧，称"先师手植桧"。杏坛周围朱栏，四面歇山，十字结脊，二层黄瓦飞檐，双重半拱。亭内细雕藻井，彩绘金色盘龙，其中还有清乾隆时期的"杏坛赞"御碑。亭前的石香炉，高约1米，形制古朴，为金代遗物。

孔庙内的圣迹殿、十三碑亭及大成殿东西两庑，陈列着大量碑碣石刻。孔庙中保存有汉代以来的历代碑刻共1044块，有封建皇帝追谥、加封、祭祀孔子和修建孔庙的记录，也有帝王将相、文人学士谒庙的诗文题记；文字有汉文、蒙文、八思巴文、满文；书体有真、草、隶、篆，是研究封建社会政治、经济、文化、艺术的珍贵史料。碑刻中有汉碑和汉代刻字20余块，是中国保存汉代碑刻最多的地方。乙瑛碑、礼器碑、孔器碑、史晨碑是汉隶的代表作，张猛龙碑、贾使君碑是魏体的楷模。此外还有孙师范、米芾、党怀英、赵孟、张起岩、李东阳、董其昌、翁方钢等人的书法，元好问、郭子敬等人的题名，孔继涑的大型书法丛帖玉虹楼法帖等。孔庙碑刻是中国古代书法艺术的宝库。

孔庙著名的石刻艺术品有汉画像石、明清雕镂石柱和明刻圣迹图等。汉画像石有90余块，题材丰富广泛，既有人们社会生活的记录，也有历史故事和神话传说。明清雕刻石柱共74根，石柱雕刻技法多样，有线刻，有浮雕。线刻有减地，有剔地，有素地，有线地；浮雕有深有浅，有光面，有糙面。风格或严谨精细，或豪放粗犷，线条流畅，造型优美。圣迹图为明万历二十年（1592年）据孔庙宋金木刻增补而成，由曲阜儒学生员毛凤翼汇校、扬州杨芝作画、苏州石工章草上石，共120幅，形象地反映了孔子一生的行迹，是我国较早的大型连环画之一，具有很高的历史价值和艺术价值。

两千多年来，曲阜孔庙旋毁旋修，从未废弃，在国家的保护下，由孔子的一座私人住宅发展成为规模形制与帝王宫殿相埒的庞大建筑群，延时之久，记载之丰，可以说是人类建筑史上的孤例。

孔林是孔子及其家族的专用墓地，占地面积2万平方公里，林内碑碣如林，石仪成群，古木参天，墓冢累累，有孔子以来历代子孙墓葬十余万座。

林门以长达1266米的神道与北城门相连，神道平直如矢，两侧桧柏夹峙，庄严肃穆。进入大林门，高大的围墙将大林门与二林门之间围成一个封闭的纵深空间，挺拔的桧柏在红墙间辟出一条狭长的甬道，将人的视线引向高耸的二门城楼。走过二林门，古木森森，芳草如茵，流水潺潺，一片天然野趣。折而向西，过洙水桥，沿轴线前行，登

孔子墓前立着一块篆刻石碑。

墓门，穿甬道，过享殿，入墓园，一代伟人长眠在大地之中。孔子墓周围有红墙环绕，墓前的巨碑上篆刻着"大成至圣文宣王墓"。这座墓气势恢弘，与帝王陵墓相比也毫不逊色。孔子祖孙三代的墓葬呈"品"字形，孔子墓的右边是他的儿子孔鲤之墓，南边是他的孙子的墓葬。这是一种特殊的墓葬布局，名叫"携子抱孙"，有"怀子抱孙，时代出功勋"的含义。

孔林内有宋、金、元、明、清、民国等时代墓碑和谒陵题记刻石等四千余块，保存着宋、明、清各代石人、石马、石羊、石狮、望柱、供桌和神道坊等石仪近千件。为表彰儒

家思想、满足祭祀需要，还建有门、坊、享殿、碑亭等六十余座明清建筑。

孔林埋葬孔子嫡孙已至第七十六代，旁系子孙已至七十八代，从周至今，全无间断。延续时间之久，墓葬数量之多，保存之完好，作为一个家族墓地，在世界上是没有先例的，它是儒家思想在漫长的中国封建社会里居于统治地位的产物。孔林丰富的地上文物，对于研究中国墓葬制度的沿革，对于研究中国古代政治、经济、文化、风俗、书法、艺术等都具有很高的价值。

孔府建筑原有170多座，560余间，现存152座，480间，其中大门、仪门、大堂、二堂、三堂、内宅门、前上房、迎恩门、家庙等是明代建筑，其他均为清代建筑。古建筑面积现存12740平方米。

孔府是孔子嫡孙的官署，孔子嫡孙一向以"礼门义路家规矩"相标榜，恪守"诗礼传家"的祖训，建筑也受到儒家礼仪的制约，留下了儒家宗法制度与伦理观念的烙印。孔府沿用中国传统的前堂后寝制度，前堂部分有官衙、东学、西学，供处理公务、会客之用，是对外活动的场所；后寝部分有内宅、花厅、一贯堂，是家族生活的场所。建筑功能分区明确，排列井然有序。建筑群设计遵循礼教与宗法原则，把一系列使用功能不同的建筑物有次序地进行排列。建筑群中贯轴线左右对称，成三路布局。中路为孔氏宗子衍圣公所居，东路一贯堂为次子所居，居中为尊，体现了宗子的尊贵地位和宗子与非宗子等级、地位的差别。中路官衙、内宅界限分明，体现了男女之大防，内外有别。轴线上，正房与厢房、中门与边门，体现了主人与下人的尊卑差别。建筑物的名字也打着儒家思想的印记，"一贯堂"、"忠恕堂"、"安怀堂"等既赞扬了孔子的忠恕思想和使人安乐的政治理想，又显示出孔子嫡孙努力仿效的决心，"东学"、"西学"，既赞扬了孔子创学设教的功绩，又表明了孔子嫡孙继承诗礼传家、好学重教的态度。

孔庙、孔林、孔府还有1.7万多株古树和名树，其中孔庙的"先师手植桧"树龄已有两千多年。此外，孔庙的汉柏、孔林的鲁楷、孔府的五柏抱槐也都是树中的珍宝。

专家点评

孔子逝世虽然已经2400多年，但他的思想仍在中国乃至世界上发挥着作用。孔庙、孔林、孔府是2400多年来尊孔崇儒的结果，有着极为丰富的历史内涵，是人类文化遗产的重要组成部分，具有极高的历史文化和艺术价值。

起始时间	地理位置	推荐理由
公元前5世纪	东起河北渤海之滨的山海关，西至甘肃戈壁滩上的嘉峪关	举世闻名的长城，以悠久的历史、浩大的工程、雄伟的气魄著称于世。它是世界上最大的人工建筑物，堪称为人类与自然环境互动的宏伟典范。

把奇伟的自然美与建筑美融为一体的万里长城

文明印记

长城的建筑形式初始都是按照实用的目的而设计的，今天却呈现出一种巧夺天工的艺术魅力。

原来城墙的垛口之间保持均等的距离是为了合理地布置兵士，利于防守，现在却呈现出一种均匀、和谐的节奏感。从前在城墙上设置敌楼是为了驻兵和储存粮草、武器，而在今天它却为长城带来一种内在的律动的美感。城楼的设计与建造更具艺术匠心。它的层数和高度、建筑的式样以及悬挂其上的横匾，都使整个长城处于一种整体的和谐之中，显得威严、雄伟、壮观。

长城，以它绵延万里的雄姿，征服了无数的瞻仰者。从浩瀚的东部海滨，至苍茫的西北戈壁，穿过崇山峻岭，跨越危谷险崖，踏过荒漠草原，涉大河巨川，跌宕腾挪，气象万千。在自然环境不同的地域，长城呈现出奇美多变的风姿。东部的长城，多建于崇山峻岭之上，与山石一体。这里的长城都是用条石和砖砌成的，利用高山深谷或屏障城垣，具有长城鸟瞰。

险峭峻拔的气势。极目远眺，长城宛若一条曲直伸展的游龙，景象壮观开阔。在特别陡峭嶙峋的山峰，长城则倏忽隐现，忽而直上云天，忽而飞越深谷。有的地方只有1米之宽，长城就用单墙相连，两侧都是断崖绝壁、万丈深渊，它在两根铁梁之上飞崖而过，真是奇险之极，触目惊心，令人不寒而栗。有的地方山势比较平缓，长城的走势就会变得从容舒缓、轻灵秀美。

而西部的长城大多坐落在大漠戈壁之中。由于缺少砖石材料，这里修建的长城材料基本上是采用黄土夹以芦苇和柳条夯制而成。这种土夯的城墙与沙漠、戈壁的色调搭配和谐，融为一体。零星伫立的几座烽火台在广袤无垠的荒漠中，反倒展示出一种纪念碑式的历史永恒感。这些被滚滚沙尘磨砺得残缺、颓倒的断墙残垣却充满了一种岁月沧桑的美，让人真切地体验到"大漠孤烟直，长河落日圆"的悲凉壮丽。

坐落在北京郊区的八达岭段长城是现存长城中保存最完整的一段，它盘旋于燕山群峰之中，城墙断面下宽上窄，外侧有砖砌成的垛口，垛口上部有瞭望口和射洞。这里还有堡垒式城台，多半修筑于山脊高地或城墙险要处。

处于长城东端的重要关隘名为山海关，它南临渤海，北靠燕山，地势险要，因位于山海之间而得名。有一夫当关，万夫莫进之势。明朝初年，开国大将徐达追击敌人来到此地，见这里枕山对海，为咽喉之地，故筑关在此，以镇守边防。山海关周长4公里，宽7公尺，高14公尺，共有东、南、西、北四座城门。城门上都筑有城楼，城中心建有一座钟鼓楼，城外则有护城河。在东门城台上还建有一座两层高的箭楼，箭楼三面都有便于射箭的箭窗，共有68个。"天下第一关"的匾额巍峨地悬挂在东门之上。

嘉峪关是长城西边的终点，也是现在所能见到的最完整的一座西部长城上的综合建筑体系。嘉峪关位于祁连山和黑山之间，是中原通向西域的必经之路，古代有"河西第一隘口"之称，是著名的古战场。登上城楼，西望茫茫戈壁，悲凉慷慨之情油然而生，正可谓"一片孤城万仞山"。

万里长城在群山峡谷和荒漠草原之中绵延，遥看犹如在逶迤起伏的山峦上蛰伏的巨龙。经过几千年的岁月风霜，大部分长城遭受了大自然无情的摧残和人为的破坏，许多段早已坍塌，有的地方只剩下断壁残垣，不少人还擅自拆墙取砖自用。但长城始终屹立不倒，犹如一座丰碑，展示了人类不畏艰险、勇于创造、坚韧顽强的精神。

专家点评

长城建基于大地之上，以群山为座，以云天为幕，把奇伟的自然美与建筑美融为一体，展示出一种人文与自然相融合的天人合一的境界，可以说是真正的大地的艺术。它作为一种精神象征震撼着人们的心灵，它与宇宙相通的雄伟气势和深厚的精神内涵将具有永恒意义的崇高和壮美。

起始时间	地理位置	推荐理由
公元前448年	希腊首都雅典	雅典卫城丰富地展现了古希腊三千多年的文明历史、神话传说和兴盛的宗教信仰。

蕴藏着古希腊数千年辉煌艺术成就的雅典卫城

文明印记

卫城中的建筑物有四种：山门、胜利女神尼开神庙、伊瑞克提翁神庙和巴特农神庙。

山门，即卫城的大门，由建筑师墨涅西克拉斯建于公元前437至前432年。这是一座五开间的多利安式的建筑，中部开间较大，净空3.85米，柱高达8米多，比例恰当，显得挺拔刚劲。在山门的内部，沿中央道路两侧，混用了3对直径1米左右、柔和雅致的爱奥尼亚式柱子。这种做法很少见，但由于爱奥尼亚柱式只用在内部，没有造成不协调的感觉。

胜利女神尼开神庙是建筑师犬利克拉特斯在公元前449年至公元前421年之间建造的。它位于山门之东，规模小，造型上像水晶一样的明朗。庙内供奉的女神是无翼的，目的是使她不至于飞离雅典。神庙短短的两侧各有4根整齐的爱奥尼亚式柱子，这些柱子赋予建筑物以安定优雅的气质。

伊瑞克提翁神庙是著名的女像柱建筑物，它建于公元前420至公元前406年，是用以供奉雅典人的始祖伊瑞克提翁以及海神波赛冬的。神庙距山边仅11米，规模不大，但体型复杂。南立面是一大片封闭、磨光的实墙，实墙西端是一个宽3间、进深2间、用6个高2.1米美丽娴雅的女郎雕像做柱子的女郎柱廊。它和大片石墙交接，虚实对比强烈，构图十分匀称。

巴特农神庙是建筑师伊克提诺斯与犬利克拉特斯于公元前447年着手建造，并于公元前438年完工的。这里供奉着雅典的保护神——雅典娜女神，神庙是卫城建筑的本义所在，也是最宏伟的一座。

巴特农神庙以多利安式为基调，其基座长70米，宽31米，基座上神庙的外围共有多利安式列柱56根，各高10余米。柱身由12个石鼓叠成，石鼓的直径由1.9米向上递减至1.3米，其向上的线条微向外张。列柱也不是全部垂直，除了中间两柱为垂直之外，其余微向内倾。列柱的间距并非完全一致，边角处柱距较小。列柱也非同样粗细，边角处较粗，往内则略细。这些种种不同而又几乎看不出来的微差，正好矫正了视觉上的误差。而神庙本身的规模也不是漫无止境的巨大，它与山冈以及周围建筑的关系和它自身各个部位的比例，都是十分和谐完整的，与古典时期的美学理想完全相符。神庙全部用白色大理石砌成，铜门镀金，山墙尖上饰有金箔，檐部则布满雕刻，并涂以红、蓝、金等浓厚鲜明的色彩。在蓝天丽日的映照下，宛若一章伟大的建筑交响乐，给人以庄严崇高的印象。

伯利克里斯时代的卫城建筑，是在菲底亚斯的全面领导下，根据统一、周详的规划进行的。卫城的主要建筑物，除了伊瑞克提翁神庙外，都是在公元前448年至公元前421年这短短的27年时间内完成的。它体现了雅典作为海上强国的地位，肯定了希腊社会处于它高度发展时期所具有的先进思想，同时也反映出希腊民族凝聚力的空前高涨。卫城建筑群的全部结构贯穿着崇高的美，贯穿着庄严、和谐和坚毅的品格。在这些结构中，可以看出伯利克里斯的理想已经实现，这位开明的君主对于雅典文化曾充满自豪地说："我们热爱毫不怯弱的英勇与毫不怪诞的壮丽。"

在卫城的建筑过程中，菲底亚斯不仅担负着艺术总监的重任，而且还亲手创作了卫城中的重要雕像。他为卫城而做的雕像仅雅典娜神像就有三件，一件立在卫城的广场上，另一件立在卫城山门内的高柱上，第三件安置在巴特农神庙内部。

竖立在巴特农神庙与伊瑞克提翁神庙之间的卫城广场上的雅典娜像，是全副武装的女战神形象。雕像高9米，女神手持长矛，头戴钢盔，沉着而威严地环顾着展开在她脚下的城市。她的盔顶和枪尖使航海的人很远就可以看见。

供奉于巴特农神庙内的雅典娜雕像比广场上的雅典娜像还要高出3米。女神头戴尖盔，盔上有一个神兽司芬克斯蹲在中间，两边各站着一只狮身鹫嘴而有翅的格里芬；胸前的护心镜上装饰着美杜莎的头；右手托着等人高的胜利女神尼开像，左手放在大盾上，盾的外面刻着希腊人与亚马逊人之战。这上面，有一个双手举起石块的老人就是雕刻家自己，而那个把长矛举到面前来的人物，酷似他的朋友伯利克里斯，艺术家的这个玩世不恭的细节使他后来遭到了非难。盾的内侧雕刻着蟠虬着的大蛇，女神身上所穿的是细软叠褶的长裙，整个形象庄严而优美。

菲底亚斯的这些雕像，随同雅典卫城的建筑，把希腊古典艺术推上了崇高的顶峰。

专家点评

恩格斯说："希腊建筑表现了明朗和愉快的情绪……希腊的建筑如灿烂的、阳光照耀的白昼。"雅典卫城最集中、最鲜明地表现了这种情绪和性格，这种情绪和性格正是大难之后欣欣向荣的民主制度下人民的欢乐和信心。公元前5世纪一个希腊人曾这样写道："假如你未见过雅典，你是一个笨蛋；假如你自愿把雅典抛弃，你是一头骆驼；假如你见到雅典而不狂喜，你是一头蠢驴。"这种溢于言表的崇敬与爱慕之心，是雅典辉煌的业绩所带来的，其中也包括了雅典高度的艺术成就。

▼ 雅典的卫城。

起始时间	地理位置	推荐理由
约公元前3世纪	印度中央邦首府博帕尔附近的桑吉	它不仅具有历史与宗教的价值，而且极富艺术价值，从而使桑吉因此一度成为印度佛教的中心地。

充分体现印度宗教建筑艺术风格的桑吉大塔

文明印记

　　桑吉大塔坐落在一座大约100米高的小山顶上，是一个半球形的、缺乏内部空间但却十分独特的建筑物。同世界各地许多早期的坟墓型制都脱胎于住宅一样，它的造型借鉴了古印度北方竹编抹泥的半球形房舍。它的中央是覆钵形的半球体坟冢，球体直径32米，高12.8米，立在一个直径36.6米、高4.3米的圆形台基上。其核心建筑始建于孔雀王朝第三代君主阿育王在位时期（约前273至公元前232），体积只有现在大塔的一半；公元前2世纪巽伽王朝时加以拓展，成为现在的规模。

　　大塔由四部分组成：最下面是一座4.3米高的圆形基台，基台边沿有一圈石栏；台上为实心覆钵状半球体，表面镶贴着一层红色砂石，平面直径32米，小于基台，高12.8米；在覆钵顶上竖立着石栅栏，围成正方形，称"平头"；栅栏正中立一根石竿，竿上串连三层伞盖。这种竿上串连的三层伞盖，就是以后中国佛塔上所谓的"相轮"，在印度起源于古达罗毗荼人的"圣树"。

独具特色的桑吉大塔牌坊。

原来早在吠陀时代以前，居住在印度河流域的原始土著达罗毗荼人从事农耕，盛行对母神、公牛、兽主和圣树的生殖崇拜。这一风俗被佛教继承，并加进了新的内容，如圣树被认为是菩提树，以纪念佛在菩提树下诞生和成道，伞盖三层，则喻指佛、法、僧三宝。

伞盖的正下方通常埋藏尸骨火化后留下的舍利子。古印度婆罗门教和耆那教也有对塔的崇拜，却没有相轮，因此相轮的有无是区别是否为佛教塔的标志。

印度人习惯于在圣树或圣迹外建围栏，先是木制，后改为石制。桑吉大塔围绕伞盖的"平头"是一周围栏。同时，围绕整座大塔，还有一圈称为"玉垣"的围栏。公元前1世纪安达罗王朝时，在围栏四面加建了四座砂石门，标志着宇宙的四个方位。其中最古老的南砂石门建于公元前75至公元前20年。砂石门高约10米，包括两根垂直的有柱头的柱子和在立柱之间插榫的3根水平的横梁，断面呈橄榄形，造型独特，反映了木结构的传统。牌坊的两面覆满了浮雕，轮廓的外缘则用圆雕装饰，此外还有用婆罗门文字雕刻的捐赠者的名单。整个砂石门比例匀称，形式独特而轻快。信徒从东门入，右旋（顺时针方向）绕行大塔一周，与太阳运行的方向一致，被认为与宇宙的律动相和谐，可以超升灵境。

大塔和4座砂石门吸收了波斯、希腊的建筑及雕刻艺术，其浮雕的总效果好似放大了的象牙雕刻，装饰繁缛富丽。左右对称的浮雕嵌板及优美的人物雕像多取材自佛传图和佛本生故事或者森林中动物的生活，堪称稀世珍宝。对佛祖的生平事迹，雕刻采用了象征手法：佛祖的母亲站在荷花上表示他的出生；一棵菩提树表示他悟道；一只车轮（即"初转法轮"）表示他讲道；防堵波则表示佛祖的圆寂。东门现存的树神药叉女圆雕被公认为是印度最美的女性雕刻之一，是性力崇拜（生殖崇拜）的充分表现。

桑吉防堵波的整体建筑完整统一，雄浑古朴，庞大的规模加上砖石砌体那不可动摇的稳定感和重量感，使整个建筑具有很强的纪念性；而轮廓复杂、雕刻精巧的栏杆和牌坊，与其身后简洁、粗犷的半球体建筑形成强烈的对比，更加烘托出主体坟冢的庄严与肃穆。

桑吉防堵波长期以来被视为佛祖舍利的主要收藏地，被看做是佛祖的化身，具有印度教特有的浓郁的象征主义色彩。4座砂石门代表四谛；石栏杆形成的回廊表现轮回教义；圆冢相当于圣殿，代表椭圆形宇宙和诸神的故居以及宇宙中心山体的须弥山；冢顶上的3层华盖的小亭是王权的标志，被视为简化的塔，伞柄相当于庙柱，象征庙宇的立轴。因此，桑吉防堵波在笃信佛教的印度人民心目中享有极崇高的地位，它以其直观的艺术感染力强调了佛祖不仅是人类的先师，而且是整个宇宙的灵魂。

专家点评

桑吉防堵波充分地体现了印度宗教建筑的独特风格，即把宗教意义与象征意义融为一体的建筑的功能主义，它着重表现天与地、建筑与自然之间的密切关系，强调这种无形的力量要远胜于那些单纯的建筑形式美。随着佛教的广泛传播，桑吉防堵波的象征意义和造型也在亚洲广泛流传，并在流传中有所变革，以适应当地的传统和风俗。像中国元代流行的覆钵式喇嘛塔、缅甸的大金塔和泰国的锥形塔等无一不深受桑吉防堵波的影响。

起始时间	地理位置	推荐理由
公元前247年	西安市临潼县以东5公里的下河村	秦始皇陵陵园是世界上最大、结构最奇特、蕴藏最丰富的帝王陵园。其中的陶俑所塑造的人物艺术形象各异，是中国古代现实主义的艺术杰作。

被称为"世界第八大奇迹"的秦始皇陵及其兵马俑

文明印记

秦始皇陵占地56.25平方公里，有外城、内城、寝殿、珍兽坑、马厩坑、俑坑等等。这里的设施和用具跟现实社会一样，应有尽有，安排十分周密。《史记》中有这样的描述："天下徒送诣七十余万人，穿三泉，下铜而致椁，宫观百官司奇器珍怪徒藏满之。令匠做机弩矢，有所穿近者辄射之，以水银为百川江河大海，机相灌输，上具天文，下具地理。以人鱼膏为烛，度不灭者久之。"

秦始皇陵陵园的南部有一个土陵冢，高43米，筑有内外两道夯土城墙。内城周长3890米，外城周长6249米，分别象征皇城和宫城。在内城和外城之间，考古工作者发现了葬马坑、陶俑坑、珍禽异兽坑以及陵外的人殉坑、马厩坑、刑徒坑和修陵人员的墓室。已发现的墓坑有400多座。由于修建秦始皇陵时是先挖出深深的墓坑，再用一层层黄土填夯而成的，所以陵墓没有墓门和墓道。如果要挖掘陵墓，将是一项浩大的工程，而且会破坏陵墓的结构，因此到目前为止，考古工作者没有对秦始皇陵本身进行发掘。

◀ 秦始皇像。

兵马俑坑是秦始皇陵的陪葬坑,位于陵园东侧1500米处。兵马俑坑现已发现3座,一号坑局部挖掘,于1979年开放;三号坑全部挖掘,于1989年开放;二号坑从1994年开始挖掘,游客可以在现场观看挖掘的过程。

俑坑坐西向东,3座坑呈"品"字形排列,坑内有陶俑、陶马8000多件,还有4万多件青铜兵器。

一号坑为长方形,占地面积14260平方米,平均深5米。东西长210米,南北长60米,呈长方形。考古学家在坑内发现了11条平行坑道,坑内每隔3米就有一道土墙,土墙之间排列着由步兵俑和骑兵俑组成的长方形军阵,底部铺着青砖。军阵的东端是3列面向东方的兵马俑,每列70个,共210个,是军阵的前锋。后面是骑兵俑和驷马战车俑,战车和步兵相间排列,排成38列纵队,共有陶俑6000个,是军阵的主体。军阵的左右两翼各有一列武士俑,每列180个,是军阵的侧翼卫队。军阵最后还有3列横队,是军阵的后卫。陶俑的兵器——刀、剑、矛、戟、弩等,虽然经过千百年的剥蚀,依然十分锋利。经测定,刀剑的表面都经过了铬化处理,而这项技术直到近代才被冶金技术最发达的欧洲所掌握。这支队伍军容整齐,装备精良,再现了当年秦国军队纵横天下、所向无敌的雄姿。

二号坑面积有6000平方米,坑内建筑与一号坑相同,但布阵更加复杂,兵种更加齐全。坑内有陶俑、陶马1300多件,战车80多辆,青铜器几万件,其中将军俑、鞍马俑、跪姿射俑等还是首次发现。坑的东端是弩兵俑方阵,有站着的弩兵俑阵,勇往直前。

三号坑面积520平方米,从布局上看,还没有完全建成。据考证,它可能是军阵的总指挥部。其中有六十八个担任指挥的精壮人员,坑里有个雄起起的先锋官陶俑,身长193公分,他的侍卫平均身长也有188公分。这种非比寻常的身材,也许象征他们地位崇高。

当时经仔细勘查还发现了第四坑，里面空无一物，显示这个坑里的陶俑还没有完成，如今仍在继续进行。

兵马俑原来是有颜色的，但天长日久，颜色脱落，现在所见到的只是灰色。兵马俑的造型雄浑古朴，简洁有力。陶俑的脸型、发式、神态各异，富有艺术魅力，充分体现了古代工匠高超的雕塑艺术。关于修筑兵马俑的用意，历来就有很多说法，如"守卫京城的卫队"、"秦始皇东巡卫队的象征"、"为表彰战功而树立的纪念碑"、"送葬的俑群"等，被人们广泛接受的是第一种说法。

专家点评

秦始皇兵马俑被称为"世界第八大奇迹"，它的发现，可以与埃及金字塔和古希腊雕塑等相媲美。它给深入研究秦朝时期的军事、政治、文化、科学、艺术等，提供了十分珍贵的实物资料。

▼ 秦始皇陵兵马俑。

起始时间	地理位置	推荐理由
公元前206年	西班牙的科尔多瓦	科尔多瓦是西班牙南部的古城，曾被誉为"世界的宝石"。它是伊斯兰世界著名的大都市，与君士坦丁堡、大马士革和巴格达一争辉煌。

对西方穆斯林艺术产生重大影响的科尔多瓦历史中心

文明印记

科尔多瓦城市位于瓜达尔基维尔河两岸，崛起于罗马工程师们修建的一座古桥边。拥有7门的石筑城墙保护着以前统治者的宫殿、大清真寺、军营和富人的住宅。

历史中心保留了中世纪的规划和街道狭窄的奇特布局，广场、大街、漂亮的水池和精致的花园巧妙地融入城市景观。同城市布局一样，科尔多瓦的当地建筑使我们想起摩尔人统治的年代，各种纪念性建筑为城市的各个历史时期提供了见证。

被列入《世界遗产名录》的历史地区，主要是指自公元8世纪以来有阿拉伯文化色彩的建筑，以及反映犹太教、基督教文化的建筑。

大清真寺是科尔多瓦最著名的建筑之一。在叙利亚出生的阿布杜拉·拉赫曼一世在公元785年开始大兴土木，建造科尔多瓦大清真寺，他将之称为"西方的克尔白"，这是阿拉伯世界建筑史上的里程碑之一，具有深远的艺术和宗教意义。

科尔多瓦大清真寺以叙利亚和巴勒斯坦的倭马亚大清真寺为蓝本，阿布杜拉·拉赫曼改造了它们方形、有拱廊的礼拜堂。随着科尔多瓦人口的增加，大清真寺也不断扩建。后来的统治者扩大了它的礼拜堂，使其成为伊斯兰世界第三大清真寺。

大清真寺长174米，宽137米，占地2.34万平方米。寺内由850根柱子构成的厅堂与十字交叉的长廊形成了类似明镜大厅的效果。这些高低不同、材料风格各异的柱子取材于罗马废墟，这促使建造者采用了构思精巧的两层拱顶设计，它们代表着当时建筑艺术的创新。两层糖块状条纹式的拱门设计，增强了其高大、宽敞的效果。

大清真寺中艺术与精神的焦点是马赛克镶嵌的祭坛，其工艺是摩尔人马赛克艺术的杰作。它是朝拜墙向里凹陷的部分，据说正对着麦加，它是领导朝拜的人在领导朝拜时所站的地方。包括主拱顶上闪亮的马赛克装饰，是阿布杜拉·拉赫曼三世的儿子哈里发哈卡姆二世的功劳，据称他从君士坦丁堡带回一位镶嵌师来完成这件作品。

基督教重新占据西班牙之后，大清真寺相对而言没有遭到什么破坏。直到16世纪早期，神圣罗马帝国的皇帝查理五世允许将此改建成一座教堂，但是当他第一次看到这项工程破坏了原有的建筑艺术图案时，他立即对他的决定表示后悔。他申斥那些改建的负责人："你们在这儿建造的，是你们或任何人在任何地方都可以建造的，但你们破坏了世界上举世无双的东西。"事实上，它仍然是举世无双的，只不过是以奇特的方式来体现罢了。

哈里发王宫位于科尔多瓦以西两三英里、两条极深的峡谷之间的一片土地上。阿布杜拉·拉赫曼一宣布他自己为哈里发后，就立即着手修建这座极为豪华的宫城。他用他最心爱的妻子的名字——玛蒂娜塔尔·扎哈拉——为这座建筑命名。它的地点、它的式样、它的布置和它的奢靡、精致的装潢都充分地彰显了哈里发的绝对权威。

在西方世界中从来没有见过这样的宫殿，玛蒂娜塔尔·扎哈拉不仅仅是一座宫殿，它还是一座完整的皇家城市，有一座清真寺、一个商业市场、官府衙门、花园、哈里发的宫殿以及他的私人奴仆和数千人的住所。

建筑分三层，最下层包括士兵和工匠的住所以及市场、浴室和花园等保证生活舒适的设施；中层是高级官员的住所和他们工作的政府机构；最上层是哈里发的宫殿。

建造玛蒂娜塔尔·扎哈拉是一项庞大的工程。它始建于936年，即便一支有1万人的劳动大军每天切割6000块建筑用的石头，整个工程也直到961年才告完成。

这期间每年几乎有1/3的国库收入被用于建设这项工程。为了在原来空无一物的山坡上建设一座都城，工程师们修建了道路，填平了陡坡；发明了地下水管、高架引水渠、一个水

▼ 西班牙科尔多瓦老街鸟瞰图。

塔、一个大理石蓄水池和一套复杂的以铅管网络为基础的供水系统。宫廷和高层官员的家中都配备了自来水、卫生间、喷泉和鱼池。

用什么样的溢美之词赞颂玛蒂娜塔尔·扎哈拉都不过分，哈里发的宫殿尤其如此。只要能够找到珍贵的材料就绝不会使用平庸的替代品。为了迎合哈里发的高标准，安达卢西亚的工匠们不断地超越自我，创造出华丽奢靡的物品，同时哈里发也派人在世界各地搜寻异域的珍宝。

他们大约从古代罗马和迦太基的废墟上搜罗了四千三百多件大理石作品。主宴会厅里装饰着一个来自于迦太基的绿色大理石盆，它的周围环绕着12座用黄金和宝石镶嵌的、喷着水柱的雕塑。几十扇用最好的木料加工而成的门，镶嵌着乌木和象牙，闪闪发亮，阳光透过半透明的方解石制成的窗户使室内通透敞亮。精妙的机械工具、人造的会唱歌的鸟、用看不见的方式能自动升降的宝座，所有这些都让参观者瞠目结舌。

罗马桥在科尔多瓦东南部，有16孔，长238米，横跨瓜达尔基维尔河，桥的一端还修筑了高大的桥头堡。

费尔南多三世统治期间还建造了新型的防御建筑，特别是克里斯蒂诺斯、阿尔莫多弗尔和卡拉奥拉等古老的建筑城堡，气势雄壮宏伟。

专家点评

从13世纪起，科尔多瓦对西方穆斯林艺术产生了不可估量的影响，并对19世纪的新摩尔艺术形式大发展产生了影响。科尔多瓦历史地区是科尔多瓦哈里发王国文明不可替代的见证，同时也是伊斯兰宗教建筑值得仿效的一个范例。

起始时间	地理位置	推荐理由
公元前2世纪	马里中部尼日尔河内三角洲最南端	在古代，杰内城是繁华的商业中心，以光辉灿烂的伊斯兰文化和盛极一时的摩尔式建筑闻名于穆斯林世界和热带非洲，是一座富有珍贵历史文化价值的城市。

作为西非前伊斯兰教文化典范的杰内古城

文明印记

杰内城作为一座著名历史文化古城，为研究西非早期的水稻种植、青铜器和铁器的使用以及伊斯兰教在西非地区的形成和发展提供了极为珍贵的资料。

因为多次遭到外部势力的侵略，加上城市地势较低，雨季河水常常会泛滥成灾，市内的建筑大多是重建的。市内，尼巴河水缓缓流淌，棕榈树高大挺拔，王侯宅第、清真寺院、学者陵墓等散落在各处。古城建筑风格统一，大清真寺占据了集市广场，宽窄不一的沙石街巷向两大广场蜿蜒延伸。用灰泥涂抹的捣实黏土块是这些气候干旱国家的常用建筑材料。画有装饰的壁柱和护墙使建筑立面及其互不相连的通道精细别致。典雅的城市以灿烂的伊斯兰文化和独特的摩尔式建筑而闻名于世。

市内最著名的建筑是建于公元14世纪的杰内清真寺，占地6375平方米，建筑面积3025平方米，为非洲典型的萨赫勒－苏丹式建筑。杰内清真寺的独特之处在于，整座建筑见不到一砖一石，是用一种特殊的粘土和树枝修建的。数百根坚固的四方形泥柱支撑着沉重的

▲ 杰内大清真寺。

殿顶，每根柱子底基边长1米左右，殿顶有100多个直径约10厘米的通气孔，面向繁华大街的寺院正门主墙上有3座高耸的塔楼，塔楼之间有5根泥柱连接，寺门高大气派。

杰内清真寺结构新颖，色彩鲜明，式样独特，巧妙地将萨赫勒建筑风格和苏丹建筑艺术融为一体，充分显示出马里古代劳动人民的聪明智慧和精湛的建筑技艺，被称为精美的建筑杰作。

杰内古城区的民宅也独具风采。数户人家居住在一个硕大的方形院落内，两层平顶式住房整齐划一地面向院落中央的公共场院，四周围以泥沙抹面的院墙，远远望去，高于院墙的宅舍犹如一块块神工鬼斧般切削整齐的光面巨石。院落仅有一个可供出入的大门，木制的院门上钉有粗大的铁钉，住家轮流在出入口担任门卫任务，迎宾送客，护卫精心积累的财产。在炎热的西非地区，这种民宅造价低廉，隔热防尘，舒适宜人，朴实大方，经久耐住，曾享誉整个西非地区，如今在许多西非国家仍然保留着这样的民用住宅。

杰内城现有居民1万余人，市区分为杰内－杰诺（即老城区）、卡尼亚纳、托农巴和杰内几个部分，著名的摩尔式建筑散落在市区各处，使整个城市显得别致典雅，古风浓厚。

专家点评

杰内是前伊斯兰教文化在尼日尔河三角洲发展的杰出典范，整个古城代表了一段辉煌的历史。

起始时间	地理位置	推荐理由
公元前2世纪	印度马哈拉施特拉邦北部文达雅山的悬崖上	阿旃陀石窟是印度佛教石窟群，其中的绘画和雕刻作为佛教宗教艺术的典范，对后期印度的艺术发展有着巨大的影响。

对后期印度艺术发展产生重大影响的阿旃陀石窟

文明印记

阿旃陀石窟现存29窟，环布在100余米高的马蹄形山峰的山腰间。按印度佛教石窟发展阶段划分，早期的佛教石窟，记有第5、8、9、10、12、13等窟，尤以13号最古，开凿年代可上溯到公元前2世纪；其余诸窟大约在公元前1世纪便已动工，但整体工程可能延续到3世纪才完成；中期的石窟有第6、7、11及第14至19窟，年代从4世纪到6世纪中叶；属于晚期的石窟为第1、2、3和第20至29窟，其建造年代大约自6世纪中叶到8世纪。阿旃陀石窟艺术，可分为建筑、雕刻和壁画3部分。

阿旃陀石窟的建筑艺术，基本为支提（即僧房）与毗珂罗（即佛殿）两类。其中佛殿25座，僧房4座。僧房当中置防堵波（即佛塔，是埋葬佛骨舍利的地方），天然岩凿，在内殿四周建造列柱，其陈设十分简单，里面仅有石床、石枕和佛龛。

佛殿的雕刻品，可分为佛像与装饰艺术。早期作品由于风化残损，已很难辨认，到了中期，雕刻艺术更趋成熟，晚期则达到十分精美的程度，创造出许多优秀作品。属于中期

阿旃陀石窟内的壁画。

的诸窟，内设佛龛，存有佛陀及胁侍雕像。第16窟中说法佛的造像，雕刻技法纯熟，人物力量充沛，堪为阿旃陀石雕佛像的杰出代表。除此以外其他内容的雕刻，还有第19窟精雕的华美列柱和板框上采花女子像以及外厅的蛇王像等。晚期的雕刻，精品更多，其中著名的佛陀降魔和涅槃的场面、第1窟中3米高的释迦牟尼雕像，都说明此时期造像的规模更为宏大；这些人物刻画细腻精巧，形态优美，佛像从正面、左面和右面三个角度看，分别呈现沉思、微笑、庄严凝视三种神态，是不可多得的艺术珍品。此外，一些石窟四壁布满佛传和佛本生故事的浮雕，石柱上雕有活泼的飞天和女神像。

阿旃陀石窟的壁画，更为世界所瞩目，是印度古代壁画的主要代表。根据时代风格区别，亦分为早、中、晚3期。早期的壁画最古，第9窟前壁残迹中，绘有佛传和佛本生故事，第10窟的右壁绘有索姆、六牙白象本生和礼拜菩提树等佛教题材的壁画。两窟画风不同，前者线条柔和纯朴，后者大胆运笔、风格豪放。

中期的壁画，更为辉煌壮观、精美绝伦。当时正值笈多王朝古典主义文化的黄金时代，佛教美术也达到了鼎盛期。此时期的壁画，较之早期作品，风格沉着洗练，设色典丽，并带有抒情趣味，注重人物的形神兼备和意境的表达，场面不仅描绘精细，且变化多姿。

阿旃陀晚期的壁画，基本属于7世纪前后的作品，其中最重要的是第1、2两窟，保存得比较完整,为阿旃陀壁画艺术最盛期的遗作。晚期的壁画艺术,较之前期更臻于完善,构图宏大庄重,整体感强,线条稳健,色调典雅,远近透视和立体感加强,人物装饰华美,达到了印度古典绘画艺术的极致。

　　阿旃陀石窟的雕刻和绘画虽然为宗教服务,但都以当时的现实生活为基础,洋溢着浓厚的生活气息。其中有山村景象、田舍风光,也有战争场面、风俗小景,特别是关于古代人民的狩猎、畜牧、生产的壁画,反映出当时印度社会的经济状况。壁画和雕刻中的人物如王、后、太子、宫女、武士、平民所表现出的不同生活以及佛、菩萨、天女、比丘所表现出的不同神态,在造型上颇能传达出他们的内心情感,刻画生动。

阿旃陀石窟中的巨型雕像。

　　阿旃陀壁画的工艺过程是先用牛粪、砻糠混合黏土并涂上石灰做底,在上面直接打草稿,将画稿摹拓于壁上,草图轮廓线多用褐、黑两色,然后罩一层薄石灰,再进行细部绘制,以加工后的矿物、植物粉末做颜料。画好后,颜料与涂层一起自然风干。这种绘制方法称为"湿壁画",画面色彩能够长期保存。

专家点评

　　阿旃陀壁画和雕刻的优秀艺术不仅对后来印度的美术产生了巨大的作用,而且对于东方佛教所曾传布的国家和地区也产生了深远影响,如中国莫高窟的壁画、日本法隆寺的壁画及斯里兰卡锡吉里耶的壁画都与之遥相呼应。

起始时间	地理位置	推荐理由
公元前1世纪	墨西哥东南的恰帕斯州	墨西哥历史文化名城、玛雅古国城市遗址帕伦克，位于其国境东南沿海平原，坐落在恰帕斯州北部，是典型的玛雅文明遗址。

素有"美洲的雅典"美誉的帕伦克

文明印记

帕伦克城自东向西沿河谷地带平缓地延伸11公里多，奥托罗姆河从市中心缓缓流过，一座长50米的拱形引水渡槽横跨河面，似长虹卧波。城内的神庙、宫殿、广场、民舍等依坡而建，错落有序，形成了雄伟壮观的古代建筑群。

市内最著名的建筑是王宫，它高高耸立在一个梯形平台上，平台底边长100米，宽80米，四周有4座庭院环绕。王宫外墙用岩石垒砌，内部装饰华丽，四壁有壁画、浮雕和各类雕刻，做工精细，技艺高超。庭院是王室贵族观看演出和竞技的地方。后走廊的一个角上有一座蒸气浴室，沐浴时将浴室内的大石头烧热，再浇上水便产生大量的蒸气，然后进行熏浴。宫殿前方是一座5层方形高塔，这是祭司观察天象、研究天体运行的地方。王宫周围还有许多宫殿式样的建筑，构成了一幅众星捧月的美妙图案。

帕伦克古城遗址内有一座用巨石砌成的金字塔，它用了几十年的时间才建成。塔高10层，塔的顶上是平台，其上有一座名叫"铭文神殿"的巨大建筑物，是帕伦克单个建筑中

色彩斑斓的帕伦克古城建筑。

最大的一座。值得注意的是：尽管玛雅的神殿有时被称为"金字塔"，但它们与埃及金字塔有一个根本的不同，这就是它们并非是作为王室陵墓而建造的。但这座铭文神殿是一个重要的例外，它在玛雅建筑中是独一无二的，它一开始就被设计为丧葬之地，是安放帕伦克最强大的国王帕卡尔大帝（公元615年至公元683年在位）石棺的场所。铭文神殿是首次发现玛雅文明的金字塔式神庙，对深入研究玛雅文明具有重大意义。

铭文神殿原来是一座涂有灰泥的雕像同一个气派的屋顶的结合体，有5个门。它的大部分结构没有保存下来，但间隔各个门道的石柱上却留下了帕卡尔的儿子和后继者畅巴伦的图像，他们被刻画成玛雅蛇足神。神殿内有柱廊和内室，柱廊后墙上有两块巨大的象形文字书板，内室中还有一块书板。铭文神殿就因这三块书板而得名。书板上共有600多个象形字，是玛雅世界中长度位居第二的铭文。

有关这座神殿最隐秘的部分是由墨西哥考古学家阿尔伯托·鲁兹·卢利耶在1952年发现的。卢利耶对神殿的地板十分好奇，因为它不像帕伦克的其他地板一样，它是用切割良好的大块石板铺成的。在后面一间屋子里，有块石板有两排圆形凹陷，里面嵌着石栓，卢利耶认为这可能是供搬开地板用的。他还注意到第二间屋子的后墙一直伸到地板下面。1949年，他移开石板，结果露出了一个碎石填充的拱形开口，这是一个楼梯井。他用了4年的时间清理这口楼梯井，1952年，工人们清理到了井底，卢利耶在这里发现了一个石盒，里面装着陶碗、满是颜料的贝壳、玉耳环、玉珠和一颗珍珠。在这些物品的旁边放着另一个箱子，箱子里面有6个人体的骨架。最后，在搬开一块挡着通道的石板之后，卢利耶看见了一扇敞开的大门，大门通往神殿中轴线下的一个密室，密室在神殿地面以下25米深。经过一段狭窄的台阶进入一间10×4平方米的屋子，方解石挂面的墙上装饰着9个用灰泥塑造的守护卫士。密室内陈放着帕卡尔大帝的石棺，石棺被架在6根石柱之上。

石棺的尺寸是3×2平方米，有一个瓶颈状的开口包在赤色硫化水银之中，并由一个石栓封死。取出石栓可以看到帕卡尔的骨架。对棺中死者的年龄，人们存在着争论。尽管象形文字说帕卡尔80岁才死，但墨西哥体质人类学家们认为这个死者年龄在40岁。这一矛盾迄今仍未得到解决。

与帕卡尔葬在一起的是一个玉器宝库：玉石王冠、耳饰、项链、胸饰、手镯，还有每个手指上佩带的玉戒指。一个用玉片拼成的面具盖在死者脸上，他两只手里还握着一块玉。他双脚旁各放着一尊玉雕像，而棺盖上则有一条刻着三个面具的玉腰带的残余。石棺下面有用来盛食物的陶盘和两个真人大小的灰泥头像。

石灰石石棺盖大约4米长，上面刻有玛雅艺术中最为著名的场景之一，显示出帕卡尔以一种胎儿的姿态降入地下世界的情景，而地下世界被画成一个巨大的U形。从他的尸体上长出了一棵世界树和一只神鸟，整个画面被一个双头的弓形的蛇断开。在宇宙的中心可以看到帕卡尔，尽管他像太阳下山一样沉入地下世界，但在石棺两旁刻画的形象却暗示着一种重生的轮回。

这块石棺盖是古代玛雅人留给我们的有关死亡的最复杂的体现。除了帕卡尔入地的图像之外，在洞穴顶部和底部的一些头像还刻画了他们的祖先，棺盖的两面都刻有象形文字，它们列出了帕卡尔国王的诸位前任去世的日期。

从陵墓中获取的象形文字以及实物，首次证实了帕伦克当年是玛雅王国的政治中心。玛雅人实行世袭贵族制度，统治阶层过着豪华奢侈的生活，而贫苦阶层则耕种、纺织供养贵族。

为了更好地保护玛雅文明遗址这一珍贵的人类文化遗产，现已将帕伦克古城及其周围地区辟为帕伦克国家公园，以便留给子孙后代们。

专家点评

帕伦克遗址的建筑表现了玛雅人高超的建筑和工艺水平，是玛雅文明的生动写照，无怪乎人们把帕伦克称为"美洲的雅典"。

起始时间	地理位置	推荐理由
公元前15年	德国西南部联邦州莱茵兰·普法尔茨境内	沿摩泽尔河的特里尔，在公元1世纪后已成为德国第一个属于罗马统治的城市，除罗马城以外，特里尔是当今古罗马遗迹最多的城市之一。

德国境内保存古罗马建筑遗迹最多的特里尔古城

文明印记

进入特里尔城，首先映入眼帘的是静静流淌的摩泽尔河和横架在河上的罗马桥。这座建于公元45年的"老桥"，在经历了沧海桑田的变迁之后，几经修复，至今仍依稀可辨当年罗马工匠们的精巧构思和艺术造诣。它也是从西面进入特里尔城的主要通道。

特里尔城内的主要街道呈非对称的"十"字架状分布，名胜古迹也是星罗棋布。好在城市规模不大，即便是走马观花也可将主要景致尽收眼底。

在罗马统治时期，人们便在罗马桥边修建了"巴巴拉"公共浴场。罗马人爱洗澡可谓举世闻名，因为他们在欧洲各地"遗留"下的浴场、浴池甚至比剧场、会堂还要多。"巴巴拉"浴场的规模很大，现在可见的仅是它的2/3，另外1/3的建筑至今还埋在土里。除了围墙、浴池和更衣室外，还有休息厅、食品储藏室和寝室。由此可见，罗马人把洗澡当成一件大事来抓，并把它视为休闲享乐的首选项目。

与"巴巴拉"浴场相对应的是位于城东的皇家浴池。可惜这座曾经一定是气派不凡的宫廷澡堂如今已面目全非,后人只能从这里的出土文物中领略一下当时王宫贵族的奢华生活。不过,从地下挖掘出的建筑构造显示,皇亲国戚们很乐于洗温泉浴,而且这里的冷热水管的位置和上下通道的安排都很科学。人们断定,当时的锅炉房实际上就是一口青铜大锅,只可惜这口锅与其他浴盆都已不复存在。但古罗马人对排水工程的研究成果也真是令人叹为观止了。

古罗马人爱看戏是众人皆知的,从皇家浴场往东步行几百米便到了位于佩特里斯山坡上的安菲剧场。这座建于公元100年的古罗马剧场依山势而立,东西两侧分别是舞台和观众席。聪明的工匠和设计师借助山坡修建的坐席错落有致、浑然天成,只是底部的舞台是由人工挖土再填平的,但也颇具神韵。观众席按照当时贵族和平民的等级贵贱也有三六九等之分,但由于整个剧场除舞台背景墙和入口处是石砌的之外,其他都是由碎石沙土建造,如今已无法辨认。公元2世纪时,安菲剧场变成了城防工事的入口,在中世纪过后则彻底沦落为乱石岗子。直到19世纪时,人们才又把它当作了采石场和葡萄园。

走出了安菲剧场,漫步特里尔街头,一座古罗马式的大会堂便映入眼帘。古罗马时代的公民大会可谓是人类最早的民主产物之一了。这座建于公元350年康斯坦丁大帝时期的大会堂总长78米,宽数十米不等,高达30米,用"宏伟壮观"四个字来形容它是再贴切不过了。其半圆形后殿仿罗马万神殿而建,内部空间奇大无比,是迄今保存最好的罗马式议会厅。大会堂最初红墙灰瓦,雕梁画栋,金碧辉煌,再配上大理石地面,真可谓是"五星级"的豪华会议中心;而饱经沧海桑田的变化之后,如今只剩下灰墙沙地和隐约可见的后人装修过的痕迹。如此看来,在文物保护方面,过分地矫揉粉饰并希冀以假乱真与听凭日晒雨淋并渴望保持原貌都是不可取的。也或许时间本来就集创作与破坏于一身,而人类"旧的不要去,新的不断来"的梦想也只能是个梦想罢了。

走出大会堂,行不多久,又会看到一个路标——"波塔尼加广场"。

原来这里的广场也不过是块空地,空地旁有一座名为"波塔尼加"的城堡,也是特里尔城最著名的古迹之一。所谓"波塔尼加"在拉丁语中意为"黑门",据说是因建筑用料中的黑色砂石而得名。"黑门"建于公元2世纪,是罗马人为抵御日耳曼人进攻而修筑的。这个庞然大物长36米,宽21米半,高30米,由两座半圆形城门和上面的双层"碉堡"构成。早年间,沙石块是用粗重的铁钩和铁条连接,后来在一次全民皆兵的运动中,百姓为了铸造兵器把铁家伙们挖了出来,再用石灰填补,形成了如今这番模样。可到了11世纪,"黑门"结束了城门生涯,变成了西蒙修道院。原来,那时有位来自叙利亚的修道士西蒙与本地主教波波一同去圣城耶路撒冷游历归来,随后西蒙便住进了"黑门"中的一间斗室修行,直至得道升天。1041年,主教波波为纪念这位挚友,特设立西蒙基金会,并把"黑门"改建成教堂。于是,人们用泥土把城门洞填充加固,又在门前修筑台阶,把双层"碉堡"改为教堂——下面一层是教区礼拜堂,上面一层是西蒙基金会成员的祈祷室。在随后的几百年间,人们又对其反复修缮,于东侧增建唱诗班练声室,于西侧加高一层并封盖了厚厚的屋顶。原先在"黑门"中保存的大量基督教壁画和油画,现大部分收藏在位于"黑门"西侧的特里尔博物馆内。1803年,拿破仑一世横扫欧洲之时,途经特里尔,下令拆毁所有古罗马时期的建筑。"黑门"也难逃此劫,受到了一定程度的破坏。

尼克拉堡。 ▶

除了大量的古罗马遗迹之外，特里尔城内著名的教堂区堪称欧洲宗教建筑的杰出代表，也是德国境内最古老和最集中的教堂建筑群。早在1600年前，这里就举行过盛大的宗教仪式。整个教堂区则体现了2000年来欧罗巴文化与宗教的紧密联系，置身其间，宛如进入了一座教堂博物馆。

始建于公元4世纪的教堂区是由两座连接在一起的圣彼得大教堂和圣母玛利亚教堂组成的。当时的统治者康斯坦丁大帝将基督教定为国教，大兴土木，建造了宏伟的教堂以显示罗马统治者的威严。罗马人战败后，特里尔的本地主教实际上成了地区的领袖，使得特里尔的教堂文化得以进一步发展。尤其是公元10世纪至12世纪的几任主教艾伯特、波波、艾尔哈德和乌多更是把这一带的教堂修建得如同宫殿一般，而饱受战争之苦的黎民百姓也宁愿花钱供奉天上的神灵，乞求上帝来保佑他们免遭人间之苦。

就拿圣彼得教堂来说，它从最初单一的礼拜堂发展成为集钟楼、祈祷室、唱诗班排演厅、神职人员的"公寓"和墓区殡葬室于一身的综合性宗教场所。可以说，从婴儿诞生受洗礼一直到人死后的亡灵超度，中世纪人的生活很大部分是在教堂里度过的。整个圣彼得教堂如同一座城中之城，其西侧的入口处则完全是城门式建筑。由于年代久远，再加之反复修整，圣彼得教堂的建筑风格十分复杂，有古罗马时代的围墙，有中世纪时期的城堡，有巴洛克风格的屋顶厢堂，甚至还有19世纪建造的尖塔。就内部装饰而言，圣彼得教堂倒有一些与众不同的地方。例如：有耶稣与圣母玛利亚、彼得在一起的雕像，还有一个构思奇特的室内壁棺，其中有红衣主教依弗（卒于1142年）的塑像，早期文艺复兴的壁画以及生活于16世纪至17世纪特里尔本地的大雕塑家汉斯霍夫曼的成名作——为门特里希主教墓而创作的神坛组雕。此外，圣彼得大教堂还保存了许多价值连城的宗教器皿、善本藏经和金银珠宝，但从文化的角度来说，圣彼得大教堂本身就是一件无价之宝。

与圣彼得大教堂相比，它的邻居圣母玛利亚天主教堂则更为出名。这座在原先"二合一"教堂区的基础上于1235年兴建的教堂是德国最古老的哥特式建筑之一，并将哥特式建筑的精髓融入在整体的构思当中，是哥特式建筑中登峰造极之作。圣母玛利亚天主教堂的地基像一朵12片花瓣的玫瑰，既象征了圣母玛利亚的美丽纯洁，也代表了耶稣的12个门徒。而在此地基上修建的教堂主体建筑更是匠心独具，精妙绝伦。且不说其中错落有致的游廊和厅堂，更不必说随处可见的极具宗教色彩的五彩玻璃窗和惟妙惟肖的壁画，单是那幅讲述圣母玛利亚领受天使向她传递上帝的旨意、告知她将由"圣灵"感孕而生耶稣的故事的天顶画就足以让人啧啧称叹了。这幅天堂盛景中的人物多达30余个，个个栩栩如生，神态各异，再配上云雾缭绕，异彩纷呈的背景，简直就是对于"天上人间"的最完美的诠释。

二战期间，"圣母堂"被炮弹炸得七零八落。战争结束后，特里尔人竭尽全力整修这座曾引以为自豪的建筑，使得它基本恢复了原貌。如今的"圣母堂"除了保留一部分作为宗教场所之外，大多殿堂已经布置成为文物展览馆。

除了教堂区之外，特里尔城内的教堂和修道院可谓比比皆是，诸如圣安东尼天主堂、奥古斯丁修道院（现为市政厅）、圣马提亚教堂等等。与这些教堂相比，此地的王宫和宫邸就显得微不足道了。也许更多的游客倒愿意去布吕肯街10号的那幢普通的公寓楼——卡尔·马克思的出生地去看一看，或是宁愿在美丽的摩泽河畔小憩，喝上几杯当地香醇的葡萄酒。

位于特里尔的君士坦丁大帝宫殿内景。

专家点评

著名拉丁诗人奥索尼乌斯（约公元310年至公元395年）在他的长诗《莫萨拉》中把特里尔赞誉为"第二个罗马"和"北方的明珠"，德国人也为拥有这样一座保存古罗马建筑最多的城市而感到自豪。

起始时间	地理位置	推荐理由
公元前250年	洪都拉斯西部的科潘省	科潘废墟是玛雅文明最重要的遗址之一，这里的卫城以及雄伟的广场遗迹，为美洲玛雅文明的三个主要发展阶段提供了丰富的历史见证。

见证玛雅文明鼎盛和衰败的科潘玛雅遗址

文明印记

在古玛雅人的全盛时期，科潘是一个富足的城市，商人从事买卖，足迹遍及整个玛雅疆土。

如今的科学家在很大程度上已经了解了这座古玛雅城市，科潘地区是一个80平方英里的河谷地区，而城市本身不过几平方英里多一点，位于河谷地区的最低处。这一地区内有3500座草木覆盖的高岗，每一处都是一座文化遗址，还有其他千余座高岗沿着河谷地区零散地分布着。

科潘城的中心是一个占地约30英亩的地区，考古学家称之为主建筑群，也是当年斯蒂芬斯和加瑟伍德看见一连串大型废墟的地方。包括大金字塔在内的最重要的建筑雄踞于土石砌成的平台之上，傲视着周围的一切。

小型的金字塔、庙宇、院落及其他建筑散布于大金字塔的周围。

金字塔之间建有大型广场，上面点缀着石碑，有的竟高达13英尺。中央大型广场的一端修有一个球场，球场周围则是突兀的金字塔，就像陡峭笔挺的山峰。

广场的地面原先铺着平滑的白色石膏。安山岩这种绿色的建筑物多用灰泥浮雕装饰。根据残存的色彩，可以看出科潘的主体建筑、广场及雕塑原来的绚烂多彩。

在科潘遗址中，最重要的建筑是金字塔，它由一个宽约10米、长约60米的石梯直通塔顶。

石梯是用2500块经过加工的巨大方石修筑的，共72级。每级石阶都刻着玛雅人的象形文字，被称为"象形文字石阶"，它描述了科潘历代君王的故事，从第一位尚武的科潘王到阶梯的建造者。

这些雕刻的铭文共约1250字，是已知中美洲玛雅遗迹中铭文篇幅最长的。象形文阶梯于19世纪坍塌，现在仅存30级踏步竖板还在原位，其余部分则在仔细修复中。王宫和神庙建在金字塔上。

通过研究主阶梯、墙壁及祭坛上的雕刻，学者已经破译了科潘统治者的名字及其年代，并从科潘国王竖立的纪念石柱和石碑上发现了更多的线索。

石柱和石碑用整块山岩雕凿而成，上面刻有科潘国王的容貌。这些比真人还大的帝王像身穿王袍，并带有象征权力的标记。石碑共有7座，原先矗立在大广场上。

整座遗址共有38根石柱，其中有些犹如天体位置排列，这对玛雅人很重要，因为他们要根据星宿的位置来安排自己的生活。

玛雅人使用的历法十分精确，在一定程度上是依据金星的轨迹制定的，故其雕刻上的年、月、日日期精确无误。历法上的数字则用水平线、圆点及贝壳符号来表示。

在科潘遗址中，还发现了一个面积约300平方米的长

迄今已知玛雅最大的纪念碑。

库库尔甘金字塔。

方形场地，地面上铺着石砖，两边各有一个斜坡。据考证，科潘的玛雅人在祭祀仪式中要举行一种奇特的球赛，获胜者被奉为勇士，失败者将被砍头祭神。

大约在公元900年以后，这座古城就被遗弃了。从那些发掘出来的仅完成一半的雕刻来看，这场劫难似乎来得很突然。尽管这座王城一蹶不振，但玛雅人在附近建成简陋的村落，继续居住，直到现在。历史学家至今仍在探询玛雅人迁出科潘城的原因。随着居民的离去，一度辉煌的古城淹没在岁月的长河中，听凭蔓延的丛林、河流和风雨的侵蚀。

专家点评

自从10世纪科潘城被遗弃后，繁茂的丛林逐渐向城中蔓延，世人已将该城遗忘达500年之久。然而，即使仅存一片废墟，这座一度辉煌的城市仍是玛雅公认的最高成就，其壮观的建筑和石雕是玛雅文明的典范。

起始时间	地理位置	推荐理由
约公元前 500 年	秘鲁西南部的伊卡省	纳斯卡巨画一般有几百平方米大，最大的占地达 5 平方公里，从高空中看就好像是用巨人的手指画出来的。纳斯卡巨画被誉为"人类第八大奇迹"。

被誉为"人类第八大奇迹"的纳斯卡巨画

文明印记

纳斯卡巨画都是用同一种方法绘制：刮去沙漠赤色砾石表层，露出下面的淡黄岩石。看来像是手工刮的，起码没有使用牲口的证据。不论绘什么图形、大小或主题，每幅画都以连续不断的单线画成。

巨画的主题大致可分为两大类：图像和直线。直线排成双行，像火车轨道，或构成几何图案。在多处地方，直线都画在图像之上，显然图像是先绘成的。图像有各种植物的枝叶、鸟兽等，也有两种不同生物的古怪结合，如人身猫头鹰首和喙部变成长蛇的鸟雀等。

所有的线条都画得很直，看来很可能是靠着一连串杆子，以肉眼校准后画的。但令人费解的是，画线的人怎样在这么长的距离，仍可把线校得这么直，因为有些直线长逾8公里，每公里偏差不到2米。许多地方，一系列的线从一点向外辐射，人们称之为星状束。另外常见的是多条直线随意交错，构成巨大的长方形和三角形。

从这片平原上人们认出了数百个三角形、四角形或平行的跑道。那些巨大的交织排列的直线，有时彼此平行，有时呈文字形，还有很多又长又宽的条纹横贯其间，有的像道路，有的像方格、圆圈、螺纹；也有的图像看上去如同鹰、蜂鸟、狗、猴子、鲸、蜥蜴、鱼、狮子等；还有好多不可名状的像是某些植物，只不过植物的具体形态也被省去，只剩下简练的线条。

在这些千奇百怪的图案中，有一幅著名的蜘蛛图，这只50码长的蜘蛛，以一条单线砌成，是纳斯卡最动人的动物寓意图形之一，这幅图可能是某个特权阶层的图腾，也许他们在某个特定的时节画下了这个图形。图形中的蜘蛛可能与预卜未来的仪式有关，但也可能是纳斯卡人崇拜的星座图腾。

另一幅有名字的图案就是鸟图，在纳斯卡荒原上砌着18个这种鸟图。这种鸟图尺寸非常巨大，长30至40码不等。一条太阳准线，穿过这幅宏大的鸟图中140码的长翼。在纳斯卡出土的部分陶器上，也发现有类似的鸟。

更奇怪的是，在皮斯科海湾附近，一座光秃秃的山脊上，刻着一个巨大的三叉戟图案。而当时印第安人却从未见过三叉戟图。这又是怎么回事？

出现在纳斯卡地画中的虎鲸形象。

构成这些图案线条的是深褐色表土下显露出来的一层浅色卵石。据专家计算，每砌成一个线条，就需要搬运几吨重的小石头，而图案线条中那精确无误的位置，又决定了制作者必须依照精心计算好的设计图才能进行，并复制成原来的图样。而当时的纳斯卡居民尚处于原始社会，那么这些巨画是怎样制作出来的呢？

玛丽亚认为，古代居民可以先用设计图制作模型，然后把模型分成若干部分。最后按比例把各部分复制在地面上。而另一些人则认为，这些巨画是按照空中的投影在地面上制

沙漠中神秘的纳斯卡巨画。

作的。这样的解释虽能比较直截了当地解决了设计和计算的困难，但却引出了更多的疑团：古代纳斯卡人掌握了飞行技术吗？如果没有，是谁在空中进行投影呢？巨画如何制作，又有何作用，这是令全世界考古学家都困惑的难题。

有人说，纳斯卡平原的直线与某种天文历法有关，这些图形中有几条直线极其准确地指向黄道上的夏至点与冬至点。也有人说，图案中某些动植物图形是某些星座变形的复制品，某些长短不一、形状各异的线条，则是星辰运行的轨道。

还有一种观点认为，根据美国航天飞机拍下的图片，在百万米高的太空中即可看到纳斯卡巨画的线条，而只有从300米以上的高空中才能看清这些巨画的全貌，因此，巨画只能是为从空中向下观看它的人绘制的。而在遥远的古代，有谁能从高空或太空中观看这些巨画呢？一些人认为，这是天外来客光临地球时，在他们的降临地建起的跑道。

专家点评

有人说，南美是一片谜一样的大陆，其中最难解的一个谜团就是纳斯卡史前巨画之谜。在两千多年前，印卡人把纳斯卡荒漠当成了画家手中的速写板，在这片赤色的沙漠岩石上绘下了一百多幅图。这些图案包括动物、植物、几何图形及古怪的直线，其内在含义及创作目的，至今仍无人知晓。

起始时间	地理位置	推荐理由
公元1世纪	法国首都巴黎	巴黎有许多世界著名的历史遗迹和艺术建筑。塞纳河在巴黎像一条闪光的金链把许多珍宝般的历史文化建筑遗迹贯穿起来。

塞纳河畔的艺术

文明印记

巴黎,法国的首都。它位于法国北部巴黎盆地中央,跨塞纳河两岸,全市分20个区,面积达105平方公里。巴黎市的20个区与周围7个省构成了大巴黎地区,亦称法兰西岛,面积为1.2万平方千米,是法国第一大城市。

巴黎人形容塞纳河是"眼睛会笑的金发女郎"。然而,塞纳河对巴黎的重要性却远远超过表面上的万缕风情。没有其他欧洲城市如同巴黎一般,与流贯其间的河流关系密切。塞纳河可说是巴黎的坐标:门牌号码由河岸起开始编排;巴黎被塞纳河一分为二,一半叫左岸,一半叫右岸,左岸是南半部,右岸是北半部。法国人是以面向河流入海的方向分左右岸的。

巴黎也可依历史上的意义加以区分:东边与传统根源相连;西边则属于19、20世纪。几乎所有巴黎的重要建筑物都分布在塞纳河两岸或附近。

流经巴黎的塞纳河左右岸地区共同发展,但它们各自截然不同的传统仍繁荣至今。右岸维持着巴黎商业中心的地位,而左岸则是知识汇集的重镇。

巴黎之旅可始于任何一个主要路标性的建筑。

提及法国巴黎，人们便会想到巴黎的象征性建筑物——埃菲尔铁塔，这是为庆祝世界博览会在巴黎举行，于1887年动工修建的一座世界著名的钢铁建筑。整座铁塔高达320米，塔基占地面积为1万平方米，有4个水泥浇灌制成的肥实塔墩，塔身全为钢架镂空，它由300名安装人员用250万个铆钉将1.8万个金属部件在两年时间内安装而成，重达7000吨。再加上电视天线和塔基的重量，埃菲尔铁塔的总重量达到9757吨，总建筑费用达746万法郎，其设计建造者为法国著名建筑师居斯塔夫·埃菲尔，铁塔亦因此而得名。埃菲尔铁塔不仅是法国最高的建筑物，一直以来，它都是法国著名的游览中心。人们在各种形式的刊物、明信片及电视节目中，都可以见到这座被法国人称为"云中牧女"的铁塔的英姿。

　　埃菲尔铁塔外观优美，形如一个倒写的字母"Y"，它一共分三层，第一层高57米，有钢筋混凝土的4座大拱门，第二层高达115米，第三层离地面276米，从这层开始，倒写着的字母"Y"敛势而上，直冲云霄。站在铁塔320米高处，整个巴黎城景均现眼底，从凯旋门、香榭丽舍大街、巴黎圣母院，直到巴黎东南96千米外的夏特勒教堂，全都一览无余。这里不仅有餐厅、商店和影剧院，而且，自20世纪50年代以来，埃菲尔铁塔便成了法国广播电视的中心，是现在世界上最高的天线塔之一。而且，埃菲尔铁塔广播电台也于改建后成立。现在的埃菲尔铁塔，每年都要迎接大约300万游客来此参观旅游，它不仅仅只是充当着吸引人们观光的纪念碑身份，更是巴黎的象征、法国的象征。

　　卢浮宫位于巴黎塞纳河右岸，它是法国国立美术馆的所在地，也是世界上最大的博物馆，收藏了从古到今世界各地的艺术珍品40万余件。13世纪初期，菲利普二世在塞纳河边兴建了一座存放王室档案与珍宝的碉堡，到查理五世时，这座碉堡又增建了图书馆，并成为了当时的王宫。1546年，弗朗索瓦一世派建筑师皮埃尔·莱斯库对卢浮宫进行改扩建，这里成为了他收藏美术珍品的场所，此后经过历代君王的增建，卢浮宫规模日益壮大起来，大规模的绘画与雕刻展览时常在这里举行。到1789年，拿破仑委派佩斯尔和方丹增建西翼，用以专门收藏他对整个欧洲征战时获得的大批珍宝，这当中包括大量从土耳其、埃及掠夺来的珍贵文物，甚至包括罗马教皇极为珍视的雕塑绘画，都被一齐放进了这座宫殿中。卢浮宫的收藏品大大丰富起来，这当中除了战利品外，还征收了流亡贵族的财产，摄取了大量教堂中的珍宝。1981年，在卢浮宫两翼之间，新增建了一座玻璃金字塔，它用玻璃钢架代替了巨石，再现了5000年前古埃及国王陵墓之形，匠心独运，新旧合一，和谐完美，其设计者为世界著名的华裔建筑师贝聿铭。现在，此处乃卢浮宫的主要出入口，而且，它的落成被誉为是法兰西迈入新世纪的标志，成为蜚声全球的建筑杰作。

法国埃菲尔铁塔于1887年动工修建。

现在的卢浮宫分为6大部分：古希腊和古罗马艺术馆、古埃及艺术馆、古代东方艺术馆、欧洲中世纪及文艺复兴时期与近代雕塑艺术馆、历代绘画艺术馆、工艺美术馆。在古希腊和古罗马艺术馆中，最有名的当属《米罗的维纳斯》，它陈列于卢浮宫第一层第12展厅内，被人们称为是女性美的原形，其创作年代约为公元前100年，雕像高202厘米，大理石质地使它看起来肌润体美。另一尊雕像《胜利女神》于1863年发现于萨摩特斯岛，约为公元前2世纪末的作品，雕像的头部与手臂已失。不过，人们看到它，便会想到展开双臂，伸展双翅，昂头挺胸，把战争引向胜利的女神形象，雕像高达328厘米，位于通往二层的夹层道上。

在古埃及艺术馆中，人们会发现许多神奇的符号、文字和图案，而且，一切都很容易让人沉迷在各自内心中的一种特殊意境里，神圣、诡异、奇特而迷惑。埃及史前时期、古王国、中王国及最初朝代的石碑、雕塑、浮雕、陶器、铜器及木乃伊，都可以在这里看到。如象征王权之神贺鲁斯的石碑、《内菲提亚贝石碑》上具有特殊地位的文字、《狮身人面像》花岗石雕塑等等。卢浮宫中的古代东方艺术珍品亦十分丰富，这里珍藏有吾珥·南什王时期的浮雕与秃鹰石碑、公元前2400年的《马里征牌》与《艾比·伊勒总管》雕塑、古巴比伦王国公元前2150年的石碑与石雕像，还有库尔沙巴德（伊拉克）的《人面兽身的公牛》、苏隆（伊朗）的《弓箭手》以及穆斯林的镶银装饰工艺品与彩釉装饰的硅质陶器等。

从罗曼式与哥特式的雕刻《从十字架上下来的基督》、《菲利普波特的陵墓》、《库尔德贝国王》，到弗朗索瓦一世时期的《仙女与守护神》、《枫丹白露的仙女》以及米开朗基罗的《奴隶》、安东尼奥·卡诺瓦的《爱神之物》和18世纪的群雕作品，都在卢浮宫的欧洲中世纪及文艺复兴时期和近代雕塑艺术馆中陈列。

卢浮宫中完好地珍藏着从14世纪至19世纪的法国、意大利、荷兰、德国、西班牙、英国许多名家的画作，画家们不同的风格与题材使卢浮宫的珍藏极为精彩。

在所有的画作中，最珍贵的应属达·芬奇的《蒙娜丽莎》，也称《乔贡德夫人》，达·芬奇创作于1503年至1506年，这是文艺复兴时期肖像画的代表作。评论家们曾这样评价这幅作品："他描绘流通、润泽的空气，使大气效应似乎缥缈，让人体或物体的轮廓线条在光与影的相互作用下逐渐融化，与周围的风景融为一体。"每一位来卢浮宫参观的人们，都要在达·芬奇的这幅画作前端详许久，从蒙娜丽莎的眼神和嘴角那抹浅浅的微笑来解读其内心的快乐。

在卢浮宫的工艺美术馆中，人们有机会看到那些原来珍藏在教堂与修道院珍库中的珍品，如圣·德尼修道院中12世纪由乌银镶饰的斑岩制品、13世纪的象牙雕像、14世纪的纯金雕像。欧洲各个时期的陶器、玉雕、首饰、钟表、象牙雕刻、珐琅制品、木雕与金银器，都可以在这里看到。其中，1698年在印度发现的金刚石"摄政王"曾被镶嵌在路易十

▼ 贝尔尼尼绘制的卢浮宫第一草案。

五、路易十六的王冠上，亦曾经装饰过拿破仑一世的利剑护手与欧仁尼王后的王冠。现在，它被珍藏于卢浮宫的工艺美术馆中。

从卢浮宫上行不远，就到了协和广场。协和广场是巴黎最著名的广场，它位于市中心塞纳河北岸，被称为是世界上最美丽的广场之一。协和广场始建于1753年，它的设计者为著名的建筑师卡布里埃尔，后又经建筑师希托弗主持整修。1763年，因广场中央塑有路易十五的骑马雕像，因而亦被称为"路易十五广场"。大革命时期，广场上的雕像被毁，人们又称其为"革命广场"。1795年改称"协和广场"。

协和广场中央矗立着高达23米的埃及方尖碑，此碑于1831年从埃及卢克索运来至此。埃及方尖碑已有3400多年的历史，碑身刻满了赞颂拉美西斯二世业绩的埃及古文字。在方尖碑两侧各有一个三层的小喷泉，6个青铜雕刻的精致小美人鱼各抱着一条小鱼，泉水从鱼的嘴中喷洒而出，水花飞溅，形态不一，十分优美。这些都是希托弗的精彩作品。在广场的四周，竖立着8尊石雕女神像，它们是8座在法国历史上起过重大作用的城市的象征，即里昂、马赛、波尔多、南特、鲁昂、布勒斯特、里尔和斯特拉斯堡。协和广场曾经是法国封建王朝最后一代君主——挥霍无度的路易十六和其他显要人物的断头处。在历史上，它是巴黎人民英勇斗争的见证者。现在，协和广场是巴黎人们游览、休闲的好地方。它与凯旋门、卢浮宫在同一直线上，向东是繁花似锦的居易里花园，可眺望卢浮宫的小凯旋门和金字塔；向西则是直通戴高乐广场的香榭丽舍大街，南北两侧是遥相呼应的马德兰教堂和波旁宫。在协和广场的北侧，人们还可以看到两件出自广场设计者卡布里埃尔之手的作品，即海军总部与克利翁饭店。

凯旋门位于巴黎星形广场（亦名戴高乐将军广场）中央，是驰名世界的宏伟建筑，法国政府重点保护的名胜古迹。以凯旋门为中心，12条大街向四周放射出去，其形状如星光四射，因此，在1970年戴高乐将军逝世之前，该广场一直名为星形广场。

1806年2月，拿破仑在奥斯特尔里茨战役中打败了俄奥联军，为纪念这一盛事，拿破仑决定亲自筹建凯旋门。1806年8月，凯旋门开始动工修建，它的设计者为著名的建筑师夏尔格兰，30年后（即1836年7月）凯旋门正式落成。可是，拿破仑已于1821年离开人世，长眠不醒。1840年12月15日，拿破仑的遗骸从大西洋南部的圣赫拿岛运回了巴黎。当拿破仑的灵车从凯旋门经过时，法国国王和所有大臣都盛装静默于凯旋门下，并一一亲扶拿破仑灵柩，成千上万的巴黎市民前来接灵，其场面盛大空前。1885年，伟大的作家维克多·雨果的国葬仪式也曾在凯旋门下举行。

凯旋门是法国国家荣誉的象征，在高50米、宽45米、厚22米的凯旋门内墙上，刻着拿破仑用以宣扬战功的36个胜利战役的浮雕，外墙上的巨型雕像则取材于1792年至1815年的法国战史，作品包括布拉蒂埃维的《盛名》、艾尔克斯维的《抵抗与和平》、考尔多维的《凯旋》、弗朗索瓦·鲁德的《马赛曲》（亦名《出征》），其中刻在东墙右侧石柱上的《马赛曲》是此中的最杰出者，被称为是浪漫主义雕刻大师的不朽之作。浮雕上的自由女神手持利剑，正振臂高呼，号召人们为新的共和国奋战到底。凯旋门内，则刻有当年随拿破仑远征的386位将军的名字。1920年11月10日，凯旋门下又增建了一座无名将士墓，墓石上铭刻着这样的话："这里安息的是为国捐躯的法国军人。"在第一次世界大战中牺牲的无名战士都安息于此。墓前总是燃着长明灯，亦常有人将象征法兰西的红、白、蓝三色花献于墓前，以示悼念。每逢节日，一面长达10多米的法兰西国旗便会从凯旋门上垂下，在无名烈士墓上空飘扬。在重大的节庆日子里，手持劈刀、身着拿破仑时期盛装的士兵便会守卫在《出征》浮雕前。

1987年，法国政府对凯旋门进行了全面的修缮，使这座饱经沧桑的纪念碑得以容光焕发。据估计，当时的修缮费用达3400万法郎。

香榭丽舍大街是横贯法国巴黎的一条主要街道，它东起协和广场，西至星形广场，全长达1800米。巴黎的名胜古迹，从东边的波旁宫、马德兰大教堂、杜伊勒里公园、卢浮宫、巴士底狱广场到西边的凯旋门及新建筑群等，全都由香榭丽舍大街串了起来。在法文中，"香榭丽舍"意为"田园乐土"。17世纪前，这里只是一片低而潮的空地，是17世纪时路易十四先将它建成了供宫廷贵族们游乐的禁区，随之由东西轴线向西延伸成1千米长的林荫大道。后来，这条路又屡经修扩，至1909年时，始称香榭丽舍大街。

在巴黎，香榭丽舍大街是由拿破仑凯旋门至戴高乐星形广场所放射出来的12条大道中最著名、最重要，同时也是最美丽与繁华的一条街道。大街以隆布万街为界，形成了风格迥异的东、西两段。东段长约700米，青葱翠碧的梧桐于道路两旁伫立，苍翠欲滴的绿色形成了美丽的绿墙，而那些经人们精心打理的别致花园和美丽的草坪时不时地从绿墙后面隐现。每到夜晚，亮起的街灯将柔和的灯光洒向这原本幽静恬然的一角，再加之灯柱的古色浓郁，便更显得意境迷离，情调别致，难怪人们会想到用"幽雅的田园"这样的词汇来形容这里。繁华的西段则是时髦、热闹的景象，它长约1100米，这里齐聚了巴黎最繁华的百货公司、时装店、电影院、咖啡屋、酒吧间、夜总会及大银行、地下商场等等。在这条宽80米的街道两旁，随处可见六七层的楼房，在这样的屋宇内，不乏许多大银行家、

拿破仑曾经在巴黎圣母院加冕为皇帝。图为法国画家大卫的作品《拿破仑一世及皇后加冕典礼》。

企业家及各行各界的名流之辈。50多家电影公司和电影院、30多家报刊杂志社、20多家银行以及一些名牌汽车展销厅、许多国家的电器产品专业卖场、大航空公司的办事处等等，都设在这条街上。

在历史上，香榭丽舍大街曾是波旁王朝王室打猎的田野，现在则成了法国许多重大节庆典礼的庆祝中心，如1月1日的新年联欢，是香榭丽舍大街最忘情的时候，人们张灯结彩、狂欢表演；每年的7月14日，是香榭丽舍大街最为庄严稳重的日子，飞机表演、三军阅兵式、礼炮烟花，又将它带入了另一种庄严与隆重之中。

位于塞纳河中间的西岱城岛上的巴黎圣母院，是一座哥特式的雄伟建筑，它不仅因雨果的著名小说《巴黎圣母院》而出名，更因为它是巴黎最古老、最宏大、建筑史上最出色的天主教堂。

巴黎圣母院是驰名世界的天主教堂，与卢浮宫、埃菲尔铁塔齐名为巴黎的三大旅游热点，每年的观光者达1300万之多。巴黎圣母院始建于1163年，当时的教皇亚历山大和法国国王路易七世共同主持了它的奠基仪式。在经历了近两个世纪的修筑之后，于1345年竣工。此后的几个世纪内，巴黎圣母院屡经磨难，以致破败不堪。1844年，建筑大师维奥莱·勒·杜克在保持原风格的基础上，对巴黎圣母院进行了大规模的修复。20年后，这座被称为"法国最伟大的建筑艺术杰作"呈现于人们的眼前，它坚固、精致而气派独特，是一座典型的哥特式教堂。从圣母院的屋顶、塔楼、扶壁到它的拱顶、尖塔，使人们不由得想到雨果曾称其为"巨石的交响"。

这座石砌建筑正面为正方形，棱角分明，气势庄严。底层并排着的三个桃形门洞装饰有反映圣经故事以及天堂、地狱情景的浮雕作品。其中，右侧的"圣安娜门"的中柱上雕有5世纪时的巴黎主教圣马赛尔像，拱肩是圣母和两位天使，两旁是莫里斯·德·苏里主教和路易七世国王的雕像，中门表现的内容为"最后的审判"，中柱上刻画的是天主耶稣在"世界末日"宣判每个人的命运：一边是升入天堂的灵魂，一边是被推入地狱的罪人，左侧的"圣母门"是三个门洞中最精美者，中柱上雕有圣母圣婴像，拱肩画表现的则是圣母的经历。在门洞两侧，人们还可以看到表现一年12个月的图画以及圣徒与天使的雕像。三个门洞之上是一条长长的壁龛，人称"国王长廊"，排列着28尊雕像，据说是耶稣基督的28任先祖帝王。大革命时期，此28尊雕像曾被误认为法国国王而遭难，后又重新修复。700年前的玫瑰窗是一个直径达10米的圆形巨型花窗，它位于教堂内底层上的中间一层，圣母、圣婴、亚当、夏娃都在窗下而立。在精美的雕花石柱支撑着的一层平台上，人们便可看到雨果作品里的人物加西莫多所敲的大钟。当人们将目光从圣母院庄重的外表移至教堂内部，他们一定会被眼前宽敞的厅堂及庄严的气氛所震住。这个长130米、宽50米的大厅，可容纳9000余人。堂前祭坛中央供着被天使与圣女围绕着的殉难后的耶稣雕像，整个厅殿内的回廊、墙壁、门窗上都布满了反映《圣经》中故事内容的绘画与雕塑作品，特别是那些由彩色玻璃镶嵌而成的画作，更加使圣母院内部显得华丽而肃穆。

凡尔赛宫位于巴黎西南郊的凡尔赛镇，是法国著名的宫殿，以华丽的王宫和园林而著称。在凡尔赛宫的外墙上有精雕细刻的塑像，宫内许多大厅的墙壁和拱顶上，有著名的绘画和华美的雕花。王宫外的御花园里，有草坪、花坛、喷泉和塑像等，松柏青翠，景色绚丽。凡尔赛宫曾经是法国和国际活动的中心，第一次世界大战结束后协约国与战败的德国曾在这里签署《凡尔赛和约》。

专家点评

作为欧洲一流的旅游名城，巴黎拥有许多世界闻名的历史名胜古迹与艺术建筑，这里几乎容纳了自古希腊以来各种风格的建筑作品。有人曾这样评价巴黎："鲜活的建筑史教科书，生动的法国编年史。"

起始时间	地理位置	推荐理由
西汉	江苏省苏州市	苏州园林布局精致的自然景观，是其他地方无可与之比拟的，充分反映出中国园林文化自然美与艺术创造的巧妙结合。

展现自然景观的苏州园林

文明印记

苏州古典园林的历史可上溯至公元前6世纪春秋时吴王的园囿，私家园林最早见于记载的是东晋（4世纪）的辟疆园，后历代造园兴盛，名园日多。明清时期，苏州成为中国最繁华的地区，私家园林遍布古城内外。16至18世纪的全盛时期，苏州有园林200余处。现在保存尚好的有数十处，并因此使苏州得有"人间天堂"的美誉。

中国的造园艺术与中国的文学和绘画艺术同样具有深远的历史渊源，特别受到唐宋文人写意山水画的影响，是文人写意山水模拟的典范。中国园林在其发展过程中，形成了包括皇家园林和私家园林在内的两大系列，前者集中在北京一带，后者则以苏州为代表。与皇家园林相比，江南私家园林有以下几个特点：

规模较小，一般只有几亩至十几亩，小者仅一亩半亩而已。造园家的主要构思是"小中见大"，即在有限的范围内运用含蓄、扬抑、曲折、暗示等手法来启动人的主观再创造，曲折有致，造成一种似乎深邃不尽的景境，扩大人们对于实际空间的感受；大多以水面为中心，四周散布建筑，构成一个个景点，几个景点围合而成全园；以修身养性、闲适自娱为园林的主要功能；园主多是文人学士出身，能诗会画，善于品评，园林风格以清高风雅、淡雅脱俗为最高追求，充溢着浓郁的书卷之气。

另外，中国园林与世界其他园林体系如欧洲或伊斯兰园林比较，有自己鲜明的民族特色：

重视自然美。中国园林对原有地形地貌的加工和改造，都遵循"有若自然"的原则，仿佛造化天然所成，以满足人们亲近自然的感情。园林中的建筑也不追求过于人工化的规整格局，而是效法乡野与自然山水密切融合的路亭水榭、旅桥村楼，建筑美与自然美有着充分的交融。

追求曲折多变。大自然本身就是变化多趣的，中国园林师法自然，必然也追求多变的自由式构图。但自然虽无定式，却有定法，所以，中国园林追求的"自由"并不是绝对的，其中自有严格的章法，只不过不是几何之法而是自然之法罢了，比规整式的构图需要更多的才思。它和西方那种"强迫自然接受匀称的法则"的造园理论所强调的对称的格局、笔直的道路、规则的花坛和水池、有如地毯图案般的草地和剪成几何形体的树木，是截然不同的体系。

崇尚意境。中国园林艺术家们创造的美丽环境，不仅只停留在形式美的阶段，而是更进一步，意图通过这外现的景，表达出内蕴之情。所以园林的创作与欣赏是一个深层的充满感

情的过程。创作时应以情入景，欣赏时则触景生情，这情景交融的氛围，就是所谓意境。

作为苏州古典园林典型例证的"拙政园"、"留园"、"网师园"和"环秀山庄"，产生于苏州私家园林发展的鼎盛时期，以其意境深远、构筑精致、艺术高雅、文化内涵丰富而成为苏州众多古典园林的典范和代表。

拙政园位于苏州市城内东北街，为苏州最大的名园。它不仅是苏州四大古典名园（沧浪亭、狮子林、拙政园、留园）之一，而且还是全国四大古典名园（颐和园、避暑山庄、拙政园、留园）之一，实为苏州园林之冠。

拙政园始建于明正德年间（1506年至1521年），御史王献臣因官场失意，弃官还乡，在元代大弘寺旧址拓建成园。园名"拙政"系取晋代潘岳《闲居赋》中"灌园鬻蔬，此亦拙者之为政也"之意，400多年来，沧桑变迁，屡易园主，但此园总体仍不失明代遗风。

拙政园总体布局以水池为中心，各式亭轩楼阁临水而筑，形成朴素开朗、平淡天真的自然风格。园分东、中、西三部分。

入园门即是东园，原为明代"归田园居"旧址，现以草地为主，凿池垒山，遍植树木，

▼ 苏州留园。

缀以天泉亭、秫香馆、兰雪堂诸建筑，给人以开朗舒畅之感。

中园是全园精华所在，远香堂为园中的主建筑，是一座结构精巧的四面厅，四周是落地玻璃窗，可观览周围景色，堂内陈设精雅。堂南小池假山，竹木扶疏，重峦迭翠。堂北，宽阔的平台连接荷花池，夏日荷花盛开，微风吹拂，清香满堂。匾额"远香堂"为明代文征明所写。堂北为主景所在，池中累土石做二山，西山上建"雪香云蔚亭"，文征明手书"蝉噪林愈静，鸟鸣山更幽"的对联和元代倪云林所书的"山花野鸟之间"的题额悬于亭中。东山上有"待霜亭"。两山之间，连以溪桥，山间遍植花木，岸边散种藤萝灌木，野趣横生。

远香堂东行，小山上有绿绮亭，还有"枇杷园"、"玲珑馆"、"嘉实亭"、"听雨轩"、"梧竹幽居"等众多景点，于"梧竹幽居"向西远望景深意远，北寺塔耸立于云霄之中，是极妙之景。亭中有联："爽借清风明借月，动观流水静观山"形象地概括了这里景色的特点。水池中央还建有荷风四面亭，亭西有曲桥通"柳荫路曲"。转北至"见山楼"，太平天国时，此楼为忠王李秀成办公处。亭南有小桥接"倚玉轩"，折西即至"小飞虹"，这是苏州园林中唯一的廊桥。桥南有"小沧浪水阁"，桥北的"香洲"是一座画舫。香洲西南的"玉兰堂"相传是文征明作画之所。

"柳荫路曲"南端有半亭"别有洞天"，进入月洞便是西园，西园以池水为中心，主厅是一座"鸳鸯厅"，北厅为"三十六鸳鸯馆"，临池养有鸳鸯，南厅因前面小院内植有山茶花，称"十八曼陀罗花馆"。池东沿墙筑有一条呈波浪形的临水游廊，俗称"水廊"，是苏州园林建筑中的又一典型形式。北半部池水环抱中有"留听阁"、"浮翠阁"、"笠亭"、"扇亭"等建筑。西园宁静幽雅，回廊起伏，水波倒影，别具意境。

拙政园西南部现辟为苏州市博物馆。原为太平天国忠王府。建筑宏伟，陈列丰富。东首偏门内庭园中有明代文征明手植紫藤。

"留园"位于苏州阊门外，原是明嘉靖年间太仆寺卿徐泰时的东园。园中假山为叠石名家周秉忠所做。清嘉庆年间，刘恕以故园改筑，名寒碧山庄，又称"刘园"。园中聚太湖石十二峰，蔚为奇观。咸宁年间，苏州诸园颇多毁损，而此园独存。光绪初年为盛康所得，修葺拓建，易名"留园"。

现全园占地约50亩，大致可分中、东、西、北四个景区，其间以曲廊相连，迂回连绵，达700余米，通幽度壑，秀色迭出。

中部是原来"寒碧山庄"的基址，中辟广池，西、北为山，东、南为建筑。假山以土为主，叠以黄石，气势浑厚。山上古木参天，显出一派山林森郁的气氛。山曲之间水涧蜿苏州园林名亭沧浪亭中的五百名贤祠。

蜓，仿佛池水之源。池南"涵碧山房"、"明瑟楼"是故园的上体建筑，楼阁如前舱，敞厅如中舱，形如画舫。楼阁东侧有"绿荫轩"，小巧雅致，临水挂落于栏杆之间，仿佛涌出一幅山水画卷。"涵碧山房"西侧有爬山廊，随山势高低起伏，连接山顶"闻木樨香轩"。山上遍植桂花，每至秋日，香气浮动，沁人心脾。此处山高气爽，环顾四周，满园景色尽收眼底。池中小蓬莱岛浮现于碧波之上。池东"濠濮亭"、"曲溪楼"、"西楼"、"清风池馆"掩映于山水林木之间，进退起伏，错落有致。池北山石兀立，涧壑隐现，"可亭"亢于山冈之上，有凌空欲飞之势。

东部重门叠户，庭院深深。院落之间以漏窗、门洞、廊庑沟通穿插，互相对比映衬，成为苏州园林中院落空间最富变化的建筑群。"土厅五峰仙馆"俗称"楠木厅"，厅内装修精美，陈设典雅。其西，有"鹤所"、"石林小院"、"揖峰轩"、"还我读书处"等院落，竹石倚墙，芭蕉映窗，满目诗情画意。"林泉耆硕之馆"为鸳鸯厅，中间以雕镂剔透的圆洞落地罩分隔，厅内陈设古雅。厅北矗立着著名的留园三峰："冠云峰"居中，"瑞云峰"、"岫云峰"屏立左右。"冠云峰"高6.5米，玲珑剔透，相传为宋代花石纲遗物，系江南园林中最高大的一块湖石。峰石之前为"浣云沼"，周围建有"冠云楼"、"冠云亭"、"冠云台"、"伫云庵"等，均为赏石之所。

西部以假山为主，土石相间，浑然天成。山上枫树郁然成林，盛夏绿荫蔽日，深秋红霞似锦。"至乐亭"、"舒啸亭"隐现于林木之中。登高望远，可借西郊名胜之景。山左云苏州网师园。

墙如游龙起伏。山前曲溪宛转，流水淙淙。东麓有水阁"活泼泼地"横卧于溪涧之上，令人有水流不尽之感。

北部原有建筑早已废毁，现广植竹、李、桃、杏，"又一村"等处建有葡萄、紫藤架。其余之地辟为"盆景园"，花木繁盛，犹存田园之趣。

"留园"以宜居宜游的山水布局，疏密有致的空间对比，独具风采的石峰景观，成为江南园林艺术的杰出典范。

"沧浪亭"原是北宋著名文人苏舜钦所建。他的《沧浪亭记》是北宋散文中的名作。现在的"沧浪亭"大体上保持了当初的山水格局，园内建筑在清代改建。它的特点是以山景为主，园外有一片开阔的水面。园子临水的一面用曲折的覆廊回绕，覆廊中用花墙分隔，墙上开各色漏窗，均为自然花样，园外水景从漏窗透入，园内园外似隔非隔，空间相互渗透。覆廊两面可游，外侧临水的一面又可窥见园内的山景。"沧浪亭"的墙洞漏窗被公认为江南园林中花墙的典范之作。

"狮子林"离"拙政园"不远，以湖石假山规模最大而闻名。据《画禅寺碑记》说，狮子林古寺是元代高僧维则所建。元末明初著名画家倪云林曾做狮子林图，从此园名大振。原来这里一直是佛寺花园，清初园林与寺隔绝，改成"黄氏涉园"。乾隆还仿照它的式样在北京造"长春园"，又在热河行宫仿造"狮子林"，后两地皆废。现在的"狮子林"大部分假山还是原物。园林主体为假山，太湖石的堆叠鬼斧神工，历经兵火而未毁坏。湖石玲珑，盘旋曲折，各洞景象不同，素有"桃源十八景"之称，其中有"含晖"、"吐月"、"玄玉"、"昂霄"等名峰，尤以"狮子峰"为最著名，狮子首尾口眼俱全。全园奇峰怪石，千变万化，颇有意趣。

比较有特色的除苏州四大名园外，还有很多，如苏州"环秀山庄"以湖石山景闻名，"网师园"以水景布置小巧著称。

专家点评

苏州的园林风格各异，讲究精巧雅致，环境清幽，使人不出都市就能领略山林的意趣之美，并且还有居住、游览的双重功用。园林的建筑手法多采用借景，即通过建筑的门窗等构成的"画框"，将园林外的山水纳入视野，扩大园林的视觉空间。苏州园林还有一个特点，就是园林建筑和文人书画有机融合，构成了苏州园林浓重的文化氛围。

起始时间	地理位置	推荐理由
公元4世纪	意大利首都罗马西北角呈三角形的高地上	梵蒂冈城是世界上最小的主权国家。这个袖珍小国保存着许多世间无双的艺术珍宝、绘画和建筑精品，是天主教悠久历史和巨大精神力量的见证。

见证天主教悠久历史和巨大精神力量的梵蒂冈城

文明印记

人们所熟悉的梵蒂冈城是世界天主教的中心，而对于它所拥有的无数具有特殊意义的建筑物及价值不菲的众多艺术珍品，或许还不是十分了解。但是，无论是谁，旅行意大利或者罗马，他们都会早早地在心底里计划好自己行走过程中有关梵蒂冈的这样一段精彩的旅程。

梵蒂冈的艺术杰作，主要集中在圣彼得广场、圣彼得教堂、梵蒂冈博物馆和西斯廷小教堂。

圣彼得大教堂不仅是世界天主教的中心，而且还是世界上规模最大的教堂。甚至，人们对于它宏伟的规模无法用视觉来衡量。圣彼得大教堂总占地面积2.2万多平方米，长230米、宽114.5米，主体建筑高度为45.5米、大圆顶高达132米，整座教堂可以容纳6万人。在空前的辉煌与壮观面前，人们也许都在脑海中想自己应该用什么样的词句来形容它更合适，可是，最终仍只是无奈地回到壮观、辉煌两个词上。

在地中海金色阳光的照耀下，它的辉煌与壮观已被渲染成了一种咄咄逼人的耀眼光芒。这项伟大的工程历时120多年才完成，它几乎汇集了文艺复兴时期所有优秀建筑师的心血。

圣彼得大教堂的第一位建筑师是布拉曼特，他清除了残存的旧教堂，把整个新教堂在这里展开来，可是他只完成了四个半圆形拱顶便离开了人世，这时是1514年。布拉曼特之后，拉斐尔是接替者，由于各种原因，这时教堂的工程并无多大进展。直到1546年，70岁高龄的米开朗基罗受教皇保罗三世之托而出任大教堂建筑师。在圣彼得大教堂，米开朗基罗在建筑艺术领域的天才得到了充分体现，比如他的早期作品大理石雕刻《圣殇》及教堂大圆顶。之后，保罗三世在米开朗基罗逝世后，将其未完成的工程都委托给了卡诺·马德尔诺，马德尔诺按米开朗基罗的方案完成了工程，却在拱顶两边加了三个小堂，这使得整体原效果大变。后来，贝尔尼尼又在马德尔诺的钟楼上添加了塔球，直至1626年11月，整个工程才宣告竣工。

踏入圣彼得大教堂，人们首先就会被它遍及堂顶、墙壁、石柱、地板的浮雕与雕像及色彩斑斓的图案迷住了眼。在这里，人们首先想到的就会是：该从何处看起呢？

中殿内贝尔尼尼的杰作——青铜华盖被置于米开朗基罗宏伟的穹顶之下，在金色耀眼的光芒中，那些巴洛克线条使作品整体显得活泼而又不失庄严，其中卡瓦利·达·阿尔比诺于13世纪创作的镶嵌画更使这画面显得高贵而华丽。有人说，贝尔尼尼的作品最伟大的地方在于它总赋予空间以新的意义，他在创作中总是善于利用强烈的光源来帮助自己表达作品的主题，完善作品。当人们走到中殿的尽头，便会看到这位被称为"巴洛克艺术之父"的天才雕塑家在圣彼得大教堂中的另一件杰作：彼得宝座，在其背后上方，是精美的"圣灵"像。看到这些，人们便会不由自主地为贝尔尼尼丰富的想象力和天才的艺术直觉而惊赞，为人类奇妙伟大的创造力而惊叹。从这儿，人们还可以看到贝尔尼尼的其他作品：教皇马尔巴诺八世纪念碑以及这位不倦的艺术家在80岁高龄时创作的杰出作品——教皇阿勒桑德罗七世纪念碑。

人们都称圣彼得大教堂右侧母爱小堂中的雕像《圣殇》为整座教堂中最优雅的雕塑作品，它由米开朗基罗在他24岁那年创作完成，作品中完美的人物形象、细致深刻的人物性格及作品本身对母爱和悲哀两大主题的表达，都十分鲜明而和谐。而且，这是米开朗基罗唯一一件签名的作品。

另外，中殿的大圆顶也被人们看做是人类历史上绝无仅有的不朽之作。

阿诺尔福·迪·坎比奥于13世纪创作的《圣彼得坐像》屹立于四大巨柱下，走过他面前的人们都会亲吻他的右足而祈求得到圣人的庇佑，所以，他的右足更换了好几次，现在又已被磨得锃亮锃亮。

对于圣彼得大教堂来说，任何的描写与称赞都显得微不足道，如菲拉雷特青铜门、圣彼得之墓和祭祀龛壁画《十字架上的胜利》以及存放着真福伊诺琴佐十一世遗体的玻璃棺等，它的辉煌与壮观是空前绝后的，人们在离开它的时候，却还总被它夺目的光芒禁锢着早应梳理的情绪。

圣彼得广场是世界上著名的建筑大师贝尔尼尼一生中最伟大的建筑艺术作品，它完成于17世纪，其最大特点在于它拥有两个由四排共284根德斯金式圆柱与88根方石柱组成的半圆形长廊。40位圣人雕像的正中为教皇阿勒桑德罗·基季七世时期巨大的徽标，这使得整个建筑像圣彼得大教堂伸出的两只巨大的手臂，将偌大的广场紧紧拥住。贝尔尼尼这一人性化的设计，已经在他遗留至今的著名草图中淋漓尽致地表现出来。

圣彼得广场始建于公元1656年，11年后全部完工。位于它中心的埃及方尖碑像一枚尖针插在一个圆盘中央，这件古老的文物本来是用来装饰当年圣徒彼得殉难的尼禄赛场的饰物。1586年，西斯托五世将其运至今天它所在的位置。在埃及方尖碑的顶部，竖着阿勒桑德罗·基季家族的青铜族徽。广场上的两个喷泉由马德尔诺与贝尔尼尼分别建于公元1615年和公元1677年，在它们与埃及方尖碑之间的地面上，分别嵌着一块圆形的大理石，只要人们站在这块大理石上望向四周的长廊，便会发现，原来的四排圆柱变成了一排，这个奇思妙想是贝尔尼尼的绝妙之作。

每个星期天的正午，教皇都会来到这里，他会赐给聚集于此的罗马市民及来自世界各地的人们祝福。

在古人的眼中，梵蒂冈城所在的地方是从前的先知们和圣人们发表预言的地方。它的周围

◀ 拉奥孔雕像。

被莱奥尼那围墙团团包围着,在遭萨拉切尼人的洗劫后才使梵蒂冈意识到了这样做的重要性。热爱文化与艺术的教皇尼科洛五世产生了将梵蒂冈建成一个博物馆城市的伟大构想,大约在1450年,他制定出了具体的方案。不过,这个伟大构想的实施者却是教皇朱利奥二世。

走到塑着米开朗基罗雕像与拉斐尔雕像的入口处,一段壮观的旅程就开始了。建于15世纪末的八角形庭院便是整个梵蒂冈博物馆的中心,人们在这里可以欣赏到大量的雕塑作品。特洛伊的祭司拉奥孔警告特洛伊人勿将木马拉入城中,违反者会因此受到天神的惩罚:两条毒蛇咬死了他和他的两个孩子……这是八角庭院中的大型大理石群雕《拉奥孔》描绘的图景。庭院中的另一大型雕塑是非常有名的《贝尔维德雷的阿波罗》,该作品塑造了一个正急步向前的断臂阿波罗神的形象,他身材修长,十分健壮。

经过动物雕塑馆与缪斯厅,在人们参观了以动物为主题的大量雕塑作品以及创作于公元前3世纪时的缪斯女神众像之后,人们可以看到陈列于博物馆中央的《贝尔维德雷的人体躯干》,它是著名雅典雕刻家阿波洛尼奥的杰作,这尊发现于15世纪的不完整的雕刻作品,一直以来都被人们认为塑造的是大力神海格立斯。天才的雕刻家米开朗基罗深受其影响,创作了许多此种风格的作品,如囚奴石像等。

在梵蒂冈博物馆,人们所能欣赏到的不仅仅是各个时期不同风格的雕刻作品,从尼禄金殿运来的石池、公元4世纪制造的斑岩石棺、珍贵的布鲁塞尔壁毯、反映意大利地理和地形状况的地图、大型油画《从土耳其人手中解放维也纳》以及1858年为圣母怀胎而创作的壁画等丰富藏品都是人们于梵蒂冈之行当中的收获。

专家点评

这个小小的国家虽不足别的国家一座城市的城市花园之大,可是,从梵蒂冈所拥有的罗马教廷、档案馆、图书馆、梵蒂冈花园,到它的圣约翰教堂、圣保罗教堂等,它所给予世界人们的宝贵精神享受,是任何国家都不能比拟的。

起始时间	地理位置	推荐理由
公元4世纪	智利瓦尔帕莱索区以西的太平洋上	复活节岛是南太平洋上占地仅171平方公里的一个火山小岛，但它有着一种独特的文化景观，以用巨石雕成的奇特人像而蜚声世界。

堪称"露天博物馆"的复活节岛国家公园

文明印记

复活节岛独处地球偏僻的一角，远离其他岛屿。它的海岸长3700公里，岛长22.5公里，呈三角形，面积117平方公里。岛上贫瘠而干旱，岛的中部是风沙横行的沙漠。这里的岛民长年累月所能看到的除了大海、太阳、月亮和星星，别无它物。

科学家们从1914年开始，对复活节岛进行全面的考察和测绘，并逐一统计了岛上石像的分布情况。然而随着每一尊巨大石像的测绘，一个个巨大的问号不容置疑地摆在了他们面前：这些石像是谁制造的，又是怎样造成的呢？

科学家们曾在岛上组织过实地的实验，结果证明，雕刻一尊中等大小的石像，需要15个工人干上一年。照此计算，1000尊石像就需要15000个工人不停地整整工作1000年。但这还只是雕刻，而制作完工后还要运输。由于岛上没有家畜，只能完全靠人力移动。实验结果是：320个劳动力产生的拉力，可以拉动一尊8吨重的石像。而很多石像重达10吨、20吨甚至80吨，照此推算，仅仅移动这1000尊石像所占用的劳动力数量简直就无法想象。

南美复活节岛上的石雕。▶

在岛上的9处采石场，可见石场内那些坚硬如钢的岩石像被像切蛋糕似的任意割开，几十万立方米的岩石已被凿成初步模样。还有300多尊石像，有的尚未完工，有的只加工了一半，有的已加工好放在远处等待运走。

在离复活节岛500米的海面上，有三座高达300米的小岛。它们四周是悬崖绝壁，任何船只都无法靠近。然而就在这样的地方，原来也有几尊巨大的石像高高耸立在危崖的顶端，现在石像已经跌落大海中，但石像的基座石坛还稳稳地坐落在危崖的绝顶上。令人疑惑的是：除了最先进的直升直降的飞行器，谁也无法把这些巨人石像运到这险象环生的悬崖绝顶上。

对于这非人力所及的庞大工程，人们百思不得其解。

在复活节岛南部的圣城奥朗戈，还发现了4300多幅岩石作品，另外还发现了科哈乌朗戈条板。这是一种深褐色的木板，上面密密麻麻刻满了象形文字，这种文字与世界上已知的任何一种文字都不相同。而自从1862年秘鲁人绑走了岛民首领后，近百年来，岛上就再也找不到能够读懂这种文字的人了。至今人们只收集到21块刻有这种文字的木板，分别被保存在世界各大博物馆里，众多的文字学家、语言学家、人种学家运用一切手段对其文字进行研究，却仍然无法破译。

专家点评

复活节岛上的那些巨大石像至今沉默不语，到底是谁制造了这些石像？又是怎样把它竖立起来的？这种神秘的文化怎样在这个与世隔绝的岛屿上演化出来，又是怎样失落的？迄今为止的任何一种解释都不能使人们信服。我们对此几乎无法猜测，但又只能猜测。

起始时间	地理位置	推荐理由
公元366年	敦煌市东南25公里的鸣沙山东麓	莫高窟是世界上历史最悠久、内容最丰富、规模最宏大、保存最完整的文化艺术宝库和佛教艺术画廊。

辉煌的莫高窟

文明印记

莫高窟的石窟是集建筑、雕塑、绘画于一体的综合艺术。石窟有大有小,最大的是16窟,面积有268平方米;最小的是37窟,刚好能把头伸进去;最高的是96窟,从山脚一直开到山顶,高约40米,有9层楼那么高。

石窟的造型继承了汉族和西域各民族的优良艺术传统,又吸收了外来的表现手法,形成了独特的建筑风格。

莫高窟的彩塑艺术在敦煌艺术中成就最高,不同时期的塑像都各有特点。

从北魏到北周是彩塑艺术发展的第一个时期,佛像的形象受南朝人物形象的影响,塑像显得骨骼清秀。

隋唐是莫高窟彩塑艺术发展的高峰时期。唐代彩塑中数量最多的是观音像,造型以现实人物为蓝本,显得很有生活气息。观音的形象也由男性形象转为女性形象,体态丰满、肌肤细腻,只是为了表示佛教人物无性别之分,才给观音画了两撇胡须。

莫高窟的彩塑都是木身泥塑,包括佛像、菩萨像、弟子、天王、力士、金刚等。

最大的佛像是位于莫高窟中央的弥勒佛,高33米,最小的佛像只有2厘米。

敦煌莫高窟。

彩塑的形式也多种多样，有圆雕、浮雕等，题材丰富，技法高超，堪称佛教彩塑的经典之作。

壁画是莫高窟艺术中的瑰宝，并与彩塑融为一体。

壁画的内容主要包括佛像、佛经故事、神怪传说、帝王生活、装饰图案、对佛教教义的宣扬等。

大量的民俗、民风画，更是古代敦煌民俗、民风的百科全书。这些壁画历经了千百年风沙的磨蚀，依然色彩鲜艳，金碧辉煌。

洞窟的四周画满了菩萨、仙女、飞天，尤其是飞天，造型生动，线条刻画细腻，衣带的纹路轻盈流畅，就像要飞起来一样，号称"天衣飞扬，满墙风动"。

第16窟"藏经洞"高1.6米，宽2.7米，是莫高窟的精华。密室里有从公元4世纪至14世纪的文物图书6万多件，还有大量的文字写本，包括儒、佛、道家经典、史籍、诗赋、户籍、信札等。这对中国古代文献的补遗、研究，引证中国古代政治、经济、文化、军事、外交、宗教、历史的发展，都有极大的作用。这个密室直到1900年才被一个姓王的道士发现，于是近代西方几个帝国主义国家的一些盗宝者，打着"学者"、"探险家"的旗号，盗走写本、刺绣、绘画、塑像、壁画等珍贵文物好几万件。现在，世界上研究敦煌文化的人越来越多，并已形成了一门学科——敦煌学。令人痛心的是，中国的敦煌文化的研究者们，却只能到西方搜寻原始资料。

敦煌石窟周围还有很多石窟，如榆林窟等，它们与莫高窟一起，组成了庞大的敦煌石窟艺术体系。

座落在敦煌莫高窟外的双塔。

专家点评

莫高窟里数量巨大的古典艺术遗产，具有很高的历史和艺术价值，显示出中国各个时代所保存的文化遗产的不同艺术风格。莫高窟是中国古代西北多民族地区文化艺术、语言文学、宗教思想的总汇。

起始时间

公元5世纪

地理位置

意大利的威尼斯

推荐理由

威尼斯细密的水网便是整座城市的枢纽。这个庞大的水网由400多座桥梁、170多条河道及2300多道细窄的水巷组成，威尼斯的奇特可以说是绝无仅有的。

被拿破仑称为"举世罕见的奇城"的威尼斯及泻湖

文明印记

威尼斯由48个环礁湖岛组成，细密的水网便是整座城市的枢纽。这个庞大的水网由400多座桥梁、170多条河道及2300多道细窄的水巷组成，威尼斯的奇特可以说是绝无仅有的，拿破仑称它为"举世罕见的奇城"。

有人称威尼斯为弹丸之地，可见其在意大利众多的名城中的面积之小，其市区面积不到7平方千米，居民只有10万人左右。可也就是人们所说的这块弹丸之地，它每年却要接待游人达千万之多。也许可以说，威尼斯是世界上唯一一个没有旅游淡季的城市。在水色光影交相映呈的威尼斯街头，在贡多拉穿梭于城市的水网中，圣马可广场无与伦比的气势、大运河两岸华宫艳宇的富丽堂皇就像一股拂面而来的异域风，竟那样让人振奋。在浪漫的水城威尼斯，一共有120座各种风格的教堂、120座钟楼、64座修道院及40多所贵族宫殿，威尼斯的丰富与优美使得它让全世界各个角落的人都纷至沓来。当然，除了水汪汪的海上胜景，这儿还有布拉格诺传统的美丽花边、月牙形的翘角小船——贡多拉、热闹的图为意大利的水城威尼斯。这是一座建筑在120多个小岛上的水上城市,岛与岛之间的水道构成了城市的大街小巷。它还是一座历史名城,有艺术、历史名胜四百多处,其中教堂就有120座。

小集市、优雅的咖啡馆及丰富的节日盛会与文化展览,它们都会等候您的到来。

乘坐贡多拉看威尼斯,是游览威尼斯的最佳方式。绮丽的水上风光与异域的船夫小唱将威尼斯之行更加细致地美化、完善。所有来到威尼斯的人,几乎都会选择沿大运河走一趟。

大运河是威尼斯的一条主要水道,它呈 S 形,全长约4000米。人们从威尼斯的罗马广场出发,直到威尼斯的丽都岛,即威尼斯景观最集中的地方。沿途两岸,则是临河而筑的各式建筑物。中世纪的教堂巍然耸立、神秘的花园在建筑物的后面露出一角、徒步行走岸上的人们一个个都神情悠闲,他们也和你一样来自遥远的国度。侧身坐在游走的贡多拉上的人们,往往被沿岸华丽的建筑物所吸引,走上这样一趟,人们几乎就大致地游览了一遍威尼斯城:

15世纪时有着精致白色城堞的哥特式建筑贡塔丽尼·法桑宫、集多种风格为一身的巴尔巴罗宫、17世纪杰出建筑家巴达萨莱·龙杰与乔治·马萨里共同完成的具有贵族气质的雷佐尼科宫、仪态大方的杜路维科马尼私宅马尼宫、国际现代艺术博物馆——有非凡气势的巴洛克建筑帕萨罗宫、威尼斯哥特式建筑艺术中的巅峰之作金宫、威尼斯第一座桥——闻名遐迩的利阿托桥、犯人告别美好正常生活的必经之地——叹息桥以及德国音乐家瓦格纳故居——端庄与稳重的卡莱尔齐宫。乘船游走在大运河上的人们审视着这儿的一切,映在山墙上的金色光亮、盘旋或尾随于船旁的海鸥、不知将通向哪儿的一条条僻静水巷,任何一处经人们雕凿过的地方,都会使人的神经受到触动。

里阿托岛是威尼斯的市中心,岛上的圣马可广场是威尼斯的象征。早在一千多年前,威尼斯巴达里沃运河边有一片广阔的草地,勤劳的威尼斯人把这里建成了世界上最美丽的广场。圣马可广场在威尼斯的历史上一直担当着政治、宗教、文化中心的角色。来到威尼斯,人们都会被圣马可广场周围辉煌的建筑物所吸引。1797年的一天,拿破仑以征服者的身份来到意大利的威尼斯。他从大运河乘小船,到圣马可广场登岸。走进广场,他被瑰丽的建筑群感动了,禁不住叹了一句:"啊,这是全欧洲最美的客厅。"随即做了一个礼拜的

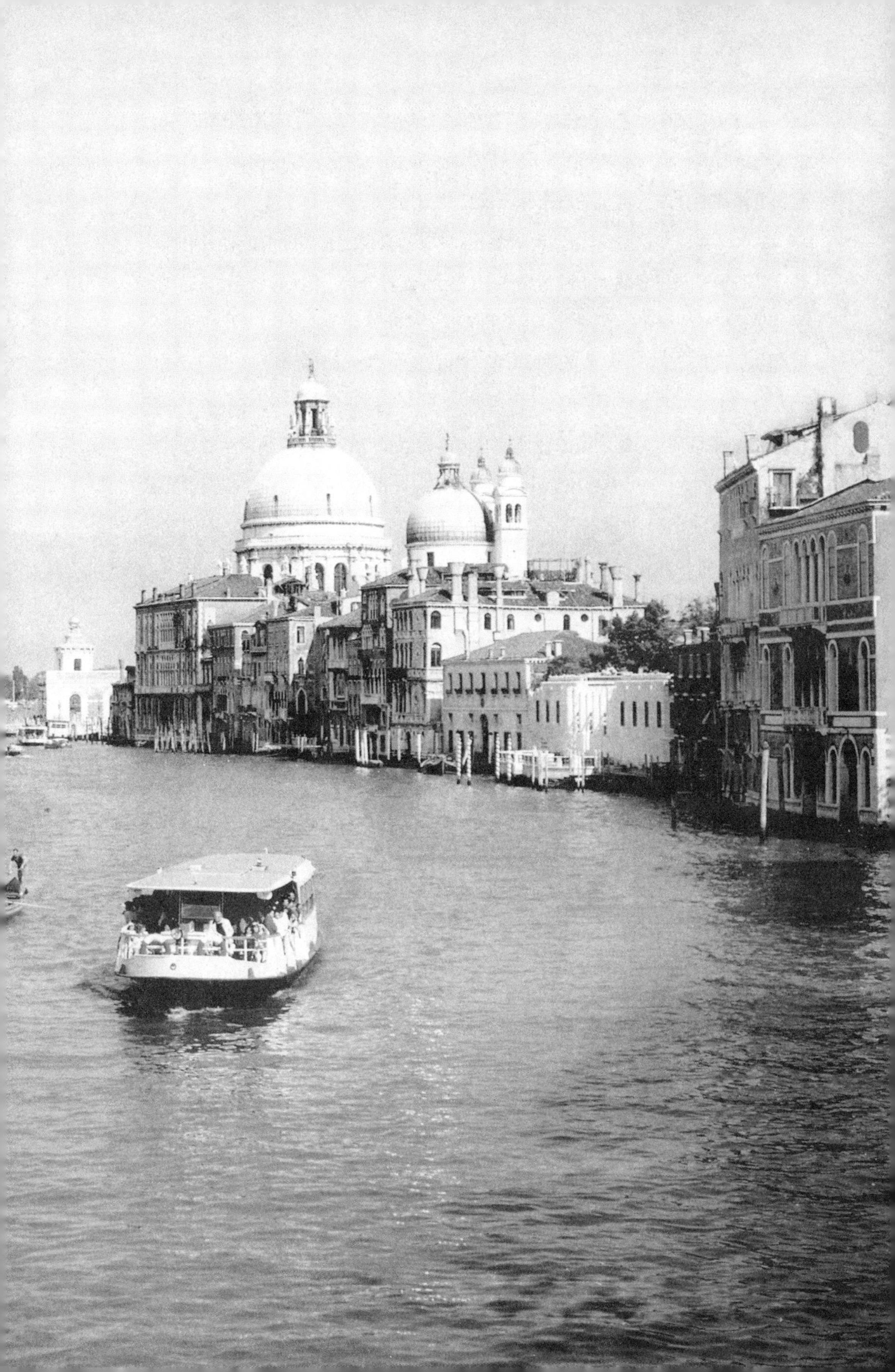

动作。最意味深长的是,这位身经百战的军人竟脱下了军帽,深深地鞠了一躬。拿破仑这时候礼拜的不是硝烟掩蔽下尸体堆成的山和鲜血流成的河,使他弯下头颅的是精美的建筑、富足的城市和人民悠然闲适的生活。

从大运河码头到圣马可广场,要经过小广场,人们会看到分别饰有威尼斯城徽——飞狮及威尼斯城保护神狄奥多尔的粗大圆柱,它们象征着和平、安定与繁荣。飞狮左前爪扶着一本圣书,上面用拉丁文写着天主教的圣谕:"我的使者马可,你在那里安息吧!"马可是耶稣的门徒,圣经中《马可福音》的作者,威尼斯人为纪念他而建此广场。雄伟的巴西尼加钟楼位于广场的一角,它始建于公元1496年,青铜镀金的钟表镶嵌在钟楼的正面,生着双翼的飞狮形象作为威尼斯的标志,在钟楼上俯瞰着整座城市。在巴西尼加钟楼的顶端,是怀抱着圣子的圣母雕像。用青铜塑成的摩尔人总是按时地敲响钟楼顶上的大钟,因此,人们也称它为摩尔人钟楼。

圣马可广场的两旁有两排整齐而庄严的建筑,这就是总督宫,圣马可图书馆在广场的另一头与它们紧紧相连。总督宫始建于814年,14世纪初基本定型,宫内富丽堂皇的装饰出自许多威尼斯艺术大师之手。正面36根雕花大理石柱托着70个圆拱,当年是威震地中海的威尼斯大公的宫殿,现是艺术兵器展览馆。眼前的这些景致让人不由自主地想到了比利时的冈巴拉斯广场,它们同是被众多建筑物包围着的城市广场,只是圣马可广场与冈巴拉斯广场相比,多了一份壮观气势,这种气势与冈巴拉斯的幽雅有着相同的吸引力。

当然,在圣马可广场周围的许多建筑物当中,有一处是任何来威尼斯的人非去不可的地方,那就是圣马可大教堂。

始建于公元9世纪的圣马可大教堂因安置了圣马可的遗骸而闻名。建成不久,大教堂便毁于大火,现在人们见到的圣马可大教堂是于公元11世纪时重建后留下的,它是中世纪时欧洲最大的教堂,被人们称作是威尼斯建筑艺术的经典作品。

圣马可大教堂中拜占庭式的直线、哥特式的小尖顶、罗马式的穿拱、文艺复兴时期的栏杆装饰、伊斯兰式的圆顶,都会让人想到大教堂在不同风格时期的历史经历,使得来自世界各地的人们一齐涌向这座华丽宏伟的宫殿。在圣马可大教堂的正面,下层有五个带有穿拱的大门,小巧别致的花岗岩石柱和那些罗马式的小幅浮雕将此五门分隔开来。这种宽阔深邃的大门总给人一种幽雅的神秘感觉,在由此处进入大教堂之前,穹拱上装饰着的镶嵌画已抢先引起人们浓厚的兴趣。这些巴洛克时期的古老作品非常精致优美,是大教堂十分具有艺术价值的一部分。其实,诸如这种穹拱上的镶嵌画在大教堂的外面还有很多,比如正门上层就有四幅,它们以耀眼的金色为背景,向人们描述了圣马可的遗骸从埃及运回威尼斯的完整旅程。有人说,在圣马可大教堂中最有艺术价值、最引人入胜的部分就是镶嵌画了。在上层,细小的花岗岩石栏巧妙地装点着哥特式的小尖顶,罗马式的浮雕让上层显得极为丰富,特别是正中间镶有威尼斯城徽的小尖顶,那些白色的镶边上刻满了精致的小雕像,在其正前方,四匹青铜马以奔腾的姿态面对各国的游客。传说,拿破仑曾把这些公元前4世纪的古希腊雕像作品带走,1204年,它们又被从君士坦丁堡运回威尼斯。

"主会和你在一起!"这是人们都十分熟悉的一句话。在圣马可大教堂中,圣人和神灵静静地沉思着,人们渺小的身姿在他们的面前一一走过,连那种安详与宁静都是神圣庄严的。人们沉默地徘徊在高大的穹拱撑起的金色殿堂里,几乎都在以最异常的方式呼吸,也许有人会说这是所有的天主教堂给人的感受,可是,圣马可大教堂沉重的完美却一直在将这种感觉扩大、加重。

文字无法将圣马可大教堂的美与宏伟表达周全。到了圣马可大教堂,人们是一定会去看金屏风的。这是一件用黄金、宝石、珐琅制成的绝世之作,它约完成于公元10至14世纪。在金屏风的中间,是基督和四圣史的珐琅画,屏风的其他部分则是圣母宗徒和众多的先知们。这些画大多数是拜占庭风格的,站在它的面前,金屏风上的无数宝石总在迷乱人们的目光,它的价值不仅仅是其不菲的外表,更体现在它代表着威尼斯经济的繁荣和艺术文化的富有。

广场不远处有座三层小楼,那是第一个向欧洲人民详细介绍中国文明的旅行家马可·波罗的故居。

圣马可广场一直是威尼斯的中心,冬季凌晨时亦行人不绝;夏季成排的咖啡桌似防波堤穿插在潮涌而来的游人中。广场上成群的鸽子安然地飞来飞去,有时竟悠然地落在游人的肩上和胳膊上乞求食物,令人喜爱。夏日的夜晚,广场上经常举办露天音乐会,优美动听的音乐往往使听众流连忘返。

此外,位于圣马可大运河畔的弗拉里圣玛丽亚格洛里奥萨教堂是继威尼斯圣马可大教堂后最著名的威尼斯—哥特式建筑。它于1340年至1443年建成,教堂内有威尼斯共和国时期著名人物的坟墓和大批艺术珍品。市区内尚有总督府的杜卜洛宫、土耳其洋行以及收藏了许多威尼斯派名画的阿卡提米亚美术馆。

从广场出钟楼拱门是通往里亚托的马尔扎雷拉商业街。里亚托曾作为欧洲的商业中心达300年，莎士比亚的戏剧《威尼斯商人》中商人和放债者的聚集地就是这里。

威尼斯也因为桥多而被称为"桥城"。桥的造型千姿百态，风格各异，有的如飞虹，有的似游龙，有的庄重，有的雄伟，有的小巧，有的古雅，真像座桥梁博物馆。里阿尔托桥在威尼斯的四百多座桥梁中独具一格，最有名气。它位于市中心大运河上，由建筑师安东尼奥·达·蓬泰设计，1588年至1591年建成，是一座大理石独孔拱桥，长48米、宽22米、高7.9米，造型优美，雕刻精细，桥上有高敞的拱廊，拱廊里开设有肉店、菜店和鱼市场。两岸是威尼斯最具有代表性的古建筑群。

桥的名字也很特别，有自由桥、拳头桥、稻草桥、叹息桥……许多桥的名字又都有一番来历，如"叹息桥"是一座拱廊桥，是过去临诀死囚走向刑场的必经之路，每当囚徒至此，见到桥下船上的家人等候诀别的情景，总是哀叹不已。

专家点评

著名的水城威尼斯，是亚德里亚海上的灿烂明珠，它不仅风光奇特，而且还是一座文化名城。从总体上看，威尼斯是一个极不平常的建筑精品的集成。

▼ 威尼斯的里阿尔托桥。

起始时间	地理位置	推荐理由
公元6世纪	日本广岛县佐伯郡宫岛町	严岛位于濑户内海,自古以来一直是神道教的圣殿,其协调有致的建筑显示了伟大的艺术品质和高超的技术。

体现日本神道文化特色的严岛神社

文明印记

神社是日本固有的神道教的崇祀建筑,始于原始时期。神道教崇拜自然神,崇拜祖先,分为神社神道、教派神道、民俗神道三派。以神社神道为主流,存在至今。神社神道尊天照大神即太阳女神为主神。奉行政教合一,神化天皇世系,以公元8世纪成书的《古事记》和《日本书纪》为经典,主要内容是说从第一代神武天皇起历代天皇们是天照大神的后裔,他们统一了日本诸岛,有天然的不可争辩的统治权。

神道教认为,人性神圣,人的人格和生活应该受到尊重。人对社会负责,有承前启后的天职。提倡以"真"为人生的基本态度,从"真"可以衍生出"忠、孝、仁、信"各种美德。神道教的礼拜不固定日期,可以随时参拜神社,也可以初一、十五或祭日参拜。虔诚的人也有每天早晨参拜的。日本住宅里有天照大神和保护神的神龛,也有佛龛、祖先龛。主要的节日有春、秋两祭和例祭。春祭为祈年祭,秋祭为新尝祭。例祭也叫年祭,举行神幸式,信徒们肩抬神舆游行。

严岛神社位于宫岛,宫岛又称严岛,位于濑户内海广岛湾中,它周长28公里,面积约30平方公里。严岛中央矗立着海拔530米的弥山,覆盖着苍翠茂盛的原始森林,山花

▲ 严岛神社的大鸟居。

烂漫地点缀其中，登高远眺，无边壮阔的海景尽收眼底，是绝佳的风景胜地。此处在很早就被日本当局定为特别史迹、特别名胜。

严岛神社是日本最优美的神社之一，它创建于6世纪，古老而宏伟，是第一座供奉天照大神3个女儿的神社，她们都是"海洋守护神"。严岛神社面朝西北，背后是峰峦叠翠、林深叶茂的弥山，前面是一望无际的涛涛碧海，壮观而秀美。严岛神社包括17座神社建筑，4个大殿、2个舞台还有东西300米深连接20多栋社殿的回廊，是一组优雅瑰丽、雍容华贵的建筑物。其中6座建筑被确认为国宝，余下的11座建筑和3座外部建筑被指定为国家重要的文化财产。神社本殿长24.3米，宽12米，它前面的拜殿长为30.3米，宽12.4米，再前面的祓殿和祓殿之间的平舞台都建造在海面上，平舞台左右都有乐房。正对着神社200米的水中央有一个大鸟居。

我们现在看到的神社，是1168年的平清盛所重建，他为宏伟、壮丽的神殿打下了基础。

严岛神社由本社和摄社（神社的一种级别，介于本社和末社之间，祭祀与本社关系比较密切的神）的客神社组成，两个神社的社殿基本上都是由本殿、币殿、拜殿和祓殿构成，客神社的规模小一些。本社的中轴为西北方向，直达海中的大鸟居牌坊。客神社的中轴为西南方向。本社、客神社的本殿在建筑上都采用两面坡的屋顶形式，坡形屋顶一直延伸到屋檐上。神社区域内，有战国时代和桃山期文化时代所建的摄社大国神社本殿、天神社本殿、大元神社本殿、末社荒胡子神社本殿、丰国神社本殿（千叠阁）和宝塔等建筑。另有一座建于公元15世纪的五重塔，塔高27米，同五秀塔、巨大的千叠阁一起成为严岛的标志。

在严岛神宫旁，坐落着一座古老的能剧剧场，这是日本最古老的能剧剧场之一，建于1568年。通过一座朱色桥，来到清晨做祷告的朝座屋，里面陈列着舞乐节和演出能剧所需的服装和面具。附近的另一座建筑里收藏着数百件国家级文物和重要的文化遗产，其中包括平氏家族成员于12世纪60年代制的装饰精美的佛经、日本古代武器、兵具等数百件国宝。

在严岛神社内有一条极为陡峭的木拱桥，人若是走在桥上一定会从倾斜的桥面上滚下来。据说，此桥接通的是神社的真正的大门，只有在皇族莅临时才有资格启用，启用时都必须在桥上再铺设上预制的木阶梯，皇族与侍从们就能安全地鱼贯而过了。

在严岛神社前的海中矗立着一扇高大的大牌坊，即"大鸟居"，它是宫岛的象征。这是人们最熟悉的日本文化标志和神道的代表物。目前的这座鸟居门建于1874年，高16米，上栋宽24米，以楠木制成，两只大主脚的圆周各为10米，相传这是为欢迎海中诸神驾临宫岛而设立的。其雄伟独特的外形、朱红的颜色与脚下深绿色的海水相映成趣。

神社建筑依山傍水，视野辽阔，是平安时代最显著的建筑成就。神社建筑在日本的发展与人们对自然的崇拜有很大关系。神社大厅描绘出一种祀奉的风格，并奉献敬意给永恒的山神和其他的自然物。这种结构设置与环境的完美融合，其本身就是一件艺术佳作，令其他神社难以望其项背。神社的建筑物形式简洁凝练，轻盈飘逸，参差错落，疏密开阖，层次极为丰富。古朴的丝柏皮屋顶，朱红色栋梁，映衬着背后的青山碧水，蓝天白云，分外美丽。每逢涨潮，白壁丹楹弄影于碧波之上，同四周明丽的风光相映成趣，有如一幅调和的图画，华彩照人，恍若海市蜃楼的神话境界。

专家点评

严岛神社是诠释日本精神文化的价值标本，作为文化遗产，它具体表现了神道教与佛教的异同，并从批判的角度提供了日本宗教特殊性格的原由。

起始时间	地理位置	推荐理由
公元607年	日本的奈良城	日本的法隆寺是世界上现存最古老的木造建筑群，是日本第一个被列为世界遗产的寺庙。它是日本著名的飞鸟文化的杰出代表，是日本的骄傲。

代表日本飞鸟文化最高水平的法隆寺木质建筑

文明印记

日本的法隆寺，是日本现存最古老的寺院，也是世界上现存最古老的木构建筑。是公元607年由圣德太子创建的，寺内建筑包括楼厅、屋顶、墙壁和柱子，全部用木料建成，总建筑面积达18万平方米。

法隆寺坐北朝南，分东西两院，西院有南大门、中门、回廊、金堂、五重塔、三经院、大讲堂、钟楼等建筑；东院有梦殿、中宫寺等寺殿，共有40多座古建筑，其布局和结构深受中国南北朝时代建筑的影响。寺院入口的木柱上标注着兴建年份为公元670年，这是法隆寺遭逢大火后重建的日子。原先建于公元607年的柱子，已在火灾中被毁。法隆寺内有17栋建筑被列为国宝级建筑，26栋被列为重要文化财产。除了这些历史建筑珍品，法隆寺还收藏了大批的珍贵文物，其中被定为国宝和重要文化遗产的就有190种，达数千件。例如木雕的圣德太子像，惠慈法师坐像，梦殿的秘佛救世观世音立像，为祈祷圣德太子冥福而由当时著名的佛师止利建造的释迦三尊像，面目慈祥被称为"古典式微笑"、2米多高的苗条的百济观音像，玉虫橱子等许多"飞鸟时代"具有代表性的佛教艺术作品，都精美绝伦，价值连城。集工艺之精华的玉虫橱子，上有透雕的金银花蔓草纹，这种花纹可追溯到波斯、希腊、东罗马等地，表现了西域文化对日本的影响。为皇后所有的玉虫祭坛，最初是用上百万只闪光的甲虫翅膀镶嵌而成的，极为细致精巧，简直是巧夺天工。西区大殿中的青铜佛像，平静如水，闭目养神，露出幸福之意。它们和在丝绸之路上发现的佛教艺术品的风格极为相似。寺内还珍藏有祈祷世界安宁的经典《陀罗尼经》，被确认为世界上最古老的印刷品。

法隆寺是最具有飞鸟文化特征的佛教寺院。该寺院初建于7世纪上半叶，公元670年被火灾焚毁。7世纪末重建，后来几经修复，重建的寺院依旧保留了当时的风貌。重建的法隆寺保存了飞鸟时代的建筑方式和特点，其布局、结构、形式深受中国南北朝建筑的影响。建筑主体采用木造结构，殿顶架起云形半拱，脊瓦覆盖之下是排排片瓦，屋脊两端上装饰有鸱尾，还有勾让式样装饰的栏杆，都极富中国南北朝时期佛教寺院的特征。此外，由于间接受到印度伽蓝的影响，寺院采用了完整的七堂形式，由门楼、寺塔、金堂、讲堂、钟楼、藏经楼以及回廊和僧房组成。根据迄今保存的寺院建筑和寺院图样，可以看出法隆寺的建筑属于采用将金堂与寺塔置于东西两侧、以回廊环绕大殿的类型；建筑群体浑然一体，不仅注重整体效果，还考虑与环境的自然联系，和谐平衡而又不拘小节、洒脱大方。屋顶较为平缓的坡度、较长的飞檐都体现出水平方向上的力度，给人以稳定的感觉。寺院大量使用木材作为建筑材料，既是就地取材的结果，也是满足木结构抗震的需要。历经千年风吹雨打火烧的法隆寺对称和谐，橙色的栋柱以及白墙绿窗灿烂辉煌，使人感到绚丽夺目。一登山门，就会被其隽永的气息深深感染。在日本，法隆寺第一个以寺院的形式被联合国教科文组织定为"世界文化遗产"。

法隆寺内的五重塔。

法隆寺内建于670年的五重塔是日本最古老的佛塔，它是一座重檐四角攒尖顶的木结构建筑，表现出强烈的中国唐朝建筑的遗风。佛塔共分为5层，总高为32.45米。佛塔中心有一根中心柱，由地下至上，直贯宝顶，支撑着塔的重量。佛塔各层空间都不是很大，层高也较小，底层的柱高仅有3米多，二层柱高只有1.4米，而且随着佛塔的升高每层依次缩小，屋顶的大小正好是底层的一半。和层高相比，佛塔的出檐很大，底层出檐竟达4.2米，这样整座塔层檐重叠，显得非常轻盈俊美、灵动飘逸，就像一只雄鹰，横渡大海，从中国飞来。

法隆寺中最著名的就是它的金堂。建于620年的金堂也称主殿，是法隆寺的本尊圣殿，里面安放着为供奉622年去世的圣德太子而建造的释迦牟尼三尊像，中尊高为86.4厘米，左胁侍92厘米，右胁侍有93.9厘米，整个佛像呈三角形结构，十分稳定和谐，具体的雕刻更是美轮美奂、栩栩如生，表现出卓越的技法。释迦三尊身上披穿的袍服飘逸潇洒，面容庄重仁慈、温和文雅，由内至外散发着和煦温暖的"古典式微笑"。

金堂外部有两层屋顶，看起来好似为两层建筑，但实际上室内只是一层。这样的设计使金堂显得高大气派、巧丽精致。金堂内壁都饰有壁画，从构图和技巧来说，都是超群绝伦的艺术珍品，代表着当时的最高艺术水平。

法隆寺内还有一处日本最古老的八角形建筑，这就是建于739年的梦殿。传说这座殿堂是因法隆寺的建造者圣德太子有一晚梦见了释迦牟尼的使者而建造的，故名梦殿。这是日本最古老的八角圆堂，设计得协调、优雅，给人一种神秘的感觉。殿中央是用花岗岩建筑的八角形佛坛，屋顶上镶嵌有漂亮华贵的宝珠。殿内本尊是救世观音像。在这座高雅的八角形建筑中有一座"隐身雕像"，这是圣德太子的立像，几个世纪以来，一直保存在这个寺庙中，和百济观音一样为人们所供奉。直到今天，在绝大部分时间里梦殿都不对外开放，只在每年的4月11日、5月5日、10月22日和11月3日才对外展示。

中宫寺是紧挨着梦殿的一个小尼寺，环境简单朴素，寺内的如意轮观音像一腿跷在另一腿上，一手抬至腮边，显出若有所思的神情，被誉为是奈良雕刻的登峰之作，被定为国宝。

在金堂和五重塔后面是大讲堂，这里是寺僧学习佛教和做佛事的地方。

专家点评

法隆寺是世界上最古老的木建筑之一，也是日本国宝级建筑。它俊逸优雅，散发出浓郁的人文气息，是最能代表日本飞鸟美学艺术的极品。

起始时间	地理位置	推荐理由
公元642年	尼罗河三角洲顶端	开罗城有宏伟的博物馆,集中了大量阿拉伯艺术财富。它是非洲最大的城市,也是世界名城之一。

素有"千塔之城"美誉的伊斯兰城市开罗

文明印记

　　伊斯兰教是阿拉伯埃及共和国的国教。据统计,全国大约有87%的人口是信仰伊斯兰教的。因此,伊斯兰教清真寺遍布全国各地,总数达5000座以上,其中开罗就有1000多座。这些清真寺尖塔恰似满天的星斗,晶莹耀眼,倒映在亮如明镜的尼罗河中,闪烁着迷人的光辉。正因为开罗有成百上千的清真寺尖塔,人们就把它称为"千塔之城"。

　　天气晴朗的时候,从那12世纪的雄伟城堡俯瞰开罗市,能把古今一目全收,至少,也可以看见大部分有记录的历史。远望城西,沙漠里有吉萨的古金字塔,近观尼罗河,岸畔是一排排玻璃墙的摩天大厦。脚下,在现代开罗新旧不调和的街道间,可以看到中古时代这座名城的若干无价遗迹——华丽宫殿、旅馆、市场、医院、公共水泉和浴池,如今都成了断壁颓垣、任人凭吊的废墟。

　　要看古城必须步行。穿过富都和马萨两座大门,就到了中古时代称为开罗大街的通衢大道，再向前是许多狭窄的卵石铺地的小巷。这些小巷保护着开罗的居民，炽烈的阳光晒不进，沙漠的热风也吹不进，既能遮阴，夜晚的清凉空气又不易散去。

法蒂米王朝的征服者于公元969年开始修建开罗城，那些哈里发的巨大宫殿早已不存在，但大街上人群的拥挤却至今依然。现在这条大道是个百货俱备的大市场，小贩所卖的东西，从大蒜到黄金，什么都有。熙熙攘攘的人群里，有些人好像是从历史中跳出来的古人，身穿条纹宽袍，灰白长须，手上戴着许多红宝石戒指，他们仍然依照古法为商店和住宅薰香，祈祷一番，然后收取很少的金钱报酬。还有水夫，背上背着盛满了水、一路滴漏的羊皮袋，挤过人群。

弯弯曲曲的小巷里，隐藏着不少大有可观的古迹。残垣断壁背后藏着雉堞森然的古城墙、巨大的石建圆顶和高耸的回教尖塔等昔日辉煌时代的残迹。

残存在开罗城中值得一看的东西，很多都是古代建筑物。13世纪马穆鲁克的苏丹卡劳恩的巨大陵寝便是其中之一。卡劳恩建造了许多巨大建筑物。有大圆顶的大陵寝，有高耸尖塔的回教学院，此外还有一所孤儿院、一所小学和一座大公共医院，医院设有为病人演奏音乐的图书馆，是当时世界上最先进的医院之一，一直开办到19世纪。不过停办前已经衰败伍得不成样子了。

卡劳恩的陵寝本身，与其说像坟墓，不如说像大教堂。在象征苍穹的巨大圆顶之下，卡劳恩和他的儿子纳西南·穆罕默德的灵柩安置在一间富丽堂皇的大厅里，周围用雕刻极精细的木屏围住，黑暗中有几根巨型石柱矗立。向上看，许多像太阳似的小窗照耀着墙壁，好像几百颗色彩缤纷的宝石。

卡劳恩的孙儿哈桑苏丹继承前人传统所建造的规模宏大的苏丹哈桑清真寺，更是无与伦比的杰作。直到今天，大家还不得不承认那是建筑工程史上的一大成就。这座清真寺也有很现代化之处，外墙朴素无华，里面有4间大厅。阳光从蓝天照下来，使庭院里光辉夺目。18世纪摩洛哥旅行家俄勒希拉尼曾赞美它似一座"雕刻的山峰"。

开罗还是西亚、北非地区的文化中心。著名的爱资哈尔大学、开罗大学、艾因·沙姆斯大学就坐落在开罗市。尤其是建于969年的爱资哈尔大学，是伊斯兰世界最古老、最负盛名的高等学府。这里有伊斯兰书籍藏书最丰富的图书馆，遍及世界的伊斯兰教徒都以能到这里学习深造而自豪，被誉为"伊斯兰教的梵蒂冈"。另外，著名的开罗大学拥有17个学院、3个研究所，是全国的学术中心。

此外，开罗城还有250多座清真寺，多数是在公元13世纪左右建造的。这些建筑都开罗城内众多的清真寺。

用坚硬的石头砌成，圆形屋顶和尖塔上雕饰着阿拉伯风格的花纹和几何图案。建筑物内部用大理石、仿大理石、硬木和玻璃装饰。

据记载，历史上第一批清真寺是没有尖塔的。当时的清真寺用敲钟的方式召唤信徒们来做祈祷。直到公元645年，埃及人发明、建造了伊斯兰史上第一座清真寺尖塔，这就是开罗的阿麦尔·印本阿斯大清真寺尖塔。当时把尖塔称为麦纳拉，即灯塔之意，用来呼唤穆斯林们按时来做祈祷，又用来给航船和沙漠中的迷途者指明方向。可是后来它又被指责不合传统而被拆毁了。迄今尚耸立于开罗的最古老的尖塔，是开罗的阿麦尔·印本阿斯大清真寺尖塔。那是公元724年建造的，即根据伊本·屠龙设计的清真寺尖塔。

自从开罗的尖塔诞生之后，它的式样和建造方法随着埃及的经济、文化的发展而不断演变。著名的爱资哈尔大清真寺建于公元970年，但该寺的三个尖塔却是分别建于15、16和18世纪。开罗最大的清真寺——哈基姆大清寺的两个尖塔，也是依据当时埃及的经济和文化情况而设计建造的。在埃及历史上的阿尤布王朝所建立的清真寺尖塔，以雕刻精巧的王冠式圆顶而著称，其中最负盛名的是侯赛因清真寺尖塔和阿尤布清真寺尖塔。但是，开罗绝大多数著名而古老的清真寺却是在麦子立克王朝（公元1250年至1517年）兴建的。这个时期的尖塔建筑结构严密，装饰精巧，图案多样。前期的杰作有哈桑苏丹大清真寺尖塔，后期的代表是巴尔库克苏丹大清真寺和伊本·马祖海尔清真寺尖塔。

矗立在开罗市中心的扎马力克岛上的开罗塔，是开罗市最高的尖塔，如同法国的巴黎人引以为豪的埃菲尔铁塔一样，成为开罗人的骄傲。塔高185米，塔基和入口台阶均用著名的阿斯旺石镶嵌，塔的上部被设计成埃及的国花——莲花状，最上面则是高耸入云的尖柱。塔的上层设有饭店和咖啡厅。饭店可容纳80人就餐，装有自动旋转设置，就餐者坐在固定的位置上，就可以在半小时内将开罗的全景尽收眼底，饭店上面是有100个座位的咖啡厅。顶部是观景台，装有望远镜，供游人仔细地观赏远景。每当夜晚，聚光灯照在塔上，整个塔发出炫目的光辉，尼罗河水从两旁流过，景色十分壮观。

在历代苏丹热衷于为自己建造庞大建筑物的那几个世纪里，开罗的建筑大师和艺术家煞费苦心设计出越来越复杂的图案，刻在石上、木头上和象牙上。回教的尖塔顶、几百个石砌的圆顶，寺院的墙壁、天花板和大理石地板，经过精心装饰，使开罗成为举世无匹的城市，赢得的外号有"回教的大门"、"帝王的宝座"、"智慧之星与月所照耀的地方"。

现在中古时代的开罗城已做了时光侵蚀和疏忽的牺牲者。由于下水道负荷过重和损坏，地下水上升，渗入建筑物的地基。每个月都有古墙倒坍、圆屋顶崩裂的事发生。居民因房屋倒塌，便搬进清真寺和墓园中，搭起帐篷居住。

1979年联合国文教组织宣布中古时代开罗城的古迹是全人类的宝物，应该好好保存。翌年更提议先集中力量在城内6个小地区进行修复工作——这是5年紧急计划的一部分。几个欧洲国家连同埃及古迹机构也慨助一臂之力。例如德国已修复了两座14世纪的清真寺、一个有圆顶的神庙和一个街上的水泉，接着在另一处进行修复工作。丹麦已协助重修附属在世界最古老学府之一——阿兹哈大学内的一座优美的回教学院。法国、意大利和波兰的修复队则在其他工程方面工作，同时埃及人自己也完成了重修那著名城堡的第一期工程。

不过要保存开罗的古迹远非埃及自身的力量所能办到，目前完成的工作只是刚开始，要修复的清真寺和回教学院共有三四百处。此外还有几十处浴池、宫殿、房屋以及公共水泉和贫民小学的综合建筑也需要修复。这些大建筑物都是人类文化遗产，这座"千塔之城"绝对不可任它倾圮湮没。

专家点评

开罗在10世纪建成后就成为阿拉伯世界新的政治、宗教和文化中心，并于14世纪达到了它顶峰的黄金时代。如今，开罗城内残存的著名建筑和其他文化艺术，已经成为了全世界的文化遗产。

起始时间	地理位置	推荐理由
石窟庵始建于公元751年；佛国寺建于公元530年	韩国东部庆尚北道的庆州市	庆州石窟庵是远东著名的佛教艺术宝库；佛国寺表示佛界广博，是修行佛法的道场，寺院建筑雄伟，极富特色。

代表新罗王朝佛教文化的庆州石窟庵和佛国寺

文明印记

佛国寺位于吐含山西南山麓。据说，当初寺内有80多座殿阁和楼阁。1592年佛国寺在战乱中被烧毁，朝鲜王朝时期重修了部分建筑。1970年，韩国政府全面修复佛国寺，原来仅留遗址的观音殿、毗卢殿、回廊等建筑得以复原。

佛国寺表示佛界广博，是修行佛法的道场。寺院大门上挂着一块"吐含山佛国寺"的匾额，后面是长92米的石墙。石墙是佛国寺富有特色的建筑之一，为了在狭小的空间营造佛教世界，石墙垂直上下，用天然石头砌成，整体造型优雅、协调、稳重。

寺内，青云桥和白云桥通向紫霞门，莲花桥和七宝桥通往极乐殿。大雄宝殿西侧是代表极乐世界的极乐殿，大雄宝殿后面是代表华严世界的毗卢殿。在大雄宝殿前院的东侧，有两座不寻常的塔。较大的是多宝塔，高10米半，用石块不加灰泥砌成，石上的雕刻极为繁复华丽；另一座是高8.2米的释迦塔，与多宝塔形成对比，除了三层优雅而又庄严的檐顶外，全塔朴实无华。韩国人认为，看见多宝塔便想到尘世的复杂纷纭，然后走向释迦佛国寺内的国家级文物——多宝塔。

塔,所见到的是一片宁静与清纯,表示已由红尘走到了佛教的理想境界。这两座塔是佛国寺石造艺术的代表。

石窟庵坐落在庆州城外10公里的吐含山,是一座用天然巨石凿成的洞窟寺院,由巧夺天工的石雕组合而成。它的布局是"前方后圆":前室宽6.8米,长4.8米;后部的圆形主室,直径7.2米,表示天界。两室之间有通道相连。从外面看,这洞窟毫无出奇之处。一进洞,就觉出了刻意经营的戏剧气氛。整块的花岗岩上有8个2米高的浮雕形象,刻的是天龙八部,全都面目慈蔼,像是欢迎长途跋涉来此的进香客。再向前走,通道变窄,两位目露凶光做拳斗姿态的金刚力士把守隘路。主室中央1.8米高的台座上,供奉着3.8米高的如来石雕坐像,趺坐入定,仿佛对世间的荣华富贵不屑一顾。主室周围的石壁上,有文殊菩萨、普贤菩萨等壁像,如来坐像背面是造型优美的观音立像。如来面向东南偏东方向,据说,每年春分、秋分时节,阳光可以直照主佛如来的佛像。

从洞窟里出来,正可看到远处的大海消逝在紫色的暮霭中。俯瞰庆州,王室高坟历历在目,而紧挨在一旁的便是那色彩缤纷的现代化城市。

专家点评

庆州石窟庵和佛国寺共同构成了该地区宗教建筑的主体,是朝鲜半岛新罗王朝鼎盛时期佛教文化的代表。

起始时间	地理位置	推荐理由
公元790年	摩洛哥北部的非斯省	非斯老城一直是伊斯兰圣城和摩洛哥历代的都城，其宗教和文化的中心作用延续至今，城区里仍表现出浓厚的中世纪风貌。

表现出浓郁中世纪风貌的摩洛哥非斯老城

文明印记

非斯城位于丹吉尔市以南的中亚特拉斯山山麓，是摩洛哥最古老的王都，同时也是伊斯兰教的文化中心之一。灰褐色和淡黄色的房屋鳞次栉比，从非斯河两岸向上伸展到平缓的山坡上，并有300多座清真塔点缀其间。

非斯城素以精湛的伊斯兰建筑艺术著称于世。古城建于公元790年，占地300公顷，街道狭窄弯曲，两旁店面、作坊毗连成片，有些商品直接摆在店外，街区只能步行，有时相互让道还须跨进店门，机动车是无法通行的，主要运输工具是马、驴或平板车。城区的建筑风格、居民的风俗习惯和生活方式仍表现出浓厚的中世纪风貌。

古城里历史古迹到处都是，而且这些古迹都保护和维修得很好。据记载，在公元12世纪伊斯兰教的全盛时期，城内共有清真寺785座，据说现在保存下来的仍有360多座，其中以拥有270根圆柱的卡拉奥因大学兼清真寺和摩洛哥最古老的寺院之一——安达鲁清真寺最为著名。其他反映伊斯兰建筑艺术特色的古城堡、宫殿、博物馆等亦比比皆是。

卡拉奥因大学兼清真寺坐落在非斯老城的中央,这个城市在伊斯兰世界中的卓越地位,就是由这幢建筑物奠定的。它是北非最大的清真寺,同时也是全世界第一所大学,是专门从事伊斯兰教学习和研究的高等学府。它建于公元859年,比英国的牛津大学早390年,比法国巴黎大学早291年。图书馆藏有各类伊斯兰教书籍几十万册,其中珍贵的手抄本8000多册。作为世界上最古老的高等学府,远在牛津大学和巴黎神学院成立之前很久,那里就已经有从世界各地前来的大师在教授可兰经、历史和数学。川流不息的信徒在这座清真寺的喷泉洗濯,然后脱了鞋子,排队走进它由270根柱子构成的清凉白林。那里可以供2万人同时做礼拜,场面非常壮观,据一位14世纪的历史学家说:"看到这个场面的人,都惊奇得说不出话来。"

老城内到处都有"学院",它们在过去的600年来,一直是学生们食宿、学习和祈祷之所。在学院里的学生,每人都可分配到一个免费房间,并可获得每日免费供应的食粮和一份橄榄油——学生把少量的橄榄油用来点灯。这些学院,例如建于14世纪的保依纳尼亚学院,十分富丽堂皇,而住在里面的人则生活朴素,形成了鲜明的对比。在保依纳尼亚学院里,它那有柱廊环绕的庭院闪烁着条纹玛瑙和大理石的光辉,它的墙壁上盘旋着由精工雕刻的石膏塑成的五颜六色的花朵。

每天的凌晨4点半钟,都会有一个如泣如诉的声音在这个城市响起,接着另一个声音起而应和,参加这个糅合着轻快而悲伤旋律的古怪合唱。不久,单调的吟诵声便在这个昏暗的市区中不断响起。在100座清真寺礼拜楼上,负责报呼祈祷时刻的人正在召唤50万居民起来祷告,这是他们每天黎明时分的例行工作,已经做了将近12个世纪。

在声声祷告中,沉睡的非斯渐渐醒来,从这个城市的制高点俯瞰非斯,它就像一片由成群屋顶组成的海洋,平静而又安详,可是一旦你走进非斯老城区,你就会发现,这里到处充满了一股勃勃生机,喧闹的街道,熙熙攘攘的人群,穿着古老民族服装的人们以及沿街的传统工艺店铺,无不透射出浓厚的阿拉伯民族气息。

非斯老城是阿拉伯世界里保存得最为完好的古代城区,有长12公里的城墙围着,城墙上有堞口,还有一些宏伟的城门。它的主要入口是宝杰洛德门,这道城门饰有绿松石嵌花,一通过它,就仿佛回到14世纪。在由商场构成的迷宫里,驴子在蹒跚前进(由于街道狭窄,车子无法进来,毛驴就成了最主要的交通工具),每一只的身上都堆满了新砍的木材、一袋袋的羊毛和淌着水的大冰块。赤足的小男孩把装着生面包的托盘顶在头上,在非斯鞣制皮革用的染缸。

人丛中灵巧敏捷地穿来插去，前往公共烤炉。蒙着面纱的妇女穿着发出沙沙声的长袍飘然前行，所佩戴的小饰物不停叮当作响。

马路两旁有好几百家像鸽笼般的小店铺，这些店铺里全都堆满了货物，店主必须利用一条挂着的绳子把自己荡进柜台或从柜台荡出来。每个人都在生产、加工、叫卖和讨价还价；出售的货品包括一堆堆枣子和无花果，一排排闪闪发亮的金臂镯，用敞口的粗麻布袋装着的颜色各不相同的芥末、干胡椒籽、葛缕子种子和姜粉等。

商场依货品种类各自结集，每处所生产和交易的货品都不同。在艾因亚娄商场的那些有盖货摊里，你可以看到大量全城人都穿的那种淡黄色尖头拖鞋。在塞巴林商场的鹅卵石小径两旁，染工把一束束羊毛浸在冒着热气的大锅里，从锅里溅出来的水，汇成一条条蒸气弥漫而色彩柔和的小河，顺着水沟流走。在奈嘉林商场，家具木工在锯木、锉木和刨木，产生的香柏气味在低空萦回不散。在塞发林广场的四周，五金工人的铁砧像拥有千件乐器的乐队般正在进行合奏。

建在各小广场四周的一百多家好几层高的商人旅馆，都是一部分用作仓库，一部分用作马厩，一部分供外地商人租住。这些旅店也是批发商人和零售商人的汇聚之所。如果在中午时刻来到谷类商人旅店,就好像走进了圣经的世界一样:水槽边拴着一匹骡和两只山羊,戴着头巾的旅馆老板把一杯杯的谷粒倒进粗麻布鞍囊中,两个农夫在干草堆上打瞌睡。

非斯的魔力在于它已把简朴的永恒编织在日常生活里。在一个上午之内,你可看到牧童剥羊皮,看到制革匠将羊皮浸泡,看到商人拍卖一捆捆羊皮以及看到工匠们把那些羊皮制成精美的皮具。

工匠一向是非斯市经济的支柱。他们当中约有3万人已分别加入了50个同业公会,而这些公会在摩洛哥国会里都有代表。1984年,非斯市工匠的产品外销共赚了5000多万法郎,其中地毯——非斯产品中的王牌——一项就占了这个外销总额的1/4以上。

非斯周围还有很多名胜古迹,南面和北面山坡上的两座城堡,修建于公元16世纪的萨阿德王朝时期,迄今依然保存完好,高高耸立,引人注目。北面山坡上的城堡已改建成

非斯的一家铜器店铺。

兵器博物馆,馆内陈列着摩洛哥历朝历代制造和外国赠送的宝剑、马刀、枪炮等,其中有一把宝剑上刻有汉字,传说是古代中国皇帝赠送给摩洛哥国王的礼物,这说明中国人民和摩洛哥人民友好交往的历史十分悠久。

专家点评

摩洛哥已故国王哈桑二世曾经说过,摩洛哥文化就像五彩斑斓的马赛克。我们在非斯,即可见证这句话。像马赛克中的各种图案,非斯的凝重、非斯的轻快、非斯的神圣、非斯的世俗,构成了这座老城绚丽而又独特的文化景观。

起始时间	地理位置	推荐理由
公元794年	日本京都府京都市、宇治市和滋贺县	京都历史悠久的建筑和优美的田园风光融为一体，令人称奇。像京都这样的城市，全世界不会见到第二个，将来也永不会有第二个。

概括日本木建筑艺术特色的古京都历史建筑

文明印记

古京都建于公元794年，仿效古代中国首都的形式，从那时起到江户时代一直作为首都和文化中心。它跨越了日本木式建筑、精致的宗教建筑和日本花园艺术的发展时期，同时还影响了世界园艺艺术的发展，是世界著名的文化古都，市内历史古迹众多，建筑古朴典雅，庭院清新俊秀。

这座千年古都的最初设计是模仿中国隋唐时代的长安和洛阳，整个建筑群呈长方形排列，以贯通南北的朱雀路为轴，分为东、西二京，东京仿照洛阳，西京模仿长安，中间为皇宫。由于持续不断的大火，烧毁了首都的全部地区，今日依稀可见的一些残垣建筑可以追溯到较远的17世纪。

京都御所是日本的旧皇宫，又称故宫。京都皇宫位于京都上京区，从奈良迁都到明治维新时期，它一直是历代天皇的住所，后又成了天皇的行宫。它前后被焚7次，现在的皇宫为孝明天皇重建，面积11万平方米，四周是围墙，内有名门9个、大殿10处、堂所19

处，宫院内松柏相间，梅樱互映。

京都曾经是当时宗教活动的中心，还是日本禅宗的发源地，故市内多庙宇和神社。据称京都有佛寺1500多座，神社2000多座，被称为"三步一寺庙、七步一神社"。

天龙寺等都建在风光秀丽的交通要道附近，在建筑设计上追求自然、宗教、历史的有机结合，西芳寺更是其中的杰作。后来，人们对神社、寺庙的参拜逐渐流于形式，大部分寺院成了观光名胜。

那些庙宇，虽然乍看起来彼此非常相像，其实莫不各具特色，其历史、气氛都与众不同。以"三十三间堂"为例，据说是最长的一座木料建筑，里面最出名的是巨大的观音像。雕塑师雕塑时已经82岁了。观音像为坐姿，侍从共有1000个，都是站着的，每一个都和活人同样大小，敷以金叶。但是每一个侍从的面部表情与手的位置、姿态都和其他的略有不同。

人有什么用心，似乎就有什么庙宇。在与福寺烧香的人可以放生，替去世的亲人求福，大殿上有一个特别的洞，据说爬过去就可保死后升天；每年11月23日，正觉庵有拜忏；在不动山进香的人涤罪的办法是站在冰冷的瀑布下冲淋；还有一座庙是为"二战"时所有的死者建造的，只要你说出死于二战的亲友姓名，和尚就会替他念经。

京都附近奈良的法隆寺古庙中有一座5层宝塔，这座塔年代久远，在全世界木料建筑物中是最古老的，建于公元607年，1000多年来，一直没遭到过毁坏，即使在"二战"期间，日本人都小心翼翼地把它拆散收藏，逐块木料编上号码；战后再拼凑起来，完全恢复旧观。

京都还有一些被推崇为能镇护王城的寺院、神社，如东寺、延历寺、贺茂别雷神社和贺茂御祖神社。在风格各异的

日本平等院凤凰堂内的木制镀金佛像。

建筑中，有许多都为国宝，如高约55米的五重塔，是日本现存最高的塔；根本中堂是日本近世大型佛堂建筑的代表作。郊外的一些著名寺院、神社，如真言宗寺庙的醍醐寺、宇治市的平等院、宇治市的宇治上神社、以红叶名扬天下的高山寺等，都别有一番风貌。特别值得一提的是，天龙寺、西芳寺、鹿苑寺、慈照寺、龙安寺等禅寺，在环境设计上有新的突破，比如西芳寺，院内遍地覆盖着100多种青苔，十分幽雅，富有诗意。

在京都的庙宇中，所有角落几乎都藏着珍奇的艺术品。其中有一座亲鸟法师的塑像，吸引了无数的香客。亲鸟是佛教一个重要支派的始祖，70岁时亲自动手雕塑了那尊塑像，然后交代徒弟，等他去世以后，把骨灰混在油漆里涂在塑像上面。门徒完全依他的话办了。

石山寺里有一具高仅6寸的小塑像，珍贵无比，每隔33年，或新皇帝登基时，才给民众瞻仰一次。另有一尊佛像，更加名贵，300年来连僧人也没有机会观看。然而最为壮观的，是奈良的大佛，这尊佛像高60尺，共用青铜450吨，铸了8次才告完成，是存世铜像中最大的一尊，它制作精妙、技艺高超，堪称人间一奇，而它完成的年代也远在公元749年。

京都的花园也闻名遐迩，其别出心裁之处，不让佛教艺术和建筑艺术专美于前。其中尤以与禅宗有关、别致的"陆景"型花园最受赞誉。它突出表现了日本人的审美观念，在一般西方人眼里，极富荒凉、抽象而神秘的意味。

花园中最动人的，可能要首推桂离宫了。这座奇异的花园建于17世纪初，占地14亩，由于设计巧夺天工，花园的面积似乎比实际的面积大了10倍。你看到的湖、山和山谷，都因透视法的关系而显得正在向你逼近。这里的景色布置得有如天生，不论站在哪里，都是赏景的最佳之处。

当地还有奇观无数，如日本最大的铜钟、最古老的宝塔、历史最悠久的学校等不能历数。这一切都是日本人一谈起京都就悠然神往的原因，日本人总结道："京都是神仙境界。"

专家点评

作为长达千年的日本文化中心，京都有17座寺院和城堡被列入《世界遗产名录》，概括了日本木建筑的艺术特色，特别是宗教建筑，它们与日本独特的园林艺术巧妙地结合，独树一帜。

起始时间	地理位置	推荐理由
公元7世纪	西藏自治区拉萨市中心的红山上	布达拉宫是历代达赖喇嘛居住的宫殿式建筑,自公元7世纪以来,它一直起着西藏佛都及传统行政管理中心的作用。

集行政、宗教和政治于一体的拉萨布达拉宫和大昭寺

文明印记

布达拉宫是一座匠心独运的传统藏式建筑,依山而建,共13层,高117米,东西长约420米,宫墙厚3米至5米,占地面积约13万平方米,用石头和三合土砌成,坚固无比。宫墙外表向上倾斜,更显得雄伟壮观。

布达拉宫全部为木石结构,内有宫殿、佛堂、习经室、寝室、灵塔、庭院等。群楼重叠,殿宇嵯峨,充分体现了藏式建筑的鲜明特色和汉藏文化融合的风格。进宫第一道殿门两旁塑着四大天王像,描金彩绘、神态轩昂。

正中的宫殿呈褐红色,称为红宫,为历世达赖喇嘛的灵堂和习经堂所在地。两侧的宫殿呈白色,称为白宫,是达赖喇嘛处理政务和生活起居之所。

红宫在布达拉宫的中央,由8座灵塔殿和一些佛堂、经堂组成。各堂都有十多个或几十个大殿,各殿以走廊和楼梯相连。佛堂供奉着佛祖和已逝的各世达赖的描金塑像,佛座上悬着色彩鲜艳的飘带,堂内香火不断,青烟缭绕,千百盏装满酥油的金灯日夜不熄。

每座灵塔殿内都有一座灵塔，分别存放着5世达赖到13世达赖的尸骸（6世达赖没有建灵塔）。在这8座灵塔中，5世达赖的灵塔最大，上下贯通3层大殿，形如北京北海的白塔，高14.85米，底座面积达36平方米，从上到下包金，共用黄金3700多斤，塔上的各种图案花纹都是用钻石、珍珠、珊瑚、玛瑙镶嵌而成的。13世达赖喇嘛的灵塔最为精致华美，灵塔高14米，塔身为银质，外面包着金皮，上面镶满各种宝石和珍珠。塔前还有一座0.5米高的珍珠塔，是用金线将20万颗珍珠、4万多块宝石串成的。塔身用金皮或镏金铜皮包裹，镶珠嵌玉，十分华美。其他灵塔也都包金镶玉，灿烂夺目，灵塔内放着各世达赖喇嘛的遗体，遗体均经过脱水及防腐处理。

经堂珍藏着大量古经卷，都是无价之宝。西大殿是红宫中最大的经堂，一些重大的宗教活动都在这里举行。殿内的墙壁上绘有大量壁画，记载了5世达赖一生的事迹，其中《5世达赖朝见顺治图》，描绘了他朝见顺治皇帝的隆重场面。5世达赖接受顺治册封之后，历世达赖喇嘛都要接受中央的册封。

大昭寺主殿顶的金法轮和卧鹿。

法王洞是布达拉宫内最古老的建筑之一，殿内有松赞干布和禄东赞等人的塑像。禄东赞是当年松赞干布派往长安求婚的使者。相传，唐太宗为了考测藏王使者的智慧，出了5道难题。禄东赞凭着自己的聪明才智，将5道难题一一解决。唐太宗十分满意，决定让他护送文成公主入藏。这一段故事也在汉藏民族交往史上传为佳话。

白宫在布达拉宫的两边，东大殿是白宫内最大的宫殿，也是达赖喇嘛举行活佛转世继承仪式和亲政大典的地方。从清代起，规定达赖的灵童都要由清朝皇帝派大臣来主持"坐

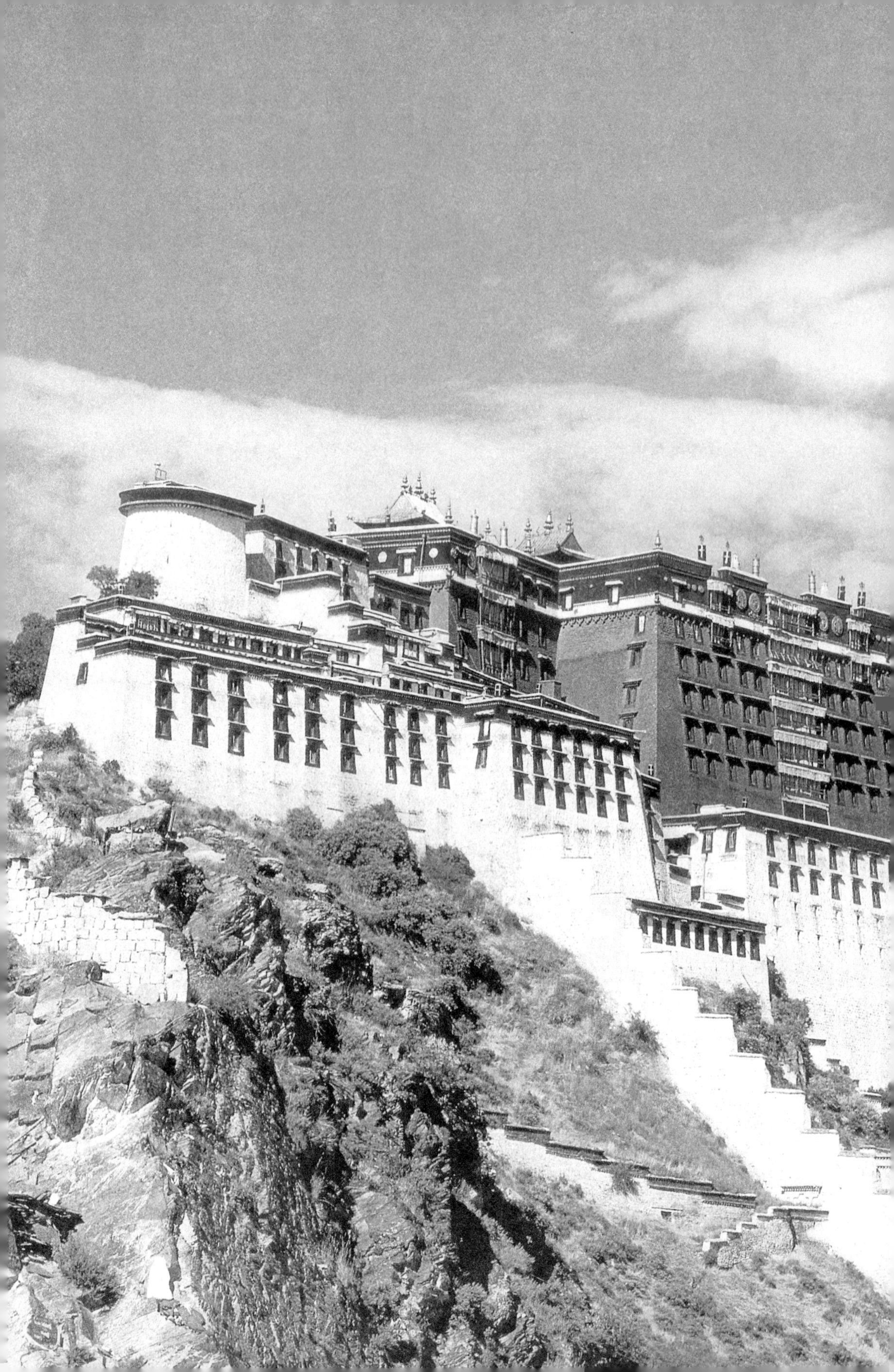

床典礼",才能取得合法地位。东日光殿和西日光殿是达赖喇嘛的经堂,殿内有习经堂、会客室、休息室和卧室。每年藏历12月29日的"施食节",这里都要举行小型的庆祝仪式。

布达拉宫山后有个龙王潭。当年5世达赖为修建宫堡,派工匠在附近的山坡采石,久而久之挖出了一个方圆几里的大坑,布达拉宫建成后,在这里修建了一座潭,供奉龙王,称为龙王潭,现已辟为公园。

布达拉宫的每座殿堂的四壁和走廊上,到处都绘着许多壁画,色彩鲜艳,画工细致,取材多为佛教故事和历史故事,内容大致分为4类:一是佛像和菩萨像;二是反映佛一生的主要事件、宣扬佛教教义的故事,如释迦牟尼修道成佛的故事;三是达赖、班禅等历代高僧的传记画和肖像画,如宗喀巴创立黄教的事迹;四是重大历史事件和西藏风俗画,如松赞干布一生的业绩、文成公主进藏的盛况、修建布达拉宫的景象等。西大殿的一幅壁画描绘了300多年前5世达赖喇嘛进京觐见顺治帝的情况,另一幅则描绘了13世达赖进京觐见光绪帝的情况。这些壁画形象地反映了西藏地区的风俗人情、历史传说、社会风貌和宗

◀ 拉萨布达拉宫。

教概况,是西藏地区的历史画卷,也是中国民族艺术的珍宝。宫中还藏有大量的卷轴画、雕塑、玉器、陶瓷、金银器物等艺术品以及经书和其他重要历史文献,具有极高的价值。

可以说,古老的布达拉宫不但是现存的最为举世瞩目的著名建筑,也是西藏的文化宝库。

大昭寺现有面积约为2.15万平方米,是1000多年前的唐代建筑,殿内中心部分还保持着原来的式样。主殿觉拉康殿内主供文成公主从长安带来的释迦牟尼12岁时身量紫金像。二层配殿内供有松赞干布、文成公主的塑像,殿堂及四周回廊间绘满壁画,其中《文成公主进藏图》、《大昭寺修建图》等,都如实反映了当初唐蕃和亲的历史画面。

大昭寺的围墙内,还立着一块唐蕃舅甥会盟碑,碑立于唐长庆三年(公元823年)。蕃方先派专使来到长安,在西郊与唐政府官员举行会盟仪式。会盟之后,唐方又派专使入蕃,在逻些(拉萨)设盟坛。碑文追述了唐蕃历史,强调了文成、金城嫁给吐蕃赞普的舅甥姻缘关系,记述了会盟的经过,是汉藏人民友好关系的历史见证。

西藏从元代起就正式成为中国行政区的一部分。明王室与西藏的联系更为密切,据礼部统计,15世纪60年代,西藏到北京朝贡的人最多时达三四千。明中央政府也多次派使团到西藏抚慰,带去很多珍贵礼物,大昭寺内至今还珍藏着两幅明代的唐卡(刺绣的卷轴画)。

清代为加强对西藏的管理,又设驻藏大臣,负责全面督办西藏事务,并规定了达赖、班禅转世抽签的办法。乾隆五十七年(公元1792年),设立了"金瓶掣签"制度。达赖、班禅及蒙藏大活佛的灵童转世,必须将所找到的灵童的名字写在牙签上,放在瓶里,分别在北京雍和宫和西藏大昭寺由理藩院尚书或驻藏大臣监督掣定,以防止蒙藏贵族操纵大活佛转世。这些措施稳定了西藏的社会秩序,密切了西藏与内地的联系。乾隆当年所赐的抽签用的金本巴瓶今天仍藏在大昭寺内。大昭寺门前还有一块乾隆年立的"劝人种痘碑",当时西藏天花流行,病人被赶到山野岩洞任其死亡。清驻藏大臣和琳命人专门建房护理天花病人,使不少人痊愈生还。他还严谕班禅和达赖以后照此办理。事后刻石立碑,让藏人懂得痘疹并非不治之症的道理。

专家点评

布达拉宫是西藏现存最大、最完整的古代宫堡建筑,也是世界上海拔最高的古代宫殿,被誉为"世界屋脊上的明珠"。

起始时间

公元 802 年

地理位置

柬埔寨逻粒省
金边湖北侧

推荐理由

吴哥遗址群是著名的历史遗址，主要包括大、小吴哥两地的吴哥城和吴哥窟。吴哥遗址群同中国的万里长城、埃及的金字塔、印度尼西亚的婆罗浮屠，并称为东方"四大奇迹"。

代表高棉建筑最高成就的吴哥遗址群

文明印记

吴哥的主要建筑有吴哥城、吴哥寺、巴肯寺、班迭斯雷寺、罗洛建筑群、巴云寺等。它们中除部分已成废墟外，大都保存完好，其中以吴哥城和吴哥寺的建筑最为壮丽精致，脍炙人口。

吴哥寺是吴哥遗址中的重要建筑，又称"吴哥窟"、"小吴哥"，是吴哥地区的印度教毗湿奴神庙，它是柬埔寨的三大圣庙之一，也是创建者耶跋摩二世的陵墓。它位于吴哥城的南郊，寺庙向西，庙外围有宽190米、总长5600米的壕沟，壕沟以内有石砌的内、外围墙各一道，全部建筑均以砂岩石重叠砌成，当时动用1500多万人，用了30多年时间才建造而成。

吴哥寺包括10多个古老建筑物以及几十组次要的遗迹。其基地广阔，平面设计如汉字的两个"回"字相套，长约800米至1000米，总面积在4万平方米以上。前面有一条中央大道，大道两旁是用石头堆砌成的七头蛇栏杆，这是大建筑物前面的一种威武、庄严的象征和装饰，类似中国的华表。

吴哥窟中的石质高塔。

外围墙的西墙开一门，门楼壮丽，门楼上还建有瞭望塔。门内为一个大庭院，可容纳数千人。东行沿一条长达347米的大道，就可以到达内围墙的开口，大道两侧各有藏书室一座和池塘一处。内围墙长270米，宽310米，墙内在一座十字形平台的后边，经由三道门可到达主殿。主殿有一座三阶层的截顶金字塔式台基，台基底部为（187×215）米。台上筑有5座呈莲花蓓蕾形的圣塔，中央的一座特别高，超出庭院地面65米。

圣塔构成的图案，柬埔寨将它作为国家的象征，置于国旗之上。

台基的三层台阶上每层四边均有石砌回廊，最底一层的"浮雕回廊"四面约长800米，第二层台阶的四角各有一小塔，各层的四边都有石雕门楼，上下层台阶之间以阶梯相连，阶磴也以石覆盖。塔身、塔尖、门楼都饰以莲花蓓蕾形的尖石刻，饰物数以万计。

全寺的构造规模庞大、比例匀称、精致庄严，整个寺庙建筑的布局采用了宽广的庭院与紧凑的建筑物相结合的方式，形成了鲜明的对比，烘托出中心圣塔的高大与宏伟气势。不论寺塔、屋顶、回廊、门窗、墙壁、殿柱、石阶均雕刻精美，装饰精致，达到了建筑艺术登峰造极的水平。雕刻的主题包括印度两大史诗《罗摩衍那》和《摩诃婆罗多》、地狱变相图、毗湿奴与恶魔或天神交战图以及当时国王和人民生活的题材，人物生动，形象逼真，上下叠置，精美绝伦，表现了高棉能工巧匠的卓越艺术天才，是高棉雕刻艺术中不可多得的精品。

吴哥城也称"大吴哥"，意思是"大王城"，距吴哥窟约4公里，是真腊王国国都的遗址。王城为四方形，城墙全部用巨石砌成，全长5公里，厚约3.8米。城墙四周环绕着一条又宽又深的护城河。王城有5座门，各边的中央开1门，东门的北侧又另开1座胜利之门。门高约20米，各门为颇具特征的人面塔楼门，城门顶上都矗立一尊佛像，中央的一尊还贴以金箔。每座城门外都有一座15米宽的大桥，桥的两侧各有27尊四面湿婆神像。神像头的高度约达3米，面部呈半斜方形，容貌表情完全一致，显露出神秘的微笑，虽经多年风雨剥蚀，仍很完整。石雕神像跪坐着，手持巨蟒，蟒身便是桥栏。

城北沿城墙处有洗浴场，浴槽四壁刻有精巧的浮雕。城墙四角各有十字形佛堂一座，其中以北角、东角的保存最好。皇宫位于王城中部，城墙东西长650米，南北长350米，也有5门。宫殿全部是木质结构，富丽堂皇。

吴哥城中心是巴云寺，又称"大金塔"，坐落在通向4座城门大道的交点。按照印度神话传说，如果这座城市是宇宙，巴云寺就是宇宙的中心。巴云寺中心的覆金塔高45米，金光闪闪，辉煌耀眼，象征光明之顶照亮宇宙万物。周围绕以16座中型塔和几十座小塔，构成了完整的塔群。大塔涂金，塔内原有一尊高4米多的大佛像，据说是阇耶跋摩七世的形象。16座宝塔象征当时高棉的16个省。每座石塔的四边各有一个微笑着的菩萨脸形，据说也是阇耶跋摩七世的脸形，象征王威。

王宫离巴云寺不远，原来是一组十分宏伟精美的木质结构建筑，它在战火中被毁，现在只有遗址。城中还有很多精美的寺庙和殿堂建筑以及巨大的广场、宽阔的街道、拱桥等。

据说在鼎盛时期，吴哥城的人口超过100万，规模远远超过罗马古城。可惜的是大部分建筑都已经毁坏，我们只能从现存的遗迹中领略其当年的风采了。

专家点评

宏伟庄严的吴哥遗址耸立在丛林中，仿佛是被定格的一种梦幻，和希腊罗马的遗址相比，它给人留下的印象更深、更美。很多游客和专家都会被它的壮观所打动。英国外交家麦克唐纳说："就吴哥寺而言，它是与法国巴黎圣母院、查特雷斯大教堂以及英国的埃利和林肯大教堂同时代的产物。只是吴哥寺建造在亚洲。然而在宽敞和华丽方面，吴哥寺更胜一筹。"英国的作家威廉姆斯写道："面对吴哥遗址，最庄严的中世纪欧洲建筑也显得有些逊色。这个建筑上的杰作被丛林掩盖了300多年，当这些雄伟的建筑重见阳光的时候，我欣赏它，简直为它感到着迷。"

起始时间	地理位置	推荐理由
公元800年左右	印度尼西亚爪哇岛中部	婆罗浮屠是世界上最大的古老佛塔，是"东方五大古代奇迹"之一，是印度尼西亚在8世纪至9世纪的文明历史见证。

见证印度尼西亚佛教文明的婆罗浮屠寺庙群

文明印记

佛教里表现宇宙观的东西称为"曼陀罗"。婆罗浮屠本身就像一个巨大的立体曼陀罗。这座著名的佛教圣殿，总面积2500平方米，基本构造是金字塔形。整个建筑分为三层，高约33.5米。最底部是115米见方的基坛，基坛上有5个方形坛，呈角锥体；中间是三个环形平坛，呈圆锥体；顶端是一个很大的钟形窣堵波，四周围墙和栏杆饰以浅浮雕。围绕着环形平坛有72座透雕细工的窣堵波，内有佛龛，每个佛龛供奉一尊佛像。

从远处眺望，可以看到整个建筑物都围绕着这个窣堵波。这种构造表现了佛教的三界，其中基坛、方形坛和圆坛分别代表欲界、色界和无色界。当人们由下往上攀登时，就表示由充满欲望和罪恶的世界一步步到达禅定世界。具体地说，欲界指具有欲望的众生居住的世界；色界指虽然脱离了欲界，但仍被物质条件所困扰的众生居住的世界；无色界指超越欲望和物质条件，纯精神的众生居住的世界。

塔底四周有一堵巨大的防护墙，也许是在建造佛塔时用来支撑佛塔的。基脚上饰有爪哇岛上的婆罗浮屠佛塔。

160幅浮雕。这些浮雕发现于19世纪末，其后不久就被考古学家拍摄了下来。这些浮雕描述了人类无法摆脱的欲界。

曼陀罗的这一部分代表着"终极真理"：四周中部都有阶梯，拾级而上，可到达佛塔的顶部。

第二层平台开始有走廊。走廊必须顺时针参观，这是为了尊重宗教仪式上的绕行。走廊的墙上有1300幅浅浮雕，全长2500米。这是色界。在这一阶段，人虽已摒弃了各种欲望，但仍然有名有形。这部巨大的石书记载了佛陀的一生，就像经文中叙述的那样。开头部分描绘的是释迦牟尼在天神的帮助下，正在做即将降临凡世的准备；另一组浮雕表现了释迦牟尼的母亲——释迦族净饭王的王妃梦见一个男子将要诞生，这个男子或者成为世界的征服者，或者成为人类的伟大领袖。

沿方形坛再往上，三个环形平坛上有388幅浮雕，表现的是有关善财童子的故事。

走廊四周的栏杆外每一个凹角都有一个石佛陀，盘腿坐在一个莲花座上，总共有432个，全部面向外安放。佛像面对的方向和相貌、姿态各不相同，含义也不同：面向东的佛像，左手置于膝上，右手指地的降魔印，意味着降魔得悟；面向南的佛像，手臂下垂，手掌向外的施愿印，意思是如愿；面向西的佛像，两臂下垂，两手叠放的禅定印，表示冥想；面向北的佛像，右臂上举，右手掌向外的施无畏印，表示降服一切的恐惧；最上边方形坛的佛像与众不同，他们双手举在胸前，右手伸出拇指和食指，左手伸出拇指和中指，表示释迦牟尼正在说法；窣堵波里安放的佛像，两手拇指和无名指相解，为转法轮印，也表示释迦牟尼在说法。以上几种相貌都表示大乘佛教所说的释迦牟尼的各种相。

然后，来到佛塔的最上层。一直被栏杆阻挡的视野在这里突然开阔了，因此，当人们进入无色界时，就有一种超凡脱俗的感觉。

在婆罗浮屠，从大地到天空，从有形到无形，这种过渡是一种平和的过渡。

婆罗浮屠的三界标志着窣堵波盘旋上升、指引香客走向终极真理的各个阶段。中央的这个窣堵波不像其他窣堵波那样在墙壁上凿有小孔，上面什么都没有：顶端虚空，一无所有，说明佛陀本身是隐藏着的，似隐似现，似有似无。72个小窣堵波的墙上凿有小孔，矗立在三个平台上，每个窣堵波上都有一个佛像。佛像的脸只能透过石孔隐约可见。石孔形态各异，而且越接近中央的窣堵波，石孔就越少，这象征着佛陀越来越无形了。所有佛陀都摆着同样的手势，这种手势表示法轮永远转动。

到达顶部时，可以感受到大乘佛教的宇宙观。在这里，太极现出了它的本来面目，佛光产生了！是的，婆罗浮屠日夜闪烁着色彩千变万化的佛光，本身就像一座巨大无比的灯塔，光芒四射。这座圣殿的504个佛像，面对着罗盘仪上的四个方向，以仁慈而明亮的眼光拥抱世界。不仅是这些窣堵波，而且还有护墙上的凹角、小塔，这座大建筑物的最细微部分，无不面向天空，似乎想抓住过往飞云的气息。

爪哇岛上的婆罗浮屠神庙组画。

按照这种解释，婆罗浮屠是"伟大的光之佛陀"的安乐乡。"伟大的光之佛陀"存在于无数个精雕细刻的小佛陀之中。尘埃本身变成了光。正如大乘佛教教义所说，一人存在于众人之中，众人本身又是一人的体现。在大乘教佛经中，光明并不是黑暗的敌人：超越有与无之间的对立，正是本来虚空的光。

专家点评

对婆罗浮屠的建筑学意义有什么更好的界定吗？从动物的欲界开始，修行者最终达到了"神秘的境界"，即与外界隔绝的制高点。他所感受的觉醒于是使世界变成光明。这就是大曼陀罗在黎明的曙光中悄悄告诉人们的秘密！

起始时间

公元708年

地理位置

本州岛中西部

推荐理由

奈良曾作为7代天皇的国都,是日本佛教和文化的发祥地,至今保存着许多著名历史遗迹——庙宇、神社及众多珍贵文物,生动地展现了日本古都的历史景观和日本文化的繁荣。

被日本人视为"精神故乡"的奈良

文明印记

作为古老的文化城市,奈良拥有众多的古寺神社和历史文物,享有"社寺之都"的称号,被日本国民视为"精神故乡"。

奈良的重要名胜古迹有平城京遗址、皇陵、东大寺、唐招提寺、药师寺、兴福寺、大安寺、法隆寺、正仓院、春日神社、元兴寺、西大寺、手向山八幡神宫、奈良公园等。从这些建筑上可以看出日本深受中国文化的影响。

平城京遗址是仿中国唐朝的长安城建筑的,其比例缩小至1/4,呈正方形,皇宫坐落在北部,由太极殿、朝集殿和明堂构成。遗址位于城市西郊,已出土2万多件陶器以及2.5万片木简等文物,成为研究日本古代社会历史进程的珍贵史料。

城市东面的奈良公园,密布参天的古杉老松,园内驯养着近千头鹿,环境幽静,风光迷人。

坐落在奈良公园内的东大寺,是日本佛教华严宗总寺院,建于743年至760年,当时的寺名为总分国寺,由圣武天皇仿照中国寺院建筑结构建造,是奈良市最重要的寺院,它的正仓院、南大门、金堂等8处被指定为国家"重要文化财产"。

日本奈良东大寺金刚力士像。

该寺内有一座大佛殿，东西宽57米，南北长50米，高46米，相当于15层建筑物的高度，是目前世界上最大的木造建筑。大佛屡经修缮已有很大的改动，不过其莲花宝座上的莲花花瓣还是保持了原来精湛的雕刻技术，精雕细琢出的释迦牟尼是宇宙佛1100亿个化身之一。殿内金堂里供奉的是宇宙佛毗卢遮那的巨大的镀金青铜坐像，高达16.21米，重约500吨，称为奈良大佛，是世界上最大的金铜佛像，代表了天平时代文化的精华，被定为日本的国宝。

坐落在东大寺西面的兴福寺内供奉着许多天平时代的佛像，拥有五重塔、三重塔等著名古老建筑。兴福寺的赞助人是藤原家族，他们于7世纪中叶取得政权，之后500年间一直执政。即使在迁都京都之后，藤原氏依然把兴福寺作为本族的祭祖寺庙。兴福寺以其两座宝塔闻名于世。那座5重塔建于1426年，是建于公元730年的一座塔的仿制品，并且是日本的第二高塔，另一座3重塔建于1114年。其北圆堂、五重塔、三重塔、东金堂等4处被定为国宝，其他2处被定为国家"重要文化财产"，五重塔已成为奈良景观的代表。

法隆寺是日本最古老的木结构建筑之一，其内本尊救世观音等是日本的国宝，寺内还珍藏有祈祷世界安宁的经典《陀罗尼经》，被确认为世界上最古老的印刷品。

城市西郊的唐招提寺，建于759年，是根据圣武天皇敕命为中国唐朝鉴真大师所建，原名律宗寺。这座古老佛寺充分体现了中国盛唐时期建筑和造型艺术的高超水平，由金堂、开山堂、讲堂、礼堂、宝藏、经藏等众多殿宇和庭院组成，极盛时期有僧徒3000余人。寺院大门上红色的"唐招提寺"横额，是日本效谦女皇仿中国书法家王羲之、王献之之字体书写的。开山堂里供奉着鉴真大师的干漆圆寂姿态坐像，面显微笑，双目紧闭，面向西方，被列为日本的国宝。

春日大社是藤原氏的家族神社，最初建于公元710年，其建筑和周围的自然环境浑然一体。神社主建筑和正殿等4处被指定为国宝，其他有27处被定为国家"重要文化财产"。春日神社和手向山八幡神宫是每年3月举行春日祀（日本三大祭祀之一）的中心，届时人流如潮，热闹非凡。春日山森林是作为春日大社的身域而加以保护的神社森林，千余只驯鹿漫步其间，与春日大神殿融为一体，成为文化风景的典范。

药师寺位于城市的西南，建于747年，内奉的主神药师如来专门解救那些饱受眼疾和耳疾之苦的芸芸众生。它的三层东塔是奈良时代以前古典建筑样式的代表，被定为"国宝"。这座塔呈一种和谐、均匀的三层塔结构，大屋顶下还有小屋顶，人们会产生有6层塔的错觉。

城市北面的佐纪丘陵地带有5000多座大小皇陵。

如今奈良的主要市区位于平城京遗址以东，街道呈"条坊"状展开，中心地带是奈良县府机构所在地。城市商业十分发达，传统产品有陶器、漆器、茶道用具、笔墨、一刀雕、团扇、折扇、漂白布、蚊帐等，并拥有纺织、电机、金属制品等工业。

专家点评

奈良见证了中国和日本的文化交流，见证了日本建筑和艺术的演变，对未来产生了深远的影响。

起始时间	地理位置	推荐理由
公元790年	德国西部的亚琛	亚琛大教堂是中世纪拱顶的杰作，是加洛林朝代文艺复兴的艺术楷模。

欧洲宗教建筑里程碑式的亚琛大教堂

文明印记

　　八角形的亚琛大教堂，堪称欧洲宗教建筑史上里程碑式的杰作，此外它还是加洛林王朝艺术的代表作、德国最古老的中世纪石块建筑。

　　亚琛大教堂可以说是查理曼大帝政教合一思想的完美体现。公元786年正值查理曼镇压萨克森人叛乱大获全胜之时，查理曼此时已经将自己视为罗马帝国的继任者和上帝的代言人。他希望建造一座宫殿式教堂，使得他的臣民与反抗者彻底听从于他的摆布。在整体建筑模式的选择上，他看中了建于526年至547年的拉丁纳圣维泰尔教堂独具特色的八角形平面。负责建造宫廷教堂的建筑师奥多在仿照早期基督教式样的基础上，融进拜占庭和希腊—罗马风格，开创了将带有塔楼的堡垒式结构、外部地下室、半圆形后殿与教堂主建筑相结合的"加洛林"特色，成为欧洲其他教堂建筑的典范。在现今保存的欧洲教堂中，大多都建有宫廷小教堂，而且几乎都是"亚琛"模式。教堂主体工程持续了12年，尔后又进行了扩建，直至公元814年查理曼大帝去世并下葬于此，亚琛大教堂从此成为欧洲基

▲ 塔代奥·祖卡里的作品《查理曼大帝皈依》。

督徒对查理曼大帝在天之灵顶礼膜拜的神圣场所。

亚琛大教堂实际上是由位于东端的圣坛（供祭司和唱诗班用）、双层回廊和八角形主堂构成的。其中主堂的下层是充满宗教气氛的弥撒室，而上层则成了地地道道的皇家祈祷堂。此外，教堂还通过一道游廊与附近的皇家行宫相连，使得查理曼大帝能够很从容地同时扮演政权统治者和宗教领袖的双重角色。

由于查理曼以后的德皇都愿意"步其后尘"在此加冕，于是在八角形主堂的旁边又陆续兴建了许多小教堂——匈牙利堂、安娜堂、马蒂亚斯堂、赫伯图斯—卡尔堂和尼古拉斯—米歇埃尔堂。

主堂及其附属小堂的内部构造基本上是穹窿式，其中最高处达31.6米。在这里随处可见高高的立柱及圆拱状横梁，配之以彩色斑斓的壁画和五光十色的玻璃窗，使每一位造访者都会被这里肃穆虔诚的气氛所感染。说到彩色玻璃窗，实际上已都是后人的仿制品。由于经历上千年的沧桑巨变，中世纪的彩绘玻璃早已荡然无存。"二战"结束后，德国两位杰出的工匠本纳和韦德林设计制造了仿古玻璃窗，并巧妙地将教堂原有的一些龛盒石板嵌于其中，达到了以假乱真的效果。

此外，教堂内最具有神秘色彩的便是保存查理曼大帝遗骨的圣龛。按照查理曼本人的遗愿，教堂内的圣龛及石墓应该是他长眠于此的见证。但也有资料显示，查理曼的遗骨似

185

查理曼像。

乎最终被安放在1215年才完工的查理曼教堂内。这种令人捉摸不透的殡葬和保存遗骨的方式与中国的成吉思汗颇有些类似,而这种谜团更是引得众多崇拜者如醉如痴。在查理曼大帝圣龛旁的墙壁上,取代那些宗教人物的是16位德皇的浮雕以及查理曼加冕时与本地红衣主教及罗马教皇在一起的情景,此外还有"十字军"征战西班牙的场面。

亚琛大教堂内的收藏品极其丰富,而且大多是无价之宝。最古老的一尊石雕是创作于公元2世纪的古罗马文物。查理曼大帝征服罗马后把当地的许多石雕和青铜器运到了亚琛,其中的一尊"熊妈妈"的青铜像(公元2世纪至3世纪)至今仍完好地矗立在祈祷堂里。此外,教堂入口处的两扇铜门是德国最古老的金属门,而在赫伯图斯堂中饰有狮子头的铜篱笆在年代上也堪称德国之最了。另外两件"镇堂之宝"则是弗雷德里希一世赏赐的镀金灯具和海因里希二世捐赠的金铜浇铸的布道台。可以推想,亚琛大教堂当年是如何金碧辉煌、溢彩流芳,可如今已是"金光不再",难现往日的风采了。

专家点评

参观完整个亚琛大教堂,人们总有种意犹未尽之感,驻足凝望那高耸入云的哥特式屋顶,却总感到它似乎比西欧各地的其他教堂更有一种特殊的魅力。其实仅在德国,亚琛大教堂的名气好像比不上科隆大教堂,但却仍跻身于"遗产"之列,其中的奥秘恐非"历史悠久"一言所能蔽之的了。

起始时间	地理位置	推荐理由
公元8世纪	法国的沙特尔市	12至16世纪期间，大教堂遍布欧洲各地，印证着中世纪男男女女对宗教的执著。沙特尔大教堂则成为这些哥特式建筑的代表。

代表哥特式建筑艺术风格的沙特尔大教堂

文明印记

沙特尔大教堂长130米，宽37米，高36.55米。平面设计则采用了黄金分割数1.618，柱子间的距离和中殿、南北耳堂和唱诗班席位的长度全是这个数字的倍数。沙特尔教堂可用来研究象征主义，它的结构设计充分体现出宗教的意义。它的外形像是个向天的十字架，而左右两侧的两个尖塔，直插云天，就像是上帝的手指。

从外部看，教堂的西侧正立面比例和谐，但是风格迥异的两个塔楼明显不对称。南侧钟楼建于1145年至1170年，高为106米，是早期法国哥特式的八角形建筑，其风格庄重务实；而北侧钟楼初建于12世纪，但当时没有建尖塔，16世纪初才由让·德博斯增建了一个火焰式的镂空尖塔，塔顶高111米，其风格轻巧华美。在双塔之上是耸立的锥形塔尖，十分挺拔，直刺云霄。

大堂西部的正门为一组三扇深凹进去的尖拱大门，门的两侧原有24尊圆柱雕像，现存19尊。三扇大门的中门即"主门"，因其门楣上的浮雕表现基督是万王之主而得名。主沙特尔大教堂外景。

门两侧圆柱上的浮雕人像是《圣经》故事中的君王和王后。大堂侧大门旁的雕像是圣母和《旧约》人物,南侧大门旁的雕塑为基督的一生。教堂的3座大门分别与3座圣殿相通,象征耶稣不同时期的生活。

从中间的正门进入,首先映入眼帘的是宽敞的中殿,中殿长130米,正面宽16.4米,高32米,是法国教堂中最宽的中殿。两边是侧廊。砖石方柱于拱顶相接,高约37米,内有两个大的玫瑰窗及两个尖拱窗的侧高窗,装有160块13世纪的彩色玻璃。整座教堂里共有2999块的窗画玻璃,表现了4000多个人物,堪称世界之最。在祭台与中殿之间有一个漂亮的祭廊,它建于16世纪至18世纪,上面刻有描绘耶稣及玛利亚生平的浮雕,都极为精美细致。

沙特尔大教堂的玻璃是世界上最精致的。威廉·弗莱明说:"墙壁的空间通过形式和色彩的语言和所表现的宗教题材与礼拜者进行交流。在阳光和煦的日子里,透射进的阳光将地面和墙壁变成了不断变换着色彩的镶嵌细工。神秘的光柱和天窗也使拱门、护间壁和拱顶似乎具有无限的空间和高度。由于观者的眼睛自然而然为光线所吸引,因此使人觉得内部仿佛完全是由窗构成的。"沙特尔大教堂的彩色玻璃窗和2个圆花窗、170幅彩色玻璃窗画均以《圣经》中的故事为题材,构成了一个色彩斑斓又充满神秘气氛的世界。制作这些彩色玻璃窗的艺术家在玻璃窗装上前都是分开进行工作,他们是无法清楚地"看"到整件作品的,而沙特尔大教堂窗户上的王室徽标——法国玫瑰。

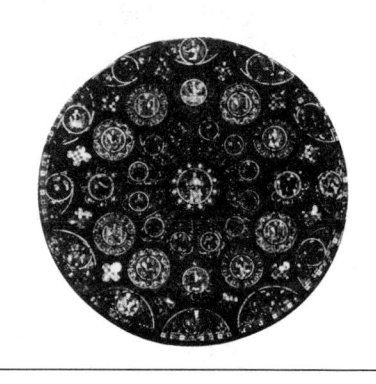

装上后再做修改又为时太晚，这就更显出其独特之处，让人更加佩服其工艺的巧夺天工。大堂内包括近4000个拜占庭风格的人像，形象鲜明突出，宗教气氛浓厚，被公认为13世纪玻璃窗画艺术中最完美的典型。两次世界大战期间，彩色玻璃窗都被卸下来妥善保管。

除了玻璃窗，沙特尔的扶拱也叫人赞叹不已，因此常常成为仿效的标准。这项用于哥特式建筑的创新技术可减轻推力，使承重墙和基柱不至于被向外推，有助于建造高拱形的屋顶。这项技术不仅可以使整体空间更为宽敞，还可采用大面积的彩色玻璃而不影响整体结构的完整性。任何一个人，当他沿着沙特尔大教堂的三叶拱走动，都仿佛沐浴在宝石一样火红晶莹的液体中和先知长袍的绿色之中。

在教堂中，大大小小的雕像遍布大堂各处。沙特尔大教堂的雕刻群像是法国哥特式雕刻艺术的典型作品，其特点是形体修长、姿态内敛，以雕像头部前倾后仰、左顾右盼来表现人物的神态和动作，生动活泼。

可以说，沙特尔大教堂的建筑过程就是对哥特式建筑的探索过程，并由此形成了完善的哥特式建筑体系。沙特尔大教堂是法国哥特式建筑艺术的典型代表，其宽广的教堂中殿两旁为纯哥特式的向上尖顶风格，其门廊装饰代表了12世纪中期雕刻艺术的精华，其彩色玻璃镶嵌画窗闪烁着12世纪和13世纪艺术的光芒。所有这一切至今仍完美如初。从远处看，两个大小不等的尖塔格外醒目。走近教堂，又会被奔放的扶拱和细腻的雕刻、精美的绘画所震撼。

专家点评

沙特尔大教堂以其宏伟壮观、高耸挺拔的建筑与被称为"石刻的戏剧"的雕刻群像组成了和谐、美妙的整体，又因它那100多个玻璃窗和彩绘人物组成了绚丽多彩的世界，再现了基督布道的场景，幻化出飞升于天国的神秘境界，故称为"神秘教堂"。

起始时间	地理位置	推荐理由
公元9世纪	匈牙利首都布达佩斯中心	布达佩斯拥有优越的地理位置，绚丽的自然风光和古代与现代风格巧妙结合的城市建筑，素有"多瑙河明珠"的称号。

点缀在多瑙河畔的布达佩斯古建筑群

文明印记

　　静静的多瑙河自北向南，在匈牙利中间流过，也把布达佩斯一分为二。登上雄踞在河畔的盖莱特山，布达佩斯气象万千，全市景色一览无余。河西是布达，平缓有丘陵蜿蜒起伏，喀尔巴阡山余脉在这里骤然结束；河东是佩斯，一望无垠的匈牙利大平原在这里发端，一直向东南伸展到匈罗、匈南边境。

　　布达佩斯目前有200余万人口，525平方公里，八座气势雄伟、风格迥异的大桥把两岸紧紧连在一起。古布达、布达和佩斯自1873年合并已有120多年，但仍保留着各自的风貌：热闹繁华的佩斯是行政、商业和文化中心；国会大厦及政府机构大都集中在这里，有着200多年历史的时装街——瓦茨街上人群摩肩接踵，英雄广场上游人从群雕中了解着这一民族的演变史，剧院里上演着《班克总督》等历史名剧，在民族博物馆参观国宝王冠和在大教堂观看开国国王右手的游客人头攒动，在著名诗人裴多菲和大音乐家李斯特的博物馆里，人们寻找着他们当年的足迹。相反，古朴静谧的布达主要是有钱人的住宅区，幢幢站楼坐落在山坡绿树丛中，众多古趣盎然的街道洋溢着浪漫的气氛，尤其是在城堡山上，巴洛克式巍峨的王宫壮观深沉，七百多年的马加什教堂苍老神秘，姿态奇特、象征着七个部落的渔人堡仿佛在诉述着这"青山依旧，夕阳几度"的千年沧桑。

坐落在多瑙河之滨的布达佩斯国会大厦，是一座宏伟壮观的新哥特式建筑，即使在整个欧洲也是不多见的著名建筑物，是布达佩斯的象征。国会大厦长268米，最宽处118米，平均高42米，中心圆形拱顶的尖端高96米，周围有两个哥特式大尖顶，22个小尖顶，是世界建筑艺术中的珍品。

大厦是由匈牙利著名建筑师斯坦德尔·伊姆雷设计并监造的，于1885年破土动工，经过1000名工人的辛勤劳动，国会大厦于1902年基本完工。整个大厦共有691个房间、会议室和大厅，27个门，楼梯总长达20多公里。大楼虽然是哥特式的建筑，但融合了匈牙利的民族风格。主要的厅室里都用匈牙利历史名人的肖像和雕塑以及表现匈牙利历史大事的巨幅壁画装饰。拱顶下是个金碧辉煌的圆顶大厅，20多根柱子总共用了50公斤的金箔装饰，重大的会议和庆典都在这里举行。大厦的外部装饰，包括塑像、浮雕、花纹、尖塔等，由55万块石头组成。由于原先资金缺乏而使用的石灰石经过长年的雨水冲刷，已渐渐溶蚀，匈牙利光复后，政府决定把55万块石灰石全部用坚硬的大理石替换，这一浩大的工程至今仍在进行。

▼ 连接布达与佩斯的塞切尼铁索桥。

坐落在多瑙河右岸的布达皇宫举世闻名。它为13世纪时的阿鲁巴多王朝所建，土耳其占领布达期间长期失修。18世纪开始部分重建。19世纪中期起，得到修复及扩建，成为新巴洛克式建筑。后来又于二次大战时毁坏，战后政府成立了特别复兴委员会重建布达皇宫。王宫中心部分现为历史博物馆、画廊及工人运动博物馆。博物馆内展示有关布达佩斯和匈牙利的历史资料，且依年代顺序展示。画廊则主要展示匈牙利代表性画家和雕刻家的作品。

马加什教堂坐落在王宫丘陵中央，这座外观属新歌德式的教堂，蕴含了匈牙利民俗、新艺术风格和土耳其设计等多种色彩，特别是一旁的白色尖塔和彩色屋顶，为整个教堂增加了些许趣味和生动，教堂内部的彩绘玻璃和壁画，是不能错过的重点。马加什教堂原本是布达圣母教会，后因匈牙利国王马加什在此举行婚礼而改名，也是匈牙利国王加冕之处。13世纪迄今多次修整，经历改朝换代的时代变迁，马加什教堂从最早的天主教堂，在土耳其占领时改为回教寺院，之后又加入了巴洛克和新哥特风味，成为了现在深具特色的教堂。教堂外三位一体广场上的纪念柱，是18世纪的旧城居民为了纪念18世纪黑死病的消除而设立的，也是游客聚集歇息之地。

歌剧院在多瑙河东岸佩斯城区，是遭战争毁坏又在战后修复的近代"古迹"中的一个典型代表。1833年，这座宏丽的建筑落成的时候，2600支蜡烛在160面镜子的反射下，把整个大厅照耀得辉煌富丽。同年，奥地利著名音乐家、《蓝色多瑙河》的作者约翰·施特劳斯在这里举行了音乐会。1849年，奥地利侵略军下令把这座建筑夷为平地。1865年1月15日，匈牙利在原来的废墟上又盖起了第二座歌剧院，然而她已失去了古典主义的原貌，成为匈牙利历史上最漂亮的浪漫主义建筑之一。但在第二次世界大战中又遭毁坏。匈牙利光复后，还是在原址上修建了第三座歌剧院。现在，这座人民的艺术之宫又恢复了浪漫主义的原貌。

多瑙河中有个江心岛，叫玛格丽特岛，岛上林木葱郁，芳草如茵。优美迷人的自然风光吸引着世界各地的游人，久居闹市的布达佩斯人也爱来此寻觅幽静。岛上还有游泳池、网球场、露天剧场以及修道院、古宫苑等遗迹。该岛是布达佩斯风景最优美，面积最大的公园。

城区东端的英雄广场中央，高高耸立着"千年纪念碑"，这是1896年为纪

布达佩斯老城区的伽马什教堂。

念匈牙利民族在欧洲定居1000周年而兴建的,碑座上7个骑着战马的塑像,是定居之初时的7位部落领袖。"千年纪念碑"后面的两堵高墙上嵌着14位匈牙利君主和民族英雄的塑像。

从宽广的英雄广场漫步到背后的城市公园,视野更加宽广。城市公园面积约有1平方公里,是布达佩斯最大的公园,与多瑙河上幽静的玛格丽特岛大不相同,有温泉、动物园、游乐场、植物园,属于适合各个年龄层的复合式公园。

城市公园内的温泉泳池是喜欢温泉的人千万不能错过的地方,在布达佩斯有名的几个温泉中,城市公园的Szechenyi温泉以优美的风景和泳池名列前茅,加上价格低廉,吸引了众多市民和观光客来此见识布达佩斯著名的全民泡汤运动。

专家点评

远远望去,布达佩斯酷似一首凝固的史诗、一件精琢的工艺品,难怪1984年它在巴黎被评为各国首都中最安静的城市。

起始时间	地理位置	推荐理由
公元9世纪	波希米亚中心地区	布拉格地处欧洲大陆中心，历史上是中欧的艺术、贸易、宗教中心，自中世纪起就以其在建筑和文化领域中的巨大影响力而著称于世。城区内古建筑林立，风格各异，被称为"百塔之城"。

被称为"百塔之城"的布拉格历史中心

文明印记

捷克首都布拉格，位于国境西部，坐落在拉贝河支流伏尔塔瓦河两岸，人口121万，是一座美丽而古老的山城。伏尔塔瓦河像一条绿色的玉带，将城市分为两部分，沿河两岸陡立的山壁，渐渐消失在远方起伏的原野里。横跨在河上的十几座古老的和现代化的大桥，雄伟壮观，将城市两部分协调、巧妙地联为一体。耸立在市区的伯特日娜山，乔木葱郁，风景秀丽，是一处环境幽雅的休息之地。市区那些带有尖塔或圆顶的塔式古老建筑物，无论是罗马式、哥特式、巴洛克式，还是文艺复兴式，都完好地保存着，其中以哥特式或巴洛克式的数量最多、最为著名，它们大多是教堂。高高低低的塔尖，毗连成一片塔林，因而布拉格有"百塔之城"之称。在阳光照耀下，"百塔"显得金碧辉煌，因而又被称为"金色的布拉格"。

城市依山傍水，古迹众多，国家重点保护的历史文物达2000多处。可以毫不夸张地说，在老城区的每一条大街小巷，几乎都可以找见13世纪以来的各种形式的建筑物，如始建于1344年的著名的圣维特教堂，建于1357年的伏尔塔瓦河上的圣像林立、艺术价值无比的查理大石桥，建于1348年的中欧最古老的高等学府查理大学以及金碧辉煌的布拉格宫和历史悠久的民族剧院等。老城区的一些偏僻宁静的街巷迄今依然保持着中世纪的模样，街道用石块铺成，街灯是古老的煤气灯式，许多房屋带有宗教色彩的壁画。随着城市交通的发展，老城区的许多街道已经显得过于狭窄，只准许汽车和电车单行通过。

老城中心的老城广场已经存在900多年了，是群众集会的场所。广场上的老市政厅建于1338年，是一座哥特式建筑。广场南面有著名的卡罗利努姆宫，它是查理大学最古老的建筑物。卡罗利努姆宫附近有著名的伯利恒教堂。火药门楼，是老城13座城门中的仅存者。广场上有一座建于1410年的钟楼，尽管钟楼的外墙墙皮因年代久远已部分剥落，但

"百塔之城"布拉格。

它却以精美别致的自鸣钟而闻名于世。凡是到布拉格的游人，总要前往老城广场观赏这座古老的钟楼，路经钟楼的布拉格市民也常常停下来校对自己的手表。每到整点，钟上的窗门便自动打开，钟声齐鸣，12个圣像如走马灯似的一一在窗口出现，向人们鞠躬。这个复杂而又奇妙的自鸣钟，是15世纪中期由一位钳工用锤子、钳子、锉刀等工具建造的，至今走时准确，成为人们观赏的一件珍品。

新城区是繁华的商业区，这里有著名的瓦茨拉夫广场、德沃夏克博物馆等。另外，还

◀ 布拉格老城中的机械钟。

有保存着中世纪风貌的小城区,这里有许多以巴洛克式风格为主的宫殿式建筑。城区大多是弯曲狭小的街道,这里最著名的建筑是建于17世纪至18世纪的圣尼古拉斯教堂,被称为布拉格巴洛克式宗教建筑的典范。

从旧城广场沿着查理街走向查理桥,这段狭窄蜿蜒的街道却聚集了许多旧城的精华,也是当时加冕御道的一部分,许多以往文艺复兴和哥特式建筑的房舍,目前都改为商店,墙上的浮雕、壁饰颇具艺术价值。譬如22号商店上方的新艺术雕塑——被玫瑰围绕的女神,18号金蛇之屋咖啡店以及3号金井之屋那雄伟的巴洛克墙壁雕刻。

虽然塔瓦河上共有17座桥,但从没一座像查理桥那般,受到所有来访者一致的青睐。查理桥兴建于1357年至1407年,长516米,宽9.5米,由16座桥墩支撑。桥的两端各建有塔,桥栏上装饰了30座石像。它曾经毁于一场洪水的破坏,传闻中当时城内居民同心协力将捐出的鸡蛋与建筑材料的胶泥共同混合之后,才重新坚固了这座桥梁。查理桥在过去也是历任波希米亚国王的加冕大道,加冕的红毯起端由火药塔经查理桥到达布拉格城堡。如今这座不再通行任何车辆的石板桥,成为布拉格城观光生活的代表。

布拉格城堡位于伏尔塔瓦河的丘陵上,已有1000多年历史,60多年来历届总统办公室均设在堡内,所以又称"总统府"。新近重新整建完毕的布拉格城堡画廊,其内收藏了许多古典绘画,最早从16世纪开始;这些以16到18世纪绘画为主,涵括了意大利、德国、荷兰等各国艺术家的作品,共有4,000余幅。布拉格城堡画廊的原址是城堡马厩,在改建为城堡画廊的过程中,发掘出了布拉格城堡最早的教堂——圣女教堂,部分遗迹存放在城堡画廊中。

圣维塔大教堂是布拉格城堡最重要的地标,它除了具有丰富的建筑特色外,也是布拉格城堡王室加冕与辞世后的长眠之所。圣维塔大教堂历经3次扩建,公元929年的圣温塞斯拉斯圆形教堂,在公元1060年时扩建为长方形教堂,公元1344年查理四世下令建造目前的哥特式建筑，却一直到公元1929年才正式完工。圣维塔大教堂最为著名的是20世纪的彩色玻璃窗、圣约翰之墓和圣温塞斯拉斯礼拜堂。

走进教堂入口，左侧色彩鲜丽的彩色玻璃就是布拉格著名画家穆哈的作品，为这个千年历史的教堂增添了不少现代感；圣坛后方是纯银打造、装饰华丽的圣约翰之墓，他是1736年的反宗教改革者，因此葬在圣维塔大教堂中，并以华丽的纯银装饰作为纪念。继续往前就是圣温塞斯拉斯礼拜堂，相较于前面纯银的圣约翰之墓，圣温塞斯拉斯礼拜堂呈现出金碧辉煌的光彩，从壁画到圣礼尖塔都有金彩装饰，相当具有艺术价值。从外观来看，哥特式的圣维塔大教堂有许多经典建筑特色，例如大门上的拱柱和飞扶壁，都装饰得相当华丽。

旧皇宫是以往波西米亚国王的住所，历任在位者都对其进行过修缮。整个皇宫建筑大致分为3层，入口一进去是挑高的维拉迪斯拉夫大厅，也是整个皇宫的重心，上层是新领地大厅；下层有哥特式的查理四世宫殿和仿罗马式宫殿大厅，大多数的房间在1541年的大火中受到毁坏，所以部分是后来重建的。宫殿先是布拉格罕见的洛可可式风格，后来改建为新古典样式。

圣维塔大教堂后方有双塔的红色教堂就是圣乔治教堂，圣乔治教堂是捷克保存最好的仿罗马式建筑，920年完成后扩大修建多次，最近一次是在19世纪末20世纪初，教堂的基石和两个尖塔从10世纪一直保存至今。一旁的圣乔治女修道院是波西米亚第一个女修道院，曾在18世纪被拆除改建为军营，现在为国家艺廊，收藏了14至17世纪的捷克艺术作品，包括哥特艺术、文艺复兴和巴洛克等不同时期的绘画作品。

黄金巷是布拉格古堡最著名的景点之一，在圣乔治教堂与玩具博物馆之间。小屋林立的黄金巷，宛如童话故事内的小巧房舍，是布拉格最具诗情画意的街道。黄金巷原本是仆人和工匠的居住之处，后来因为聚集了不少为国王炼金的术士，因而有此名称；然而在19世纪之后，逐渐变成贫民窟。卡夫卡在黄金巷的陋室里，曾花两个月的时间完成了以布拉格城堡为背景的文学大作《城堡》。

专家点评

就像童话故事场景突然在成人面前出现，步行在站满雕像的查理桥上，置身于尖塔耸立的百塔之都，当暮色降临，漫步于塔瓦河畔，回首一瞥身后的城堡夜景，此时方才能体会18世纪时歌德对此城的赞语："布拉格，世界上最美丽的宝石！"

起始时间	地理位置	推荐理由
公元9世纪	奥地利的萨尔茨堡	萨尔茨堡一直保存着欧洲中古时代直至19世纪发展起来的具有丰富艺术内涵的城市建筑，堪与意大利的威尼斯和佛罗伦萨相媲美，素有"北方的罗马"之称。

素有"北方的罗马"之称的萨尔茨堡历史中心

文明印记

萨尔茨堡地方不大，人口仅13.8万，四周都是陡峭的石壁，翠绿而寒冽的沙尔查赫河穿城而过，把它一分为二。老城面积仅有80公顷，风景之妩媚令人目眩神迷。

高踞山顶的堡垒，俯瞰着庄严的双尖大教堂和许多在山间清新空气中闪闪发光的黄色、粉红色、奶油色和红色的小教堂。富丽堂皇的贵族府邸之间点缀着小巧的内院，喷泉飞溅，玲珑可喜。曲径通幽，树荫掩映，露台回廊，繁花簇拥，大街小巷，风景如画。制造精巧的铁器铺的招幌，在夏天的和风里悠然摇晃。

到了萨尔茨堡，一定要先看看高踞钟楼上的那座大时钟。它总是保持着那独特的步调：长针指时，短针指分。不过，在这个从容不迫、古朴恬静、最适当的交通工具仍然是马车的小城里，一分钟又算得了什么？

大教堂左侧住宅区广场上有一个巨大的奇异式喷泉，喷泉共有三叠，点缀着15公尺高的大理石雕像。旁边是壮观的奇景：两座有大游泳池规模的奇异式喷水池。其中

▲ 萨尔茨堡的意大利式建筑。

之一与罗马的特莱维喷泉相仿；另一喷水池的围墙上画着栩栩如生的群马，池中央有一个大理石雕刻的白色人立于飞腾的战马上。精心设计的这些艺术瑰宝，是用来冲洗主教的130匹马的（根据传说，除洗马外，亦在举行仪式时把巫婆和异端分子抛入池中溺毙）。

离城4公里，有席狄克斯的避暑别墅——柠檬色的海尔布伦。这幢大别墅的房间里的壁画非常别致，看起来像一座满是花卉、禽兽和人物的花园。在那宏大壮丽的园子里，有许多小洞穴隐藏着设计奇巧的水力玩具。在一个洞穴里，水笛发出鸟鸣啁啾之声；另一个洞穴里，整座小镇的模型在水边推动下可以动起来，其中有列队而行的士兵、忙着工作的面包师、铁匠和屠夫。

席狄克斯显然喜欢开玩笑作弄人，他把水力玩具带进城里的府邸。用拇指一按，地板、墙壁，甚至墙上挂的鹿角尖，都会喷出水来。

城中另一座可爱的建筑物是杏黄色的密拉贝宫及花园，那是雷坦诺为美妾莎乐美建造的。密拉贝宫现在仍然是谈情说爱的好去处。目前萨尔茨堡婚姻注册处就设在那里。

◀ 奥地利音乐家莫扎特。

　　萨尔茨堡如今虽然不再像从前那样富甲一方，但仍保持着欢娱活泼的气氛。来自世界各地的游客在狭窄的街道上熙来攘往，他们或在林立的剧院中观赏一场表演，或者来参加一次常年可遇的节庆。萨尔茨堡一年中约有百十来次庆典，14万张入场券在每年年初就多半卖出去了。从"节庆剧院"的大歌剧到马车为台的街头戏剧，随处都有吸引人的节目，任由选择。

　　"节庆剧院"实际上是正面共宽150公尺的3座独立剧院。最大的一座有2400个座位。在它70公尺宽的舞台上面，5座电动旋转台可以使数百演员同时出场。休息期间，另外两座剧场中那座名叫"悬崖策骑学校"的，可以打开活动的屋顶，让观众仰望满天星斗。

　　穿着晚礼服的游客，在欣赏一场由卡拉扬、布姆或伯恩斯坦指挥的演奏会之后，漫步在这个灯火奇幻的小城街头，显得既自然又和谐。特殊服饰更使街头夜景倍添当地色彩：女人穿着领口低得很刺眼、丝裙梭梭作响的"晚间农装"；男人穿着松绿色翻领的灰色粗呢套装，还围着五颜六色的丝质围巾。按照萨尔茨堡的规矩，本地服装、燕尾服和长袍都可算是正式礼服，情形跟苏格兰的格子花呢服装很相似。

专家点评

　　"欢娱长驻，诸恶不侵"。这是萨尔茨堡一处公共广场下掘出的罗马时代镶板上刻着的几个字。对坐落在奥地利境内白雪覆顶的崇山深处的这个快乐城市来说，真是没有比这更恰当的题语了。

起始时间	地理位置	推荐理由
公元960年	英国首都伦敦泰晤士河南岸	威斯敏斯特教堂是英国皇家教院，以其辉煌壮丽，宏伟气派被誉为是欧洲最美丽的教堂之一。自建成后威斯敏斯特教堂一直是英国国王举行加冕典礼的场所。

英国哥特式建筑风格的威斯敏斯特教堂

文明印记

著名的西敏寺教堂也称为威斯敏斯特教堂，敏斯特一词原来是指修道院的教堂，后来则用作任何大型或者重要的教堂的代称。它坐落在英国首都伦敦的市中心。其前身为816年撒克逊国王塞伯特所建的隐修院。10世纪时，英王埃德加于此建造了正式的教堂，由本笃会修士主持。"西敏寺"之名也是源自那时。1050年号称"笃信者"的英王爱德华下令扩建，1065年建成耳堂，1163年建成中殿。现在的哥特式教堂为1245年亨利三世时所重建，后又不断扩建。1536年英国国王亨利八世因教皇不准其离婚再娶以得子嗣，愤而废除天主教，创英国国教，翻译《圣经》成英文。西敏寺也成为英国基督教新教教堂。直到十八世纪，教堂西侧增建的两塔完成之后，西敏寺的样貌一直保持至今。

这座古老的教堂，是中世纪最大的修道院之一，也是英国最壮丽的哥特式建筑的代表作。它结构宏伟，装饰辉煌，外观是依拉丁风格建造的十字形，教堂正门向西，由两座全

石结构的方形塔楼组成,这是圣保罗教堂的设计者雷恩的学生在18世纪设计的,双塔耸立,非常壮观。教堂主体部分长达156米,宽22米,本堂两边各有一道侧廊,上面设有宽敞的廊台。本堂宽11.6米,上部拱顶高达31米,是英国最高的哥特式拱顶,这样的结构显得本堂比例狭高顾长,巍峨挺拔。耳堂总长为62米,与本堂交会处有4个尺寸很大的柱墩,用以承托上部穹顶。穹顶以西是歌唱班的席位,以东是祭坛。而钟楼高达68.5米,十分高耸壮丽。整个建筑古典庄严,高大古朴,弓形的石雕精美细致,挺拔的立柱直指苍穹。教堂最上端林立着由彩色玻璃嵌饰的尖顶,巍峨地冲向天际,如雕似刻,精巧绝伦,抬头仰望会有一种天堂般高远莫测的玄妙和神秘感。教堂四周高处的窗户都是用五颜六色的彩色玻璃装饰而成,它们使以灰色为主调的教堂在庄严中增加了几分典雅和华丽的情调。西敏寺的柱廊恢宏凝重,拱门镂刻优美,屏饰装潢精致,玻璃色彩绚丽,双塔嵯峨高耸,整座建筑既金碧辉煌,又静谧肃穆,其精美豪华、富丽堂皇为英国教堂之冠,不愧是英国哥特式建筑中的杰作。

威斯敏斯特教堂全系石造，主要由教堂及修道院两大部分组成。进入教堂的拱门圆顶，走过庄严却有些灰暗的通道，你的眼前会豁然一亮，这里便是豪华绚丽的内厅。教堂内宽阔高远而构造复杂的穹顶，装点得美轮美奂，由穹顶挂下来的大吊灯华丽璀璨，流光溢彩。地上铺的是华贵富丽的红毯，一直通向铺着鲜艳的红色丝绒、装饰得金碧辉煌的祭坛，这就是王室加冕礼和皇家婚礼举行的地方。祭坛后是一座高达3层楼的豪华坟墓，这就是爱德华之墓。祭坛前面有一座尖背靠椅，这是历代帝王在加冕时坐的宝座，据说是一件有700多年历史、一直使用至今的古董。宝座下面摆放着一块来自苏格兰的被称作"斯库恩"的圣石。宝座和圣石都是英国的镇国之宝。

威斯敏斯特教堂内还有大量馆藏，加冕用品以及勋章等庆典用品都收藏于此。还有英国王廷1500年来收集的关于历史、艺术、科学等各个方面的富于戏剧性的历史记录都保存于此。人们在赞叹威斯敏斯特教堂建筑艺术的同时，还可以从中了解到英国的历史。

威斯敏斯特教堂内有许多礼拜堂，除了巨大的天主教礼拜大堂，在圣坛后还有一个专门为女士而建的小礼拜堂，叫做亨利七世礼拜堂。这是教堂内最珍贵的宝藏，是16世纪都铎王朝的创始人亨利七世下令建造的，将近十年才建好。礼拜堂的装饰极为华美而精细，是英国晚期哥特式装饰风格的杰出代表。礼拜堂扇形的圆拱屋顶以纯白石材建造，上面装饰着彩色旗帜。周围大面积的彩色玻璃窗使人几乎感觉不到墙壁的存在；色彩灿烂，令人目眩神迷。堂内拱券的券肋雕饰密布，精雕细琢，拱顶悬垂下许多漏斗形花饰，极为精巧，仿佛童话仙境一般，精美绝伦，观者无不叹为观止。在亨利七世礼拜堂后面是皇家空军礼拜堂，最突出的景观是四周的彩色玻璃窗镶嵌着所有在不列颠战役中飞行中队所获得的徽章。

专家点评

威斯敏斯特大教堂是世界上最巍峨壮丽的教堂之一，其内部保持着一种简单、和谐的早期英国样式。它见证了泰晤士河的千年沧桑，引发出人们对千古风流人物的无限感慨，触发着游人的思古幽情。它不仅是英国最出色的哥特式建筑，还是一座难得的历史博物馆。

起始时间	地理位置	推荐理由
公元966年	法国诺曼底海岸外2000米的大海上	"圣米歇尔山"被人们称誉为"西方奇迹",这座哥特式修道院及教堂,建筑奇伟,是法国历史最为悠久的宗教遗址和最受欢迎的胜景之地。

被誉为"西方奇迹"的圣米歇尔山和海湾

文明印记

在法国西北部布列塔尼半岛和诺曼底半岛之间的圣马洛海湾里,有一座风景秀丽、闻名遐迩的小岛,尽管它没有不列颠群岛那么辽阔,也没有阿尔卑斯山那么雄伟,但是它却有"西方奇迹"之美称,是西欧著名的古迹之一,这个小岛就是著名的圣米歇尔山。它距海岸约两公里,呈圆锥形,底部周长900米,山头高出海面78米。全岛岩石裸露,四周峭壁陡崖,涨潮时,海天茫茫,孤岛独悬;退潮时,滩涂无垠,岛陆相连,最大潮差达14米,堪称自然奇观。

每天清晨,一轮鲜红的太阳从海面上冉冉升起,给小岛披上了一身艳丽朝霞,柔柔的、暖暖的。在愈益明亮的阳光照耀下,一堆堆礁石犹如朦胧中依稀可见的黑色斑点,逐渐显露出各种光怪陆离的形影。水面上,有的礁石看上去温柔可爱,像是悠然自得睡到天亮的鲸鱼;有的礁石仿佛刀削斧劈一般鲜红一片,宛似岩石在流血;有的礁石,层次鲜明,立在海中,犹如一座宽大的石阶,那汹涌的波浪冲向顶端又渐渐退下,化为阵阵泡沫;有些礁石像被黑而又亮的海水舔得油光闪亮，微微发红，如像刚出炉的一堆炭火；更有些礁石，其斜坡宛如一堵已经拆毁了的城堡的残垣断壁，又像是哥特式尖顶的钟楼。每当天朗气清，数公里外便可看到屹立在圆锥形岩石上的修道院教堂、修道院其余建筑物、房屋、花园、柱廊和堡垒；雾色朦胧，屋顶和小尖塔如黑黝黝的鬼城，悬浮半空，气氛诡异。

过去，圣米歇尔山的交通十分不方便，人们到岛山朝拜或游览都必须乘船。1875年，在陆地与小岛之间修筑了一条大堤，人们在海水退潮的时候可以直接进入圣米歇尔山。在大堤离小岛两三米的海面上还搭建了一座小桥，这是小岛唯一的出入口。过了小桥，人们上山时要经过三道大门，便可以游览岛上唯一的一条街。

游人在岛中博物馆里可以看到15至18世纪法国的铜版画和大理石雕像，还有19世纪风靡法国的透景画和古代名人雕像。此外，博物馆里还陈列着古代的各种兵器和各种文物。从博物馆出来，再登上石阶，就到了圣米歇尔山的最高处，可以欣赏岛上的大教堂。

13世纪时，人们在小教堂的基础上重新修建了气势宏伟的圣米歇尔大教堂，这是一座与巴黎圣母院同时代的著名建筑，也是欧洲哥特式建筑中最古老、最杰出的建筑之一。教堂有三个大门洞，门框上方刻有圣母和耶稣等人的雕像，窗户又大又长，距离地面很高，上面镶着美丽图案的玻璃，墙壁上嵌着许多反映宗教内容的壁画和浮雕。空旷的大厅里光线暗淡，阴森恐怖，充满了神秘的哥特式氛围。过去小教堂经常遭受雷击的毁坏，而这次大教堂的屋顶设计颇具匠心，教堂的屋顶上有许多塔楼，这些塔楼犹如用玉石谱写的浪漫史诗，又如绝妙的赞歌，塔尖直指苍穹，仰望数小时，眼睛也没有疲乏之感。塔身底部有如坚实的堡垒。到了护栏回廊处便向上呈锥形，峭然而立，其形状之优美，不可言传。其中最有特色的要数主教堂的塔顶，上面是圣米歇尔雕像，他手中高举着一把剑，双目炯炯有神，俯视着四周，十分雄伟壮观。圣米歇尔雕像也是教堂的最高点，它实际上起着避雷针的作用，这种独特奇妙的设计不能不使我们对教堂的设计者产生由衷的赞叹。

它同别的教堂不但起源不同，而且扩建的形式也不同。一般教堂的扩建总是横向发展的：在原来的基础上向左右扩展，建礼拜小堂，向前扩展，建后殿；这是即使没有建筑常识的人都可以想象的。圣米歇尔却一反常规，山上的花岗岩石地基左右前后已没有了扩展的余地，于是新教堂只好朝纵向发展。更令人惊讶的是，这里没有像一般人猜测的那样在旧址上重建新屋，而是将旧教堂的屋顶完全填平，在上面准备地基，建起了崭新的教堂。被填平的教堂就是被称为"地下的圣母堂"的古教堂。

教堂内部最为珍贵的宝贝要算是那在16世纪完成的精彩后殿，它完全是用石头镂花制成的，栏杆由三叶草状的拱柱支撑，显得轻盈细腻，尖拱穹窿上饰着做工极为别致的楣框，这使它的顶部显得更为明亮，从海上来的光似乎比别处的光线都要透明和清澈，这个后殿有着"玻璃之笼"的美称。

　　天主教中，"三"这个数字意味深长。"三位一体"是最主要的教义，梅维尔修道院就是严格遵循着这个"三"字建成的。建筑共含有两大部分，再加第三部分的附属建筑。第一部分是由三层餐厅组成的，最底层的大厅里的圆石柱粗糙笨重，内部摆设也极为简陋：木板搭起来充当餐桌，桌上摆的餐具是粗陶制品，可以想象桌上除了菜汤、黑面包外便是清水了，地上铺的是被践踏得早已不新鲜的稻草，这是供贫穷的朝圣者就餐的大厅。中层相对来说就豪华多了，宽大的餐桌上铺有绣花餐桌布，摆的是陶瓷餐具，在此就餐的除了富裕的商人便是有贵族头衔的香客，他们每顿都有一桌丰美的宴席，地上铺的是由薰衣草和各种芳香鲜花花瓣、香草叶混合在一起的地毯。第三层是供修士们用餐的大厅，这里成排的圆拱支撑着高高的花格木制天花板，修道院的院长独坐于长桌的主位。这一部分的分层法充分体现了中世纪各社会阶层的地位。

　　第二部分是这样组成的：最底层是储藏供修道院修士们一旦与外界隔绝仍能在长时期内自给食品的地方，其中有成桶的红葡萄酒，成罐的橄榄油，成堆的大坯子奶酪和面粉、食盐、猪油等。这个储藏在建筑的最底层，不但有益于食品的保鲜，而且在宗教意义上亦有讲究，喂养肉体的食品当然是应当被摆在最不重要的地方。第二层则是精神食粮的储藏处，这里曾布满了勤奋的修士们的缮写台。这个大厅被三排底基为多边形的圆石柱分为三间，顶由无数高大的尖拱穹窿组成，大多数读过翁白尔多·埃科的《玫瑰的名字》的人在这里都会不由得想起书中那段对中世纪修道院缮写室的描述：

　　"最明亮的地方是留给古董家、最内行的装帧员、饰题员和誊写员的。每张桌子都设有装帧与誊写所需要的一切：角质墨壶、磨羊皮纸用的轻石、划书写线用的直尺。在每个抄写者的旁边，或在倾斜桌面的上方都有一个装经台，要抄的经本就放在上面。正在抄写的那页盖着一张剪有一条缝的纸条，框着当时抄写的那一行。有些修士还使用金色或其他颜色的墨汁。其他人则在读书，他们在自备的笔记本或在写字板上记下自己的评注。"

　　修士们誊写的配有袖珍插图的经本现藏于欧洲各大博物馆内，还有一部分被诺曼底省收藏。经本的誊写质量很高，有时会使人产生一种错觉：它们是出于凡人之手的吗？如果你有机会欣赏它们，就一定会联想起圣米歇尔山缮写室内的那两个壁炉。缮写室又被称为入夜后的圣米歇尔山。

骑士大厅,传说圣米歇尔派的骑士们曾在这里召开他们的秘密集会,故此得名。最上层的是露天廊院,这是每个教堂和修道院都不可缺少的一部分,是修士们沉思默想和漫步的场所,也是最接近上帝的地方,是灵魂得以净化、升腾的圣地。

紧挨着露天廊院的是厨房,厨房的上面是修士们的医疗所;紧挨着塔楼的是修道院的地下墓地,在这里安息着无数修士们,而他们的灵魂或许正簇拥着天堂的天使长圣米歇尔——你愿意这样想象。地下室的上方是一条宽大的拥有拱窗廊柱的石砌走廊,通过这里,修士们可以直接进入教堂内。

专家点评

从布列塔尼海岸望去,圣米歇尔山如同一个童话世界。周围是碧洋白沙,教堂钟楼尖顶上舒展着巨翼的天使,圣米歇尔的金像如同一个明亮的光点与日争辉。

起始时间	地理位置	推荐理由
公元975年	德国东部图林根州府以东20公里	像雅典一样，魏玛也有过作为地区文化中心的辉煌时代。两位文坛巨擘歌德和席勒曾在这里创作出不朽的文学作品，李斯特等世界闻名的艺术家也曾在这里生活。

有着"德国的雅典"盛誉的文化名城魏玛

文明印记

魏玛位于图林根州府以东20公里，人口6万，是座风景优美、古色古香的城市。它依偎在埃特斯山的怀抱中，清澈的伊尔姆河水从身边静静地流过，掩映在树木花丛中的中世纪建筑物以及富有田园诗风格的公园，还有矗立在公园和街头的雕像，都给魏玛增添了无穷的魅力。丹麦童话作家安徒生曾说："魏玛不是一座有公园的城市，而一座有城市的公园。"

魏玛拥有众多名胜古迹，在著名的"歌德之路"中，魏玛更是人们了解歌德生活足迹的一个焦点，人们从各地纷至沓来，只为更多地了解大文豪生活过的足迹。

歌德故居是歌德1782年至1832年时的住所，它分前后两部分。歌德曾在这儿接待过黑格尔、海涅及门德尔松等人。这所歌德生活了近50年的寓所，至今仍保持着原来他生活时的样子，许多他用过的科学仪器和制作的标本及6000多册图书都保存完好。而在1776年至1832年间，初到魏玛的歌德一直住在魏玛郊外的一座西式小楼里。这栋小楼是当时的公爵卡尔·奥古斯特所送，也就是在这所郊外的寓所中，歌德写成了剧本《伊菲格尼》、小说《威廉·迈斯特》、《塔索》以及众多朗朗上口的好诗篇，如《游子也曲》、《忠贞的爱情》、《猎人晚歌》等。

在魏玛，歌德和席勒成为挚友，他们极具历史意义的合作为奠定德国文学之路做出了重大贡献。席勒故居就位于歌德故居的北边，从1802年到去世时的1805年，诗人兼剧作家席勒在此居住，写有《墨西拿的新娘》和《威廉·退尔》等名篇。在这里，人们同样可以很细致地了解到席勒的生平及他伟大的文学成就。

大约在130年前，人们便在魏玛民族歌剧院前的广场上修建了歌德与席勒的巨大铜像，两位大文豪并肩而立，一起迎接来到魏玛的各国人民。歌德主持民族歌剧院达20多年，席勒的《华伦斯坦军营》、《玛利亚·斯图亚特》和《威廉·退尔》以及歌德的《浮士德》均在此首演。

歌德与席勒的陵墓位于魏玛公爵城堡环境幽雅的墓园里，这两位大文豪同样并肩而立，就像剧场广场上的那两尊雕像一样。

事实上，在魏玛留下足迹的名人不仅只是歌德和席勒，集市广场上有座大象旅馆，据说，门德尔松、巴赫、托马斯·曼、李斯特、瓦格纳、托尔斯泰等都曾在此居住过。

公爵城堡于1744年被大火烧毁，1803年重建时的建筑委员就包括歌德。魏玛艺术收藏馆坐落在城堡内，馆内藏有卢卡斯·克拉纳赫、丁托列托、鲁本斯和卡斯帕·大卫·弗里德里希的名画，附近的绿堡现在是安娜·阿玛丽亚图书馆的所在地，在它美丽的洛可可式的三层大楼里，收藏了不下84万册图书。

伊尔姆河对岸是歌德—席勒档案馆，这里另有60万册藏书。歌德的小花园别墅也位于河东岸，它看起来好像是这位伟大的诗人只是外出，随时都会回来似的。歌德和他的未婚妻子克里斯蒂娜·符尔皮乌斯在此度过了他们人生中最快乐的时光。

巴洛克式的基尔姆斯—克拉考大厦里有专门为约翰卡尔·奥古斯特·慕索斯、约翰·丹尼尔·法克和约翰·戈特弗里德·赫尔德尔3位作家而设的展室。赫尔德尔的坟墓位于圣彼得—圣保罗教区教堂内。教堂起初是以后期哥特式风格建造的，后来以巴洛克风格重建。此外还有卢卡斯·克拉纳赫所设计的带有翅膀的圣坛。

1860年魏玛创办了一所美术学院，1919年，建筑艺术家格罗皮乌斯把这所学院和实用美术学校合并为公立包豪斯学校。这是一所融艺术、手艺和技术于一体的新型建筑学校，开创了现代建筑主义学派。1925年，包豪斯学校迁往德绍，包豪斯博物馆记载着这个学校的创办历史。

除历史名胜外,魏玛的传统美食府也被保存了下来。其中白天鹅、黑熊和大象饭店充当了托玛斯·曼的小说《魏玛的洛特》的背景。此外,还有歌德咖啡屋。

  魏玛的过去尽管十分辉煌,然而,它也曾是布痕瓦尔德集中营的所在地,这段历史使其形象大受影响。布痕瓦尔德集中营建于1937年,距魏玛西北约4公里处,是纳粹的强制收容所。1937年至1945年,这里收容了来自32个国家的大约25万人,其中6.5万人因强制性劳动、饥饿和刑罚等原因死亡。1945年4月11日,美军铲除了这个集中营。在距集中营约1公里的卡埃特斯贝格有一座钟塔纪念碑,高50米,在数英里开外就可以看到。

专家点评

  如此众多的文化名人齐聚在一个城市里,这应该是这座城市最大的幸事。

起始时间	地理位置	推荐理由
公元11世纪	秘鲁东南部的库斯科省	从公元1000年至公元1532年，库斯科一直是印加帝国政治、经济、文化和宗教中心。辉煌壮丽的古建筑虽历经沧桑，但至今遗迹犹存，从中不难领略到印加帝国昔日的风采。

被命名为"世界印第安人的首都"的库斯科古城

文明印记

　　古代库斯科城的中心是瓦卡依·帕塔中央广场，现为阿尔马斯广场。广场呈正方形，边长183米。从中央广场开始，随着距离的增加，建筑物由石砌的宫殿府衙逐渐变成泥墙茅舍，等级森严，贵贱有别。印加帝国最伟大的帝王帕查库提时代，在这个广场上曾多次举行过盛大的阅兵式和庄严的宗教仪式活动。每逢盛大的祭祀典礼之时，广场中央都会供奉着用黄金制成的太阳、雷、闪电等诸神像；两旁的金御座上，供奉着历代印加帝王的木乃伊；众神之像前，成群的羊驼在祭司的祷告声中成为刀下之鬼。当印加帝王露面时，万众欢呼，祭祀活动达到高潮。如今，广场上竖起了印加人引为自豪的先王帕查库提的青铜雕像。

　　城内最大的宗教中心是科里坎查太阳神庙，自印加帝国的始祖曼科·卡帕克起，到印加·罗加为止，历代帝王都居住在这里。太阳神庙是一座长70米、宽60米的长方形建筑，附属有王宫和祭司的府邸。整个庙宇用精心修整、平坦而巨大的石板砌成，为了让空气流通，屋顶造得很高，用茅草盖成，还有一个祭台。大殿的四周墙壁从上到下全部镶上较厚的纯金片，所以这座神庙得名"金宫"。在正面墙壁上有太阳神像，它是个绘有男子脸形、周围环绕着光芒和火焰的用黄金制成的圆片。它面朝东方，在受到初升的太阳光直接照射时，就放射出万道金光。在太阳神像的左右两侧，按照古代习俗在金御椅上供奉着历代印加王的木乃伊，远远望去，它们就像真人一般。大殿中央置有一个华丽的御椅，举行典礼时，印加王便坐在御椅上。印加帝王在这里以太阳神的化身自居而号令全国，从而把全体印第安人凝聚在一起。这座神庙后来被西班牙殖民者摧毁，现在其废墟上，建有多米尼各教派的教堂。

太阳神庙的附近建有5座正方形小神庙。第一座小神庙供奉太阳神；第二座供奉众星神；第三座供奉雷神和闪电神；第四座供奉彩虹神；第五座专供祭司使用，据说其墙壁均是用金银宝石装饰的。这些神庙里的金银珍宝全被入侵的西班牙殖民者洗劫一空。

太阳神庙与5座小神庙环绕在一个名叫太阳广场的庭院周围，庭院中有玉米地和五个喷泉。这里种植的玉米是专供举行盛大祭祀活动时供奉给太阳神的，印加帝王与王公贵族亲自耕耘、播种和收割。5个喷泉的水源由埋在地下很深的黄金水管引入，据说是专供印加帝妃婚前沐浴净身用的。泉水盖用纯金制成，上面雕刻有太阳神像。这个黄金水盖后来被一个名叫雷扎桑德的西班牙士兵掠走，他在一晚的狂赌中又将这个金盖输掉了。

太阳神庙的西南部有一座献给太阳神的"黄金花园"，园中的花草树木、飞禽走兽以及人

▼ 萨克萨瓦曼堡有三座瞭望塔，图为其中一座的地基及居住区的景观。

物全是用黄金和白银制成，甚至连撒满黄金的土地里种植的玉米也是用黄金制作的。据加西拉索·德拉维加记载："从植物发芽到开花结果，其成长过程都经过精密的仿照。小鸟栖于林梢鸣叫，蝴蝶和蜜蜂在花丛中采蜜……各种动物形象栩栩如生，搭配得当，使人难辨真假。"相传西班牙殖民者进入花园后，信为以真，直到用手采撷花朵时才发觉全是黄金和白银。

库斯科最负盛名的古建筑物是比拉科查宫殿，长160米，宽130米，金碧辉煌，雄伟壮观，内设有祭祀比拉科查的神庙。可惜的是，这座宫殿在西班牙人入侵后遭毁，后来人们花费了100年的时间在其遗址上建造了拉孔帕尼亚大教堂，现被托里文夫教会占用。

帝都之内还有一处著名的建筑，叫"太阳贞女馆"，印第安语称为"阿克利亚瓦西"，是专门培养"太阳贞女"的地方。这种机构在印加帝国境内随处可见。"太阳贞女"是接受过专门技术培训的处女，她们貌美如花，举止灵巧优雅，深居简出，保持童贞，主要为宗教仪式服务，酿造玉米酒，唱圣歌，跳圣舞，并为神、祭司和印加王编织衣物。库斯科的"太阳贞女馆"在帝国境内的规模首屈一指，它长120米，宽60米，可以同时容纳200到600名"太阳贞女"。自西班牙殖民者踏上美洲大陆后，耶稣会传教士随后而至，并于1571年在"太阳圣女馆"原址上建立起了多米尼各派的大教堂。

库斯科作为印加帝国的首都，自然有严密的防御体系。都城的四周，筑有4座古堡，以西北部的萨克萨瓦曼堡最为著名。萨克萨瓦曼堡在印第安语中意为"山鹰"。古堡筑于山坡之上，方圆4平方公里，有3重围墙作为屏障，围墙依山而建，墙高18米，最外面一道周长540余米，全部用巨石垒砌，表面平整，接缝严密，估计使用的巨石总数达30余万块，最重的一块石头重约200吨。根据民间传说，古堡始建于1400年，历时108年才完工。古堡建成后，印加帝王经常登临驻足，检阅士兵。甚至把它作为行宫，召见大臣共议国事。在库斯科市郊的群山中，另外还矗立着3座可以俯瞰全城的坚固城堡以及众多的瞭望塔，保卫着首都的安全，至今遗迹依稀可寻。这些古堡所用的巨石是怎样从采石场运来的，又是怎样垒砌起来的？当年的印加人具备这种超凡的能力吗？这又是一个未解之谜。

专家点评

如今，库斯科已是一座驰名世界的历史名城，每年6月的最后一周，秘鲁人民都要在此欢庆盛大的民族传统节日——"太阳节"。1980年库斯科城被命名为"世界印第安人的首都"，成为全世界印第安人向往的圣地。

起始时间

公元11世纪

地理位置

意大利中部比萨城内的教堂广场上

推荐理由

比萨大教堂包括3座中世纪建筑艺术精品：比萨主教堂、洗礼堂和作为钟楼的比萨斜塔。这些杰作都在很大程度上影响了11世纪至14世纪意大利建筑艺术的发展。

因失误而名扬天下的比萨大教堂

文明印记

比萨大教堂是罗马风格建筑的主要代表，包括比萨主教堂、钟塔和洗礼堂等建筑群。这个建筑群建于11世纪到14世纪。

比萨主教堂建于公元11世纪至12世纪，共分5个殿。平面为拉丁十字形，全长95米，正立面高32米，共分5个殿。正殿呈半圆形，上面覆盖着橄榄状的穹顶。教堂有4层凉廊，用18根大理石柱支撑，正面有3扇大铜门。教堂内保存着精美的油画、石雕和木雕等艺术品。

主教堂正前方为一圆形的洗礼堂，与主教堂处于同一轴线上，而塔楼在大教堂的东南侧。这三座建筑均由白色大理石建造，形体各异，丰富且有变化。但它的构图母题一致都用空券廊装饰，风格统一和谐。在周围碧绿的草地映衬下，既没有宗教的神秘气氛，也没有威严的震慑力量，亲切生动，高雅凝丽，是这一时期欧洲建筑中的杰作。

比萨斜塔是比萨大教堂综合建筑中的钟塔，亦是大教堂建筑群中最著名的建筑。其设计者是著名的建筑师博南诺·皮萨诺。比萨斜塔造型古拙而秀巧，布局严谨合理，是罗马式建筑的典范。

传说曾在比萨斜塔上验证自由落体定律的科学家伽利略。

比萨斜塔是意大利独一无二的圆塔，如同一件精美的艺术品，它各部分比例协调，立面处理营造出丰富的明暗变化，富有韵律感，是世界著名建筑奇观和旅游胜地。

比萨斜塔平面为圆形，直径16米，外径约为15.4米，内径约为7.3米。一共有8层，通体用白大理石砌成，塔体总重量达1.42万吨。塔高54.5米，从下至上，共有213个由圆柱构成的拱形券门，塔身墙壁底部厚约4米，顶部厚约2米。比萨斜塔的最下层是实墙，底层有圆柱15根，刻绘着精美的浮雕。中间六层则是31根圆柱，用连续券做面罩式装饰；最上一层的圆柱为12根，向内收缩作为结束。沿着塔内螺旋状的楼梯盘旋而上，走过294级台阶，经过令人眼花缭乱的拱形门，就可至塔顶，人们也可以在塔中任何一层的围廊上停留。由比萨斜塔向外眺望，比萨城秀丽明媚的风光尽收眼底。只见蓝天白云下，城中一片鲜红的屋顶，在绿树掩映中显得格外明快美丽。比萨大教堂的大钟也置于斜塔顶层。斜塔里面一共放置了7座大钟。最大的钟是在1655年铸成的，重达3.5吨。

斜塔建成的时候，塔顶就偏离垂直线2.1米。现在，塔顶偏离垂直线已超过5米。

比萨斜塔的倾斜问题一直是建筑史上的焦点。经分析，塔体出现倾斜的主要原因是地基的土层强度不够。因为大约一万年以前，比萨斜塔所在的地方恰好是河流的入海口，年年月月的潮起潮落，沉积了一层又一层松软的沙质淤泥，使得该处地质十分松软。而在建造之初，建筑师对当地的地质构造缺乏全面、缜密的调查和勘测，致使设计有误、奠基不慎，斜塔南北两边的地基相差两米，而且塔基只有3米深，基础深度不够，这使得该塔在初建时就出现了倾斜之态。再加上大理石砌筑的塔身非常重，造成塔身不断下沉。所以比萨斜塔自建成后，一直缓慢地向南倾斜。但幸运的是，该塔一直巍然屹立，这种"斜而不倾"的现象，堪称世界建筑史上的奇迹，使比萨斜塔名声大噪，吸引了世界各地的游客。

意大利的比萨斜塔。

每年都会有近80万的游客来到塔下,对它"斜而不倒"的塔身忧虑、焦急,同时为自己能亲眼目睹这一由缺陷造成的奇迹而庆幸万分。

为了避免斜塔进一步加大倾斜,从1992年开始意大利暂时关闭了比萨斜塔,开展了挽救工程。科学家们运用了120多种仪器来监测比萨斜塔的每一细微反应,工作人员使用直径20厘米的标准螺旋在塔的地基上挖掘钻孔,精心测量挖出的土方。按照科学家们得出的结论,认为地下水位的季节性涨落是使倾斜永远存在的动因。工程师们推测,一旦塔身得以加固,在地下安置一个巨大的横断层,以控制地下水的流动,就会防止塔身再度移动。但比萨斜塔的重修工程充满了挑战性,也引起了许多争议,因为任何一项干预性措施都是冒险的,谁也不能保证万无一失,而且也没法应付所有的自然力量。地震和恶劣的天气会给塔基带来灾难性的影响。有一年冬天,因为气温急剧下降,仅在一天之内比萨斜塔就向南倾斜了一毫米多。还有些历史学家认为,目前尚无如此迫切采取措施的必要。甚至有人认为真正的破坏就是在最近150年内人为造成的。

但挖土拯救实验的早期成果是令人满意的,4个月的挖土工作使塔身校正了3.3厘米。工程的最终目标是减少10%的倾斜度,也就是相当于约0.5度。科学家认为,如果能够取得预期的结果,就有可能将塔调整回它3个世纪前的状态,这就为后人争取到了更多的时间以采用更先进的科技使斜塔不致倒下。

经过专家们及社会各界的共同努力,挽救工程已基本完成。2001年,比萨斜塔又向全世界的人们开放了。人们又可以欣赏这建筑史上的奇迹了。

专家点评

比萨斜塔可以说是歪打正着,因失误而名扬天下,成为建筑史上的奇迹。比萨斜塔留给后人一道美丽的景观。但是,比萨斜塔的设计师未考虑到地基沉陷问题而导致塔身倾斜,以致其在长达百年的修建过程中,一直执著地与自然做着斗争,这是应该吸取的深刻教训。

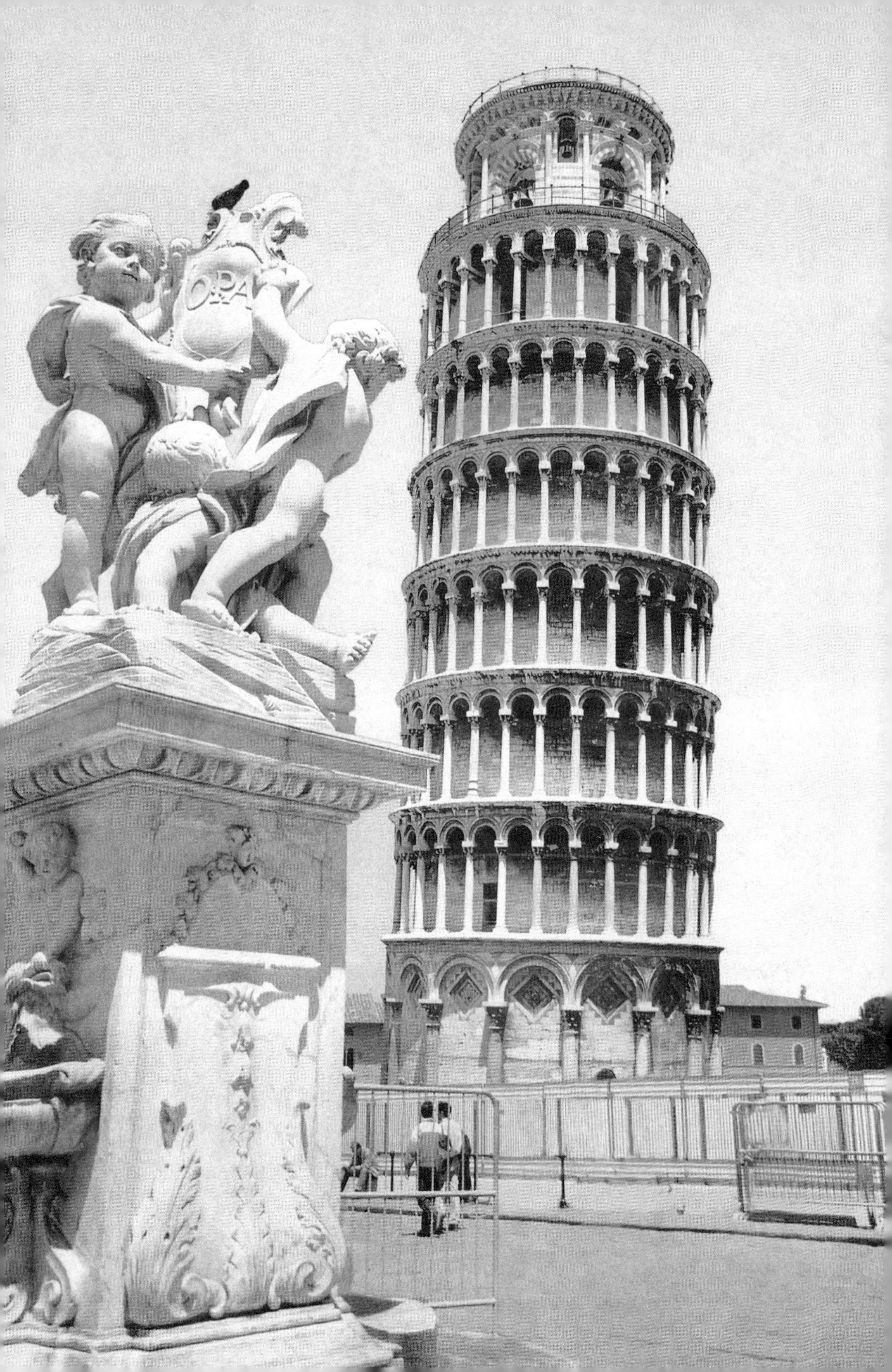
O.P.A

起始时间	地理位置	推荐理由
公元 1181 年	埃塞俄比亚首都亚的斯亚贝巴以北 300 多公里处	拉利贝拉岩石教堂不是采用一般建筑方法"建造"的，而是一件件雕刻山壁而成的巨型杰作，里面建有中殿、通道、祭坛，甚至有凿去岩石而建造的院子。

镶嵌在岩石上的拉利贝拉岩石教堂

文明印记

拉利贝拉有11个中世纪的教堂，它们在一条大部分干涸的溪流——约旦河两边分为两个截然不同的群体，几乎没有高出地平面。其中四个是在整块石头上开凿的，其余的则要小些，要么用半块石头凿成，要么开凿在地下，用雕刻在岩石上的立面向信徒标示其位置。

石匠的雕凿技巧几乎令人难以置信。据估计要在拉利贝拉工地上雕刻出那些巧夺天工的 11 座教堂，必须凿出 10 万立方米的石头。所有建筑大体上都仿效拜占庭教堂的布局，有长方形会堂和3个供信众进出的门口。每座教堂都是独特的创作，从最雄伟的支柱到精工细雕的窗花，都是由矗立的岩石凿刻而成，经历 800 多年仍大致完好。

进行这样宏伟的工程，石匠可能是先在山麓开凿出长方形的深沟槽，形成一座兀立的巨大长方形岩石，然后从顶上开始，在岩石里里外外雕凿，在上层成形后才开始精雕细琢，跟着动手雕凿下层。岩石质地不很坚硬，凿刻起来也许不大费工夫，但是我们仍得猜想施工时长廊怎样获得照明和通风。他们很可能利用铜镜反射阳光进长廊内，无须使用不停冒烟的油灯。

建筑物的突出部分，如屋顶、檐沟、飞檐、过梁和窗台的突出程度视雨水的主要方向而定。开凿工程显然分几个阶段进行，这样，建筑师、工人和手工艺人可平视工作，不用竖脚手架。一些人负责开凿独石，将它与周围的岩石分离；另外一些人则负责制作成型。碎石是通过开口（如窗户和门）搬运的，使用的工具很简单——用镐和杠杆挖掘，用小斧和凿子进行局部加工。

拉利贝拉的教堂中最引人注目的或许是耶稣基督教堂，它长33米，宽23米，高11米，精雕细刻的飞檐由34根方柱支撑。这是埃塞俄比亚唯一一个有五个中殿的教堂。根据基督教的惯例，有三个分别面向东、北和南的门通向教堂内部。这是按长方形廊柱大厅式基督教堂修建的。呈东西向，隔成八间，28根支撑半圆形拱顶的支柱成行排列其间。

相邻的圣玛丽亚教堂比耶稣基督教堂的面积小些，高度为9米。墙上的窗户为阿克苏姆风格，里面有三个中殿，其独特之处在于它们从上到下都覆盖着代表几何图案（希腊十字、万字饰、星形和圆花饰）和动物（鸽子、凤凰、孔雀、瘤牛、大象和骆驼）的装饰性绘画及按福音书描绘耶稣和玛丽亚生活场景的壁画，但大多均已损坏。

在山岩上直接开凿的拉利贝拉岩石教堂。

主门之上是一个描绘两个骑手杀死一条龙的浅浮雕，由于埃塞俄比亚的圣所中很少有动画雕刻（实际上，在基督教的中东地区都是这样），所以这幅雕塑属珍品之列。

圣迈克尔、各各他教堂和三位一体教堂组成为一个教堂群，其中最大的教堂——圣迈克尔教堂被十字形支柱和谐地分为3个中殿。供奉耶稣受难像的各各他教堂最显著的特征，是在其两个中殿的墙壁上雕刻的7个真人大小的牧师系列像。此外，它的壁龛中还有一个基督墓。

四福音书。

    供奉圣子、圣父、圣灵的小教堂要经过各各他教堂才能到达。它的布局呈不规则四边形，内设三个独石圣坛。圣坛组成一个半圆，并饰以十字架，中央有一个洞，做弥撒时，牧师用它放置"托博特"（埃塞俄比亚礼拜仪式用语，吉兹语中的"约柜"）。在教堂地下室的后面，有两个双手合十进行祈祷的神秘人物站立在一个空壁龛的两边，壁龛的顶部是一个圆圈环绕着的十字架——或许代表三位一体。

    圣乔治教堂坐落在一个近乎方形的竖井状通道（22米×23米）的底部，与其他教堂相分离，形似希腊十字架。它的地基很高，里面既无绘画，也无雕塑，因为这些东西会转移人们对其和谐而简单的线条的注意力。天花板上，十字架的每个臂都与一个半圆拱相交，而这些半圆拱是在矗立在中央空间的四个角的壁柱上雕刻出来的。虽然这个建筑的低层窗户属阿克苏姆风格，但高层窗户上却有着与各各他教堂相类似的带花饰的尖拱。

    特格雷省中部现在还有好几百座劈石而成的教堂散布各地，都遵循着埃塞俄比亚的独立建筑传统。每座教堂都是由一座巨大岩石刻成的，内外都加以修饰，但是没有一座在设计和装饰方面能够媲美拉利贝拉的教堂。这样的教堂在世界上任何地方也找不到，就是埃及从山腰凿出来的寺院，也不过是以雕刻的门面遮盖着后面工艺拙劣的洞穴罢了，绝对不能与之同日而语。

专家点评

    有一点关于那些教堂的观感是不容争辩的：热诚无限的信念、卓越的艺术才能、超群绝伦的技术结合起来，创造了一个实至名归、亘古长存的世界奇迹。

起始时间	地理位置	推荐理由
公元 11 世纪	津巴布韦的古维多利亚城堡马斯温戈城东南 30 公里处	大津巴布韦是公元 11 世纪时居住在班图的梭纳人建造的，现在已经成为公元 11 世纪至 15 世纪梭纳班图文明的唯一见证。

见证梭纳班图文明的大津巴布韦遗址

文明印记

昔日的大津巴布韦靠着黄金贸易而日益富有，发展成为一个繁华强盛的都城。如今，它那曲折蜿蜒的花岗岩石墙散布在大约 100 英亩的山地上，追忆着自己早已逝去的光辉。

大津巴布韦的全部建筑是用 90 多万块花岗岩石砌造的，规模宏大、雄伟壮观。它由 3 个主要部分组成。第一部分是建筑在山冈上面的一群圈地，也被称为"卫城"；第二部分即所谓的大圈地，它可能是一个宫廷或者礼仪中心，在它周围分布着 10 多个造型相似的小圈地；而第三部分则是一个供普通大众居住的环形城镇。

大圈地是一座依山而建的椭圆形城寨。城墙分为两层，外层长 240 米，内层长 90 米，不用灰泥之类的黏合物，却异常坚固与平整，足见其建筑水平之高。经墙上 3 道狭窄缺口进入圈地后，场内又有石墙、通道、房舍等。大圈地也被某些人称作神殿，最有代表性又具神秘的建筑是一座 15 米高的圆锥形实心塔，有人推测它可能是当年王室祭祀用的石塔。也有人推测这座塔有可能是男性生殖器的象征，代表生殖崇拜以及酋长们的权力。

离大圈地不远是一座地势险峻的石山，山上矗立着的即为卫城。公元11世纪至15世纪有人居住，公元17世纪起这里建起东、西两个城区，城区之间用狭窄的通道相连，部分通道有遮顶。城里道路错综复杂，像一个迷宫。考古证明卫城不是用于防卫，而是作为王宫，西区是国王居住的地方，东区则是国王祭祀的地方，是国家的宗教中心。在东区，曾经发现6根滑石雕成的立柱，顶端雕刻着飞禽图案，现在已经成为津巴布韦的象征。

大津巴布韦遗址中的锥形塔。

平民区处于大围场和卫城之间，是一片谷地残垣。遗址上星罗棋布地建着一些矮小的石屋。在这里发现了不少当年人们生活的遗迹，如房屋、梯田、水渠、水井、铁矿坑和炼铁工具，也有来自于中国的瓷器，来自于阿拉伯和波斯的玻璃器皿及金器，来自于印度的佛教念珠等等。

通过碳-14进行的年代测定，结果显示，尽管早在4世纪的时候该遗址就已经有人临时居住，但是在这里的永久性定居可能是在10世纪，甚至可能是在11世纪的时候才开始出现的。研究表明，大约有1.8万人居住在大津巴布韦。

然而，1.8万人居住的大津巴布韦，必定会造成当地资源的高度紧张。到了1450年，

耸立在大津巴布韦山岗遗址墙上的石柱。

大概由于社会问题和环境问题,大津巴布韦被废弃了,首都迁移到津巴布韦的西部卡米。

在津巴布韦高原上,还散布着众多与大津巴布韦相似的遗址,多数遗址的地位相当于地方省会,而大津巴布韦只是整个体系之中面积最大、实力最强的一个遗址。

专家点评

虽然有关大津巴布韦的一些事实已获得证明,但都零零碎碎,难以得出完整的结论。建造这些伟大建筑的人的身份仍是个谜,至于此地为何遭遗弃的问题也毫无头绪,缺乏文字记载,很难获得真实证据。这座石砌废墟仍屹立山顶上,唯一能得出的结论就是文明会随着时间的逝去而被湮灭。

起始时间	地理位置	推荐理由
公元 11 世纪	阿尔及利亚的艾格瓦特省	姆扎卜的建筑结构是为群体居住而设计的，但同时也考虑到了家庭的结构，以简朴、功能性强和环境舒适为原则。当今的建筑可以此为借鉴。

对后世城市规划与建设产生重大影响的姆扎卜河谷

文明印记

姆扎卜有着悠久的历史，也有过一段繁荣的岁月。

姆扎卜是古代拉斯特曼帝国版图的一部分。当时，国王阿卜杜拉·拉赫曼以伊斯兰教的伊巴德教规立国，励精图治，文化科学非常发达，因此经常有阿拉伯使者来这里学习。

伊巴底斯教，伊斯兰教的一派，由相当数量的非阿拉伯语伊斯兰教徒组成，其中包括柏柏尔人。拉斯特曼帝国的首都塔赫特，也是这个教派的圣城和发源地。这个教派的学说既反对什叶教派也反对逊尼教派。

公元909年，法蒂玛王朝的缔造者（什叶派）摧毁了塔赫特，拉斯特曼帝国灭亡。法蒂玛王朝的势力在10世纪后期达到顶峰，在公元972年，其首都迁到了开罗，在那里，它一直存在到公元1171年。

拉斯特曼帝国灭亡以后，伊巴底斯教徒逃亡各地。他们到处寻找新的领地以便定居下来，公元11世纪他们在与外界相对隔绝的姆扎卜河谷建立了更易于防守的定居点。现在姆扎卜谷地的柏柏尔人就是这个古国臣民的后裔。

姆扎卜谷地内，有伊巴底斯教派修建的5座要塞村庄。5座村庄分别坐落在谷地内底的小山上，方圆近400平方公里。村庄分布在从清真寺到城墙的若干同心圆中。居民住房和其他建筑物围绕在有一个尖塔的防御性清真寺周围，这座尖塔担负着瞭望塔的作用。建筑由简单的覆盖石灰的泥砖结构建筑组成，这些建筑的外观呈立方体，有狭窄矮小的出口、阳台、水平通路和拱形走廊。建筑都巧妙地修建在山坡上，从上而下，成金字塔形。

至今，谷地内虽见不到高楼大厦，但各种建筑布局得当，外形美观，富有艺术特色，显得十分和谐。

山坡上的建筑物高度相近，颜色大致分为白、蓝、黄三色。因为白色能反光避热；蓝色据说能避免害虫的侵袭；黄色则是沙漠的颜色。

5座村庄都有人工栽培的棕榈园。棕榈树荫下，还栽有一些观赏性植物。这些人工绿洲依靠的是完善的水利灌溉系统。在姆扎卜河及其支流上，有许多为防范洪水泛滥而建的水坝。星罗棋布的水井和巧夺天工的抽水设施，加上纵横交错的水渠，保证了灌溉的需要。

每个村庄都在其城墙外面拥有夏季"要塞"。这种夏季移民点没有正式的固定形态，往往包括人工棕榈树林、公墓和清真寺，其建筑看上去都明显有防御用途。

专家点评

姆扎卜河谷定居点对20世纪城市规划与建设，发挥了相当可观的影响力。时至今日，它仍是城市规划者的灵感之源。

建于公元8世纪的阿伊特本哈杜村，是姆扎卜河谷社区建筑形式的雏形。

起始时间	地理位置	推荐理由
公元1071年	摩洛哥国境南部	马拉喀什老城是摩洛哥两朝的王都，以众多的名胜古迹和幽静的园林驰名于世，被誉为"摩洛哥南部明珠"。

被誉为"摩洛哥南部明珠"的马拉喀什老城

文明印记

马拉喀什始建于公元1071年，并于1072年成为阿里莫拉维德王朝的首都。当时，游牧民族阿里莫拉维德征服并统治了南起撒哈拉沙漠，北至大西洋沿岸，东达卡比利亚的辽阔地域。

老城的城墙修筑于1126年至1127年，长达10公里。在阿拉伯语里，"马拉喀什"意为"红颜色的"，其原因是当年的城墙采用赭红色岩石砌成，迄今基本保存完好。

1147年，阿里莫拉哈德人战胜了阿里莫拉维德人，马拉喀什城大部分被毁。但阿里莫拉哈德人依旧在这里建都，并建起了马拉喀什新城区，扩大了城市范围。

1269年，梅里尼德人征服了马拉喀什城，城市逐渐衰落。

1510年至1659年，萨阿迪亚的君主们使马拉喀什复兴，他们修建了宫殿、陵墓以及大量带有装饰的喷泉。

阿拉乌伊塔王朝时期，马拉喀什又兴建了清真寺、伊斯兰高等学府，还修建了富丽的王宫及住宅。

马拉喀什是全国第三大城市，也是南部地区的政治中心。它位于国境南部，北距首都拉巴特320公里，东距峰顶终年积雪的大阿特拉斯山50公里，虽然地处沙漠边缘，但气候温和，林木葱郁，花果繁茂，以众多的名胜古迹和幽静的园林驰名于世，被誉为"摩洛哥南部明珠"。

沿着旧城区红色的城墙漫步，眼前所出现的景象仿佛让人又回到了那遥远的中世纪时代。

城内的杰马·埃勒·弗纳广场是最繁华的地方，每当午后，人们从四面八方汇集到这里，观看广场上的露天表演。马拉喀什的民间文艺活动有着悠久的历史，尤其以来自山区和沙漠地区的小型歌舞队表演的带有乡土气息的阿拉伯民间歌舞最为著名，平时在广场上自由演出，每年5月这里还会举行盛况空前的联欢节。

广场上，在人群围起的一个个圆圈里，除歌舞表演外，还有惊险绝伦的杂技，扣人心弦的耍蛇，说书人讲的娓娓动听的故事……精彩的表演让人叹服不已，博得观众阵阵掌声和喝彩，热闹非凡。

直到夜幕低垂，人群散去，广场才变得宁静下来。广场附近，街巷交错，房屋密集，摊铺林立，货物充足，到处是头缠白巾、身穿长袍的阿拉伯人，空气中散发着浓烈的烤羊肉、烙面饼的香味；露天饭铺、小吃店布满街头，人山人海，熙来攘往，狭窄的街巷显得异常拥挤，完全是一派中世纪的繁华风貌。新城区建于1913年，这里欧式建筑众多，街道宽阔，浓荫如盖，充满了现代化的气息。

在马拉喀什众多的名胜古迹中，最吸引游客的首推库图比亚清真寺。清真寺建于1195年，是当年建造拉巴特哈桑塔的建筑师雅库布·埃勒·曼苏尔主持修造的，以纪念击败西班牙人所取得的胜利。

清真寺的尖塔高77米，外表富丽堂皇，是北非最优美的建筑之一。同其他清真寺相比较，库图比亚清真寺的独到之处在于，当年修建尖塔时，在粘合石块的泥浆中拌入了近万袋名贵香料，使清真寺散发出浓郁的芳香，迄今依然香味扑鼻，因而又有"香塔"之称。

库图比亚清真寺另外与众不同的一点是，当年登上高塔呼唤人们祈祷的宣礼员必须是盲人，其原因是防止有人借机偷窥附近王宫后院里的嫔妃。

其他著名古建筑还有建于公元19世纪的巴希亚王宫，16世纪萨阿迪王朝时代的圆顶陵墓以及达西赛义德博物馆等。

城区东部的阿盖达尔橄榄园，已有700多年的历史，园长3.2公里，宽1.5公里，是马拉喀什众多园林中最大的。园内橄榄树茂密，一望无际，其间还有小型柑橘园和杏园，

▲ 摩洛哥作为历史上第一个阿拉伯帝国，拥有许多精致的历史遗产。

园内有6个巨大的蓄水池，水质透明，清澈见底，这6池经过暗渠引来的阿特拉斯山上的雪水，是用来浇灌园林的。

橄榄园有着大自然的朴素美，吸引着众多的游客前来游览。

城郊的阿特拉斯山，峰顶终年积雪，银光闪闪，呈现出幽静美丽的银白世界；山腰林木青苍，古树、幼苗交错生长，犹如一片闪着绿色光芒的海；山脚绿草无边无沿，仿佛一幅巨大无比的绿色地毯，散落在上面的野花，红的、黄的、紫的、白的，好像是地毯上点缀的图案。阿特拉斯山间的瀑布，似白练从山上飞落而下，轻盈无声，像飞天撒向人间的洁白花朵，秀美无比。

专家点评

马拉喀什的建筑风格、居民的风俗习惯和生活方式保持着古老的风貌，沿着旧城区红色城墙行走，眼前所出现的景象古典而神秘，让人仿佛身处于遥远的中世纪。

起始时间	地理位置	推荐理由
公元11世纪	厄瓜多尔首都基多	基多原为古老的印第安人城市，是印加帝国北部疆土的首都，基多的名胜古迹反映了拉美不同时代的发展特色，被列为世界文物重点保护城市之一。

反映拉美不同时期发展特色的基多古城

文明印记

基多是一座山城，因保留众多著名的历史建筑而被称为"安第斯大博物馆"。这里的城市建筑与四周的自然环境奇妙地融为一体，穹顶、塔楼和尖顶建筑，与邻近的山丘互相衬托。

基多市分为新城、旧城两部分。西南部是旧城区，这里街道狭窄，路面为鹅卵石铺砌，弯弯曲曲，有的坡面陡峻。街道两侧的房屋多为白色或天蓝色的，临街的阳台显示出印第安人和西班牙人的建筑风格，众多的尖顶或圆顶的教堂耸立在一片低矮房屋之上，十分引人注目，保持着古香古色的风韵；新城坐落在北部，这里街道宽阔笔直，现代化高层建筑林立，别墅、公园点缀其间，马路上车水马龙，显示出现代化都市的景象。城市四周的山腰上林木苍翠，碧草如茵，鲜花竞开，城区东西两侧的皮钦查火山海拔4700多米，峰顶白雪皑皑，银光闪烁，景色壮观。

基多拥有众多的名胜古迹，市内共有大小教堂、修道院86座，著名的有圣弗朗西斯科教堂、孔帕尼亚耶稣大教堂、明斯德女修道院等。

圣弗朗西斯科修道院是南美最古老、最宏大的宗教建筑物，被视为巴洛克式建筑风格的杰作，是西班牙－美洲宗教建筑的典范之一。它由一座大教堂、几座小教堂和众多的回廊组成。修道院内珍藏着印第安人、西班牙人的绘画和雕塑名作，享有"美洲基多艺术学派珍藏地"的盛誉；孔帕尼亚耶稣大教堂建于1722年至1765年间，教堂正面的拱形大门上、四周墙壁以及天花板上镶嵌有精美的金叶图案，富有珍贵的历史文化价值。圣弗朗西斯科教堂、孔帕尼亚耶稣教堂和明斯德女修道院是美洲大陆上西班牙建筑艺术、美学与印第安文化相互渗透的精品建筑。

独立广场是基多市的中心地带，在这座正方形广场四周，耸立着一座座富有意大利文艺复兴后期艺术特色的建筑。这些建筑大多为两层，石门上配有精雕细刻的图案。广场南端的天主教堂始建于1550年，完工于18世纪。它有灰石垒砌的回廊和绿瓦铺盖的高圆顶，室内装饰物全用金箔镶嵌，是阿拉伯、波斯和摩尔人建筑风格的混合体。教堂的花格镇板平顶是西班牙摩尔人原作的复制品，建于19世纪中叶，外墙上有用金叶镶嵌的基多城奠

印加人住所边用来导引山上清水的石渠。

基者姓名，院内有厄瓜多尔解放者苏克雷将军的陵墓。教堂内还珍藏着印第安人、欧洲人的雕塑和绘画作品，是美洲"基多艺术学派"的宝库。教堂对面是作为教会权力缩影的大主教官邸。在它的顶楼建有凉廊，廊柱对称，由栏杆连接，每根柱头均有三角形装饰。广场西北角是雄伟壮观的总督府，它同样也是新古典主义建筑，落成于1830年，恰逢厄瓜多尔共和国宣布独立，遂成为殖民时期的最后一项建筑工程。

城东南的圣多明各广场，亦称剧院广场或苏克雷广场，广场中央竖立着苏克雷将军的雕像，东端耸立着以收藏丰富的木雕而闻名的圣多明各教堂和修道院。这里的圣阿古斯丁古堡是

基多孔帕尼亚大教堂。

苏克雷将军亲自签署厄瓜多尔独立协议书的地方,迄今仍保存着当年的原貌。广场附近是罗恩达大街与瓜亚基尔大街的交汇处,街道狭窄古老,店铺鳞次栉比,行人熙来攘往,是基多繁华的商业区。广场不远处的阿拉梅达公园,是基多著名的旅游区,公园内溪泉淙淙,小桥飞架,曲径通幽,鸟语花香,园内建有南美洲最古老的天文台和西蒙·玻利瓦尔纪念碑以及美术学校等。

基多因地处赤道还有"地球中心"之称,1744年在基多城以北24公里处三面环山的高地上竖立了著名的"赤道纪念碑",碑用赭红色岩石建成,连底座高10米,顶上有石刻地球仪;后又在距其27公里处竖立了新赤道纪念碑。

城市南端的面包山,海拔183米,有盘山公路通向山顶,顶上有一座大型基多女神石雕像,被誉为基多人民争取独立自由的象征。山腰有一座古老的印加神庙,站在这里俯视全城,基多美景尽收眼底:皮钦查火山云雾缭绕,白雪皑皑,绚丽多姿;基多市区塔楼、尖顶建筑与附近的丘陵、山峰相互映托。

专家点评

基多是南美洲保存最好、改变最小的城市之一,其城市建设与自然环境巧妙地融为一体。

起始时间	地理位置	推荐理由
南宋	云南省西北部	丽江古城的存在为人类城市建设史的研究、人类民族发展的研究提供了宝贵的资料，是极其珍贵的世界文化遗产。

有着"民居博物馆"美誉的丽江古城

文明印记

丽江古城又叫"大研镇"，全镇总面积56.1平方公里，其中古城面积有3平方公里。古城背靠狮子山，四周青山环绕，又有绿水点缀，形状像一方碧绿的大砚台。因为古时"砚"和"研"字通用，所以这里被称为"大研"。

古城地处丽江坝，选址北靠象山、景虹山，西靠狮子山，东西两面开朗辽阔。城内，从象山山麓流出的玉泉水经古城的西北端流至玉龙桥下，并由此分成西河、中河、东河三条支流，再分成无数股支流穿梭于古城内各条街巷。利用这种有利的自然条件，古城街道的布局自由而不拘一格，主街傍河，小巷临渠，道路随着水渠的曲直而延伸，房屋就着地势的高低而组合。

古城的青石板路面与一般的石板路不同，磨光的石面上有五颜六色的图案，像是由众多不同色彩的小石头汇聚而成，这是当地一种天然石料——五花石。这种石板材料全采自于丽江坝周围的山里，它清亮光洁，而且脚感沉厚，仔细观察你会发现石板路面斑痕累累，深浅不匀、凸凹不平，那是经历了几百年人踏马踩而留下的痕迹，古城的故事可以说就是从这五花石街道开始的。

四方街为古城集市的代表，其位置在古城的中心，据说木氏土司让人仿照其印章，用五花石铺就了一个呈方形约400平方米的露天集市广场，取意权镇四方。

城区内有4条主道，呈辐射状由此向四面延伸，即东面的光义街、七一街、五一街和西面的新华街、黄山下段，而每条主街又有数条支巷呈放射状再向四周辐射，由此形成了以四方街为中心、四周店铺客栈环绕、沿街逐层外延的缜密而又开放的格局，古老的集市就这样孕育了城市最初的形状。

古城街市很有特点，它是四方街集市的补充和延伸，因为单街独巷经营，渐成特色。

新华街是一条织麻、制革和理发的街，木柱、木门、木花窗以及木柜台古色古香连成一片，其路面铺垫的青石板为竖状，一路陈迹，一路沧桑，为最早的茶马古道，北出中甸，自古以来它是进藏马帮的出入之道。古道上悠闲的步履，店前促膝的家常话，传统的纳西服饰以及正在织麻的老妈妈，都是一幅幅宁静而优雅的风俗画。

七一街，出四方街向南走的一条狭长古道，其路面铺垫的青石板为横状，它是联结内地的一条古道，南通鹤庆、大理，明代大旅行家徐霞客便是脚踩石板由此入城，对古城的迷恋也正是从这五花石路开始的。

这里的街道在建筑时不求平直，而是顺着地势修建。城内大小路面都是用丽江特有的彩花石板铺成的，所以雨天不留泥浆，晴天也没有灰尘。古城先民选择这种青石板作为路面，是茶马古道的原因，由于古城频繁有马帮过往，为保护古城路面不被损坏，所以选择了青石板铺垫，这是对付马蹄践踏最好的材料。

长期以来，纳西族人民形成了崇尚自然、崇尚文化、善于学习和吸取其他民族的先进文化的优良传统。这一传统特别对民居建筑艺术产生了极大影响。表现在民居特色鲜明，构筑因地制宜，造型朴实生动，装饰精美雅致等各方面。

丽江古城现存的传统民居大部分建于明清时期，多为土木结构的"三坊一照壁，四合五天井，走马转角楼"式的瓦屋楼房，既讲究结构布局，又追求雕绘装饰，外拙内秀，玲珑精巧，被中外建筑专家誉为"民居博物馆"。

其中，"三坊一照壁"是丽江纳西民居中最基本、最常见的民居形式。房基是用石头堆砌而成的，中段用的是木材或砖石，上段则是用模板围封起来。民宅的正房一般来说是上下两间的楼房，与东西厢房、照壁围成一个四合院。在结构上，一般正房较高，方向朝云南丽江黑龙潭。

南,面对照壁,主要供老年人居住;东西厢房略低,由晚辈居住;天井供生活之用,多用砖石铺成,常以花草美化。如有临街的房屋,居民则将它作为铺面。

此外,纳西民居中最显著的一个特征是,不论城乡,家家户户前都有宽大的厦子(即外廊)。厦子是丽江纳西族最重要的组成之一,这与丽江的宜人气候分不开。因而纳西族人民把一部分房间的功能,如吃饭、会客等搬到了厦子里。

水是古城的灵魂,古城头的双石桥下有一条玉泉河,玉泉河溯流而上,沿河右岸小路北走约一公里,便是水源头——黑龙潭。泉水从四周山麓的古老栗树下和岩石间喷涌而出,在此汇成一个巨大而又神奇的出水潭,玉河水哗哗流淌不绝,古城生机勃发的生命秘密全都出自这里。

双石桥下有一个三孔分流水渠,玉河水分成三股伸向东南方,形成无数条小河,穿越古城的大街小巷,淌过小镇的千家万户,形成了"条条街道见流水,家家门前有水流"的景象。

古城流水密布，约2平方公里的城区内，就架设有大小桥76座，它们形制各异，同样构成了古城的一道风景线。

古城看桥，因水系不同，你会发现各有特色。中河为最大水系，把古城一分为二，东西两城区的联系和交往都要跨越中河，所以中河上的桥以坚固厚实为特色，河宽桥大，河长桥多，大多数是石拱桥，像大石桥、万子桥、百岁桥、南门桥等名桥多集中在中河。东河和西河是人工河，水浅渠窄，所以河上的桥多以简便实用为特色，木板桥、石板桥居多，在新义街、新华街和光义街的一段河上，自成风景。

大石桥位于繁华的四方街东100米，为明代木土司所建，因桥下中河水能看玉龙雪山的倒影，又名映雪桥。该桥系双孔石拱桥，桥长10余米，桥宽近4米，桥面用传统的五花石铺砌，坡度平缓，便于两岸往来。因为地处古城中心，密士巷、五一街与四方街交汇于此，大石桥负载了几百年古城的商旅往来、市井交流，为古城众桥之首。

万子桥位于七一街关门口的中河上，为单孔石拱桥，宽4米，长8米。据传捐资修桥者是户杨姓人家，因久未得子，以修桥积德求子，桥工察觉捐资者的心理，有意选用一种沙石板做建桥材料。当跨上万子桥时，你会发现这种石板是由千万颗沙粒凝结而成，表现了工匠独特的想象和对捐资修桥者的美好祝愿——子孙千万，永远昌盛。

卖鸭蛋桥和卖鸡豌豆桥位于四方街西河上，一南一北，都是单孔石拱桥。因为紧邻四方街，具有着浓浓的集市风味。纳西人喜吃腌鸭蛋，四方街西河南端，曾是鸭蛋互市之处，卖鸭蛋桥因此得名。丽江特产鸡豌豆，磨成凉豆粉，是古城人喜爱的食品，在四方街也随处可尝，卖鸡豌豆桥也因此得名。

马鞍桥亦名玉带桥，位于木府前的护城河上，为单孔石拱桥，据传木氏土司模仿当时京城的金水桥，其拱圈支砌采用整圆拱的建造方法，桥宽9米，长3米，打破了一般桥梁纵向大于横向的尺度比例，突出其气派。马鞍桥因地处衙署，所以官气十足。

这些石拱桥多建于明清两代，如今看上去古香古色。每年秋季，桂花盛开的时候，丽江古城便呈现出一派"小桥流水桂花香"的江南水乡风光。所以，人们将这里誉为"高原姑苏"。

丽江古城的选址和布局都极具特色，建筑学家们把这里视为"中华民族优秀建筑传统的缩影"。解放后，大研镇开展新的建设项目时，向古城的西北方向发展新区，使古城的原有风貌得以完整保存。

丽江古城的城内和四周，有很多名胜古迹。狮子山有古柏林、白马龙潭等景点。城北

◀ 丽江小店。

象山脚下有著名的玉泉公园和黑龙潭。1737年,人们在这里建造了一座玉泉龙王庙,乾隆皇帝亲笔题字"玉泉龙神"。黑龙潭水面宽阔,潭水清冽。终年白雪皑皑的玉龙雪山倒映在水面上,景色分外迷人。

象山山脚的山坡上,有几座漂亮的建筑。解脱林碑楼建于明代,据说丽江的土知府曾在这里会见明朝的徐霞客。徐霞客在《徐霞客游记》中说:"解脱林……乃丽江之首刹……崇饰庄严,壁宇清洁。"造型别致的五凤楼是汉族、藏族和纳西族建筑艺术的结晶。它是一座木结构的三层楼。楼的底座是四方形,上面立着32根朱漆油亮的大柱子。三层楼分别有三重多角飞檐,第一层飞檐翘角,第二层有2角,第三层有24角。无论从哪个方向看,都像5只展翅欲飞的凤凰。

在解脱林和五凤楼之间,有一座清静的四合院,这里是纳西族东巴文化研究室,保存着大量的东巴教经书和画卷。

专家点评

古城丽江,把经济、战略重地与崎岖的地势巧妙地融合在一起,真实、完美地保存和再现了古朴的风貌。古城的建筑历经无数朝代的洗礼,饱经沧桑,它因融会了各个民族的文化特色而声名远扬。

▲ 丽江的水车。

起始时间	地理位置	推荐理由
公元 1143 年	德国东北部	吕贝克城曾是汉撒同盟的都城。在16世纪以前是北欧主要的工商业中心之一，与斯堪的纳维亚各国联系密切，至今仍是北欧海上的商贸中心。

北欧海上商贸中心吕贝克

文明印记

现在的吕贝克面积达200平方公里，可谓是德国的大城市了，这其中包括了旧城区、四个郊区和23个自治市镇。被列为文化遗产的旧城东部和北部区域是中世纪城市建筑的缩影。

一位出生于吕贝克的诗人古斯塔夫·法尔克将家乡喻为"金楼之城"，因为他始终记得小时候每当夕阳西下，城内的教堂楼顶都被余晖照耀得金光闪闪的情景。

吕贝克最引以为自豪的七大建筑便是大教堂、圣玛利亚教堂、圣佩特里教堂、圣埃济第教堂、圣雅科比教堂、大市政厅和万圣医院。此外，别具一格的山花形阶梯豪宅很类似中国的牌楼，富人商贾还在楼后建造了内院和里弄，形成了封闭性宅院，独具风貌。

据说，商人们把房子盖得很高是为了离天堂更近一些，而其内室奢华的装潢和与普通住宅大相径庭的布局则显示了当时暴发户炫耀财富的心态。

相比之下，手工业者和小老百姓的房子则朴素且狭窄。俄国大作家果戈里旅居此地时，领教了小巷深深的意味，他写信给两个妹妹，描述得幽默生动："巷子很窄，窄得可以让隔街而住的人们在窗外握手。"

吕贝克市政厅是德国最美、最古老的市政厅之一，它建于13到15世纪，为砖结构哥

▲ 吕贝克城的象征——双圆锥尖塔霍尔斯腾门。

特式建筑，正面为文艺复兴式，部分由瓷砖装饰，巍峨壮丽。内部厅堂也富丽堂皇。邻近的玛利亚教堂建于13到14世纪，尖塔高125米，著名作曲家和管风琴演奏家布克斯特霍德（1637年至1707年）曾在此任管风琴师近40年。

玛利亚教堂是从1250年始建一直到1350年才建成的哥特式大教堂。沿波罗的海的城市里，有不少教堂都是以它为模本的。而且教堂还因拥有世界上最大的管风琴（共有音管8512根）而著称。据称，大音乐家巴赫年轻时，曾长途跋涉300公里，专程前来聆听它的演奏。1941年它在英军的空袭中被毁坏，战后修复。但两座塔底下的钟因战争破坏而陷入地面，如今依然保持着那样的状态，以表达人们对和平的祈愿。

霍尔斯腾门建于1464年，城门上有两座庄重的塔，塔顶是圆锥形，它还是吕贝克的象征。50马克的钞票上就印着这座城门的雄姿。霍尔斯腾门完工于1478年，是德国最美丽的中世纪城门之一。它本是建来防卫此城的西面入口的，但两座城楼从未发射过一箭一弹。

事实上，这座城门最危急的时刻并不是在战时，而是1863年。当时市议会仅以一票

之微，否决了把这座那时已摇摇欲坠的城门拆除的建议。后来城门重建，如今是吕贝克市历史博物馆的馆址。

勃登布洛克之家亨利、托马斯兄弟纪念馆是诺贝尔文学奖得主托马斯·玛恩和长他4岁的哥哥、作家亨利·玛恩常去的祖父母家。1841年至1914年间一直为玛恩家族所有。战争中遭破坏只剩下了前墙和地下室，后来修复后又做过银行。

1993年5月，这里被开辟成玛恩兄弟纪念馆，展示着与玛恩家族有关联的许多物品，另外，托马斯·玛恩的出生地也在附近，即布莱特街38号。

卡塔利涅恩教堂的门口上方的外墙上有巴拉赫的雕刻，十分漂亮。现在教堂内部是宗教美术博物馆。教堂旁边有创立了400年的高中学校，托马斯和亨利兄弟曾在这里就学。

专家点评

回顾历史，吕贝克作为汉萨同盟的代表，经历了长达几百年的繁荣昌盛。或许今天的游客也只能在海涛声中去聆听这座海港小镇所讲述的那段沧海桑田的故事了。

起始时间	地理位置	推荐理由
13世纪中叶	墨西哥高原南部边缘的湖积平原上	墨西哥城内有许多名胜古迹，除了5座阿兹台克庙宇之外，还有西班牙殖民时期留下的欧洲风格的宫殿和大教堂。它们和高楼大厦一起构成了一幅墨西哥民族的历史画卷和丰富的城市景观。

按阿兹特克"神鸟"启示而建设的墨西哥城

文明印记

墨西哥城是墨西哥合众国的首都，面积1500平方千米，人口超过1400万，加上卫星城，人口达到1700万，是当今世界上最大的城市。作为历史中心，墨西哥城内有许多名胜古迹，除了5座阿兹台克庙宇之外，还有西班牙殖民时期留下的欧洲风格的宫殿和大教堂。它们和19世纪、20世纪独立以后兴建的高楼大厦一同构成了一幅墨西哥民族的历史画卷和丰富的城市景观。

墨西哥城市区呈长方形，街道呈方格状格局，有名的"起义者大道"是城市的主轴，自北而南纵贯全城，北端是火车站，南端为大学城。

50公里的长街贯穿整个市区，许多大的公司、商场、银行、饭店、影剧院、夜总会布设在大街的两侧，鳞次栉比，繁华异常。

"改革大街"自西向东长42公里，与"起义者大道"在市中心相交，这条林荫大道，既是风景街，又是历史街，拥有众多的广场、纪念碑、纪念馆、雕像、喷泉和文化娱乐场所。在街道的中段，每隔二三百米就有一尊与真人同大的名人铜像，他们个个栩栩如生，活灵活现。每两尊铜像之间又树立着一个高2.75米的青铜大花瓶，精雕细刻，都是难得的艺术珍品。

在查普尔特佩克公园入口处的旁边，矗立着一座著名的两层圆盘的雕塑——迪亚·迪亚娜女猎神喷泉，喷泉于1942年正式落成，水池以及两层喷水圆盘用黑色大理石砌成，屹立在喷泉顶端的女神右手持箭，左手拉弓，神态威武。

从迪亚娜女猎神喷泉继续向东，有全市最重要的纪念碑——独立纪念碑。它是1902年至1907年为纪念墨西哥城独立日一百周年而建。

独立纪念碑是墨西哥人民独立精神的象征，反映了墨西哥城人民为争取民族独立而进行的艰苦卓绝的斗争历史。

墨西哥城的中心是宪法广场，它是在阿兹台克人的广场原址上兴建的。广场周围矗立着国民宫、市府大厦、博物馆和拉美最大的大教堂，其中最有意义的是国民宫和大教堂。国民宫最初是阿兹台克人为其君王莫克特苏马建造的宫殿。当时，宫殿由左右对称的两座楼房组成，形似城堡。正面用洁白的巨块大石砌成，中央刻有国王权威的标记：一只爪子压在老虎头上的雄鹰。

1810年9月16日清晨，墨西哥城独立之父伊达尔戈神甫在多洛雷斯镇敲响了教堂大钟，把四周印第安居民召集起来，正式开始了墨西哥摆脱西班牙殖民统治的独立战争。

墨西哥取得独立后，从1825年起，首都各界群众每年都要在9月15日夜间聚集在宪法广场，举行庄严的"敲钟仪式"，开始一年一度的独立节庆祝活动。总统敲钟所在的楼就是全国政治中心——国民宫。

广场北端的大教堂是在阿兹台克人庙宇废墟上建立的拉丁美洲最大的一座教堂。

塔库巴街的马约尔广场，是古代印第安人的大祭坛遗址，旁边有中世纪西班牙殖民者建造的大教堂。

从独立纪念碑沿着改革大街西行不远，就来到坐落在城市西部的著名的查普尔特佩克公园，它占地4500公顷，有人工湖3个，古木参天，面积广大，内有人类博物馆、自然博物馆、现代艺术馆、科学馆、儿童游乐场、植物园，是市民休憩的好场所。人们称它为"城市之肺"。

出土于墨西哥城扎卡罗广场的阿兹特克历石，是阿兹台克文明最具影响力的遗物之一。

市区西北40公里的特奥蒂瓦坎，原意是"诸神的处所"，保存着美洲最大的金字塔。通过大道两侧的大小神坛、宫殿，在终端可以看到两座巨形金字塔——太阳和月亮金字塔矗天而立。

夜晚塔顶彩灯齐明，播放着悠扬的印第安音乐，并配以解说词，使远来的游客沉浸在千古幽思之中。

位于市中心的阿罗马公园，建于16世纪末，是一座具有历史价值的公园，300多年前西班牙的宗教法院就建于此。

墨西哥城是世界著名的"壁画之都"。早在1000多年前，擅长绘画的印第安人就喜欢把图案画在墙壁上。墨西哥人继承了这一传统，在本世纪初兴起了现代壁画运动，20至40年代达到了全盛时期。

在墨西哥城，从政府大厦到学校，从纪念馆到剧院，从商场到饭店，到处可以见到色彩绚丽、气势磅礴的壁画。在总统府，长达300多米的三面壁画描绘着墨西哥合众国的光荣历史，即使粗略地看一遍，也要花费3个小时。国立自治大学18层楼的外墙上，用彩石镶嵌着一幅43万平方米的巨幅壁画，名为"为民族服务的大学"，是画家盖罗斯的代表作。

专家点评

墨西哥城的前身——特奇提兰城被阿兹台克人认为是世界的中心。而今，这座世界上最大的都市时时会唤起人们对阿兹台克古帝国的回忆。

起始时间	地理位置	推荐理由
公元 1220 年	法国巴黎西北部的亚眠市	亚眠大教堂是法国最大、最古老的教堂之一，是中世纪哥特式建筑的杰出代表。它高大挺拔、气势宏伟，气象万千、富丽堂皇。

标志着哥特建筑走向成熟的亚眠大教堂

文明印记

亚眠大教堂是法国哥特式建筑的代表作，是法国哥特盛期著名的四大哥特教堂之一，这座教堂是哥特式建筑成熟的标志。与其他哥特式建筑不同，亚眠大教堂外部减少了塔楼的数量，更注重于立面的装饰，而且在高度上达到了43米，高出了其他的教堂。教堂内部窗户的面积大大增加，几乎找不到墙面，处处是华丽精美的玻璃窗画。而承重的柱墩也以细柱为主，它们与屋顶尖券的券肋连成一体，一气呵成，看起来更为坚固、连贯，充满向上的动感。

亚眠大教堂以其设计的连贯性、内部三层次装修之美和被称为"亚眠圣经"的雕塑群而著称于世。原教堂于1218年焚毁。现在的教堂为1220年由埃费阿·德·富依洛瓦主教重建。整座建筑用石块砌成，由3座殿堂、十字厅和设有7个小拜堂的环形后殿组成。平面基本呈拉丁十字形，长143米，宽46米，占地面积达20万平方米左右。教堂正门在西面，从上至下一共分为三层，巨大的连拱占了一半的高度。正面拱门上方的拱廊的每个小拱中都装饰有6把锋利的刺血刀，每三把成为一束，立在三叶拱的下面。拱门与拱廊间都用精美的花叶纹装饰。底层并列的3扇桃形门洞侧壁上都刻有浮雕。正面门楣上一系列的圣人雕像，已经是成熟的哥特式作品，精美生动，优美典雅，栩栩如生。其中最著名的是一座名为"美丽上帝"的雕像，耶稣的表情高贵祥和、悲悯仁慈，有着高贵威严的风度，十分具有感染力。中层是两排拱形的门洞，下面一排8个，上面一排4个，为著名的"国王拱廊"。4个拱形门两两对称，中间是一面直径为11米的巨型火焰纹玻璃圆窗，此窗也称"玫瑰窗"。顶层又是一排连拱，由四大、四小门洞组成。在教堂两侧各有一座塔楼，北塔高67米，南塔高62米，双塔对峙，十分壮丽。

通过大教堂立面的三个拱门就可进入教堂内部。教堂内十字厅长133.5米，宽65.25米，高42.3米，宽敞阔大、气势宏伟。拱间平面为长方形，每间都有一个交叉拱顶，上下重叠，中间饰以浮雕，与侧厅拱顶相对应，烘托出整体一致的庄严而又不落俗套的感觉，同时还产生出一种高大无比的仰视差觉。4根细柱附在一根圆柱上，形成束状结构，取代了粗大的圆柱。从下面看上去虽不甚匀称，但布局严谨。特别是殿堂和唱诗台在十字厅两

亚眠大教堂内的雕塑——小天使在哭泣。

侧分布，加强了平衡性，开创了建筑学上的强调余光的新阶段。教堂周围墙壁上高达12米的彩色玻璃窗，保证了充分的光照，使得教堂显得十分明亮。教堂内壁少有裸露的墙壁，几乎都是宽大的窗户，上面装饰着由五颜六色的彩色玻璃镶嵌而成的描绘圣经故事和圣经人物的图案。构图开阔，造型自由舒展，阳光从四面八方透过那图案各异、五彩缤纷的玻璃花窗，折射出璀璨光影，闪烁变化、热烈幽秘、华丽壮观，令人目眩神迷，油然生出飞升天堂的向往。

大殿中央是一个由110个橡树祷告席构成的唱诗坛，由4个连拱组成，线条分明，上面

亚眠大教堂内景。

雕刻有4000个圣像人物，用了11年的时间才完成，蔚为壮观，是亚眠大教堂的镇堂之宝。

整个教堂被126根精美的石柱和斑斓的彩色玻璃窗装扮得富丽堂皇，站在高深的教堂空间正中，面对着庄严高大的圣坛，不由得会生起崇高神圣的感觉。

教堂内部保存了许多完好的石雕，正门上雕刻的是"最后的审判"的内容。北侧门刻有本教区诸神和殉道者，南侧门为圣母生平图。十字厅南大门上雕刻了全身圣母像。

亚眠大教堂高大的殿堂、高耸垂直的线条和优美的尖顶穹窿，巧妙地搭配成完美、严谨的几何图形，大跨度的天顶使得室内空间显得极为宽大，深刻地表达出虔诚的宗教信仰。对于它的宗教效果，诗人海涅曾做过这样生动的描绘："我们在教堂里感到精神逐渐飞升，肉身遭到践踏。教堂内部就是一个空心的十字架，我们就在这里走动；五颜六色的窗户把血滴和浓汁似的红红绿绿的光线投到我们身上……精神沿着高耸的巨柱凌空而起……肉身则像一袭长袍扑落地上。"

亚眠大教堂是法国哥特式建筑的典型杰作，深刻而完美地显现出哥特式教堂的震撼力量和建筑艺术魅力。它宏伟壮丽、空灵优美，体现着那个时代巨大的威力，宣扬着基督教的精神。对于哥特式教堂的这种宗教象征性，著名的文艺理论家丹纳曾这样描绘："教堂内部罩着一片冰冷惨淡的阴影，只有从彩色玻璃中透入的光线变作血红的颜色，变作紫英石与黄玉的华彩，成为一团珠光宝气的神秘的火焰，奇异的照明，好像开向天国的窗户。"正堂与耳堂的交叉，代表着基督死难的十字架；玫瑰花窗连同它钻石形的花瓣代表久恒的玫瑰；叶子代表一切得救的灵魂；各个部分的尺寸都相当于圣数。哥特式教堂形式富丽，怪异，大胆，纤巧，庞大，正好投合心灵的强烈需要。

亚眠大教堂轻盈剔透，华丽灿烂，充满着一种飞跃升腾、直插云霄的气势和光芒四射、浪漫飘逸的美感。

专家点评

亚眠大教堂是中世纪盛期哥特式建筑艺术的杰出代表，贯注了整个时代的宗教信念、宗教情绪和宗教追求，具有极强的象征意义。它的高大壮观、气势恢弘深深震撼着后人，有个参观者曾无限感慨地询问著名的诗人海涅："为什么我们现在就建造不了这样高大的教堂呢？"海涅回答他说："那个时代的人讲的是信仰，我们现代人讲的却是观念。而建造一座像哥特式大教堂这样的建筑，仅有观念是不够的。"

起始时间	地理位置	推荐理由
公元12世纪	比利时首都布鲁塞尔市中心	布鲁塞尔大广场的四周耸立着哥特式、文艺复兴式和路易十四式等各种不同风格的建筑物，被法国作家维克多·雨果称誉为欧洲最美丽的都市广场。

有"欧洲最美丽都市广场"美誉的布鲁塞尔大广场

文明印记

具有中世纪风貌的布鲁塞尔大广场是城市的中心广场，占地3000至4000平方米。它初建于12世纪，地面用花岗石铺就，环广场而立的建筑物多为中世纪所建，其建筑风格各异，有哥特式、文艺复兴式、路易十四式等。沿广场绕行一周，使人恍有置身于中世纪之感。

广场一带的建筑物颇有来历。广场西边有一座上面饰有一只振翅欲飞的白天鹅的五层楼房，叫白天鹅咖啡馆，是当年马克思和恩格斯工作过的地方。他们和倡议成立德意志工人协会的成员，当年常到这里来开会。马克思和恩格斯受共产主义者同盟的委托，在这里写出了著名的《共产党宣言》。这座三开门的白天鹅咖啡馆，现在生意仍然很好，室内重新装饰得典雅大方，但门面还是保留着原来的样子。广场的东北角，与白天鹅咖啡馆斜对着的还有一家古老的冷饮店，店内有一匹马的标本，马身上的毛皮依然光亮，它是这个酒店的古老标志。马克思和恩格斯和他们的同志们当年也常是这里的座上客。坐在酒店的二

楼，从窗口可以把布鲁塞尔广场的风光尽收眼底。

大广场左侧27号小楼是法国著名作家维克多·雨果的旧居。这位作家在这里写出了《悲惨世界》等名著。此外，矗立在广场周围的市政厅、17世纪的各种职业行会会址、路易十四的行宫等都是久负盛名的建筑物。

从大广场向北走，穿过一段碎石小路，在一条名叫"狗街"的转弯处，竖立着一尊闻名的"撒尿小孩"的铜像。这座铜塑像是一个正在撒尿的儿童，他是比利时人引以为自豪并被誉为独立精神象征的布鲁塞尔第一公民——小于廉。塑像高半米左右，坐落在一个约两米高的大理石雕花的台座上，微卷的头发，翘着小鼻子，调皮地微笑，显得十分天真、活泼。

传说，在一次反侵略战争中，敌人在逃离布鲁塞尔之际，点燃了通向市政厅地下火药库的导火索，企图将市中心的建筑物全部炸毁。这一严重情况被一个名叫小于廉的男孩发现，他急中生智，立刻撒尿，浇灭了导火索燃烧的火焰，使布鲁塞尔市民和城市建筑免遭一场灭顶之灾。为了纪念这位机智勇敢的小男孩对布鲁塞尔市的特殊贡献，1619年，比利时雕塑大师捷罗姆·杜克思诺精心塑造了这座铜像。比利时人从此把他称作"布鲁塞尔第一公民"。

小于廉赤身裸体，不论严冬酷暑，常年立于街头。1689年，巴伐利亚总督路过这里，突生奇思，为可爱的小于廉披上了一件金丝礼服。此举一开，各国宾客纷纷效仿，争相把本国的民族服装送给这位小公民。

如今，小于廉已成为世界上衣服最多的人。现在市中心有一座博物馆，专门收藏和展览小于廉接受的千姿百态、色彩各异的各国服装。

在漫长的岁月中，小于廉几经劫难。1749年，法国士兵看中了这个活泼可爱的小男孩，将他偷走，引起布鲁塞尔市民的极大义愤。为安抚民心，法国国王路易十五被迫下令把小于廉送还布鲁塞尔，并赐给他一套王宫禁卫军礼服，封他为路易军团骑士。后来小于廉又有几次失踪，但终究大难不死，重返故乡。现在小于廉撒的不再是尿水，而是泉水。每逢狂欢节，小于廉改撒啤酒，狂欢的人们争相饮用，为节日增添了许多欢乐气氛。外国游客来到这里，则喜欢和小于廉在一起照相，作为曾在布鲁塞尔旅行的美好留念。

布鲁塞尔市中心广场还有一尊半裸体少女像，手托一只鸽子。那鸽子不是随意的装饰品，而是一只在第二次世界大战中，为保卫比利时做出了很大贡献的信鸽。

地处大广场的布鲁塞尔市政厅是一座典型的哥特式建筑。它始建于1402年，至1480年竣工。整个建筑气势宏伟壮观。市政厅厅塔高约90米。塔顶立有一尊5米的布鲁塞尔城守护神的铜像，后经市政厅一再扩建，更加气势不凡，厅内的装修十分精美，天花板上绘制的图案令人击掌叫绝，厅内的栏杆各个雕饰精细，巧夺天工。沿洁白如玉的大理石楼梯蜿蜒而上，一幅幅色彩鲜艳的壁画令人目不暇接，其中不少是历史名人的巨幅肖像画，有比利时的著名君主，有曾经统治过布鲁塞尔的西班牙、荷兰、法国等国君主，还有拿破仑的画像。厅内副市长办公室的陈设也是一派古香古色，室内一角站立着曾占领过布鲁塞尔的法国国王路易十四的铜像，墙壁上挂着名画家鲁本斯的巨幅油画。

这个大广场还是布鲁塞尔市的第一个市场。每天早上置身于花市、鸟市之中，仿佛到了鸟语花香的仙境之中。

　　每隔一年的八月，大广场上都要举行一次为期4天的"大广场鲜花地毯节"。这个"鲜花地毯"主要由带块状的100万朵秋海棠花组成，从广场中心呈长方形往外扩铺，花匠们精心铺织成世界上最大的"鲜花地毯"。"鲜花地毯"中央还有喷泉，在阳光和彩色灯光的折射下，使这个花的海洋变得更加绚丽多彩。

　　为庆祝第二次世界大战和比利时军队解放比利时50周年，1994年布鲁塞尔市政厅在这里举办了盛大的花节。在面积1600多平方米的广场鲜花地毯上，花匠们用鲜花"织"出了当年第一支随盟军踏上国土的比利时"比隆旅"的军徽。这支由比隆中校指挥的劲旅曾参加过英国海岸线的保卫战、诺曼底登陆等战斗，还参加了解放布鲁塞尔的战斗。这个具有特殊意义的"鲜花地毯"带给人们的不仅仅是美的享受，更让人沉浸在历史的遐思之中。

　　历史上这个大广场曾屡遭毁坏，又屡经重建、扩建，如今修建得更美、更漂亮。今日的布鲁塞尔大广场已成为全市的活动中心，每天早晨有花市，那争奇斗艳，气味芬芳的无数花卉，把布鲁塞尔的晨景装点得更加漂亮；每逢星期日有鸟市，那形形色色婉转啼唱的百鸟，又给布鲁塞尔带来了无尽的欢乐。

专家点评

　　布鲁塞尔大广场特别把历史性的公共建筑和私人建筑，如行业工会、天鹅餐厅等紧密地形成组合体。这些建筑集中而生动地展现了这个时代重要的政治、商业中心社区和文化品位相结合的历史氛围。

◀ 撒尿的小男孩雕像。

起始时间	地理位置	推荐理由
公元 12 世纪	俄罗斯首都莫斯科中心	克里姆林宫和红场是世俗和宗教的文化遗产，它既是政治中心，又是 14 到 17 世纪俄罗斯东正教的活动中心。

见证俄罗斯灵魂与历史的莫斯科克里姆林宫和红场

文明印记

克里姆林宫位于莫斯科市中心，占地 28 公顷，其西墙根下是占地 7 公顷的红场。莫斯科河沿着克里姆林宫南墙根和红场南部穿城而过。

克里姆林宫有"城垒"或"内城"的意思，俄罗斯的一些大城市都有古老的"克里姆林"。但从 1547 年后只有莫斯科的城堡才称"克里姆林"。克里姆林宫由三面围墙环绕呈三角形，墙体总长度 2.2 公里，高达 18.3 米，主入口是面朝红场的斯拉斯基门。

克里姆林宫首先浮现在人们眼前的是高高的围墙及围墙上的 20 座塔形建筑，其中最漂亮的一个塔叫斯巴斯基塔，塔尖上镶有红色五角星，下面是一座直径为 6 米的大钟，钟的字盘由黄金铸成，每 15 分钟报时一次，12 点整时鸣奏进行曲。

宫内的雄伟建筑包括寺院教堂、皇宫、钟楼及办公大楼。四座教堂围绕在宫内广场四周，这四座教堂是：12 使徒堂、圣母升天堂、天使报喜堂及圣弥额尔堂。但最美的教堂要数瓦西里·伯拉仁内教堂。它是伊凡四世时所建，由 9 座高塔组成，其中最高的方形塔高达 17 米。

天使报喜堂,沙皇在此受洗礼与行大婚礼;圣母升天堂,沙皇在此行加冕礼;圣弥额尔堂,多数帝王埋葬于此。这些教堂约建于16世纪哥伦布航海到美洲时,是俄国与意大利的建筑师糅合意大利文艺复兴风格与俄国东正教精神的精心之作。1812年法军侵入,这4座教堂均遭破坏。圣母升天堂破坏得最厉害。拿破仑在等待俄国人投降时,曾用它做马厩。后来这些教堂都妥为修葺,恢复旧观。各教堂的壁上几乎到处都点缀着细工镶嵌的壁饰,挂着用红宝石及黄金做框架的神像。教堂里彩色缤纷,琳琅满目,只是没有礼拜者与僧侣的圣歌声。

克里姆林宫内,还有其他美轮美奂的宫殿,但不经常开放。泰云宫就是其中之一,中古时代每值沙皇选后时,就征召最美丽的贵族名媛淑女住在此宫。寝室和浴室的墙后建有蜂窝似的密道,墙上满布窥孔以便沙皇仔细挑选佳丽。

克里姆林宫的各座宫殿,以凯瑟琳女王于18世纪兴建的土黄色元老会议宫最重要。它现在是苏联政府的神经中枢,游客根本不能走近这座宫,来访的外国贵宾和撰写特稿的作家,则可能获准参观三楼的列宁起居室。室内各物均妥为保存,文件、书籍、床褥、衣服,一一按照他离去时的情景布置,案头日历翻到1924年1月21日——他去世之日。最刺目的便是室内简陋破旧得很,而几米外,军械库中尽是金银珠宝。

高达81米的伊凡大帝钟楼是1600年由鲍里斯·戈东诺夫沙里提出建造的,它也是一座瞭望塔,可以俯瞰周围32公里的地方。在它的脚下有一座"钟王",是世界最大的钟,铸于18世纪30年代,重量超过203吨。附近还有一尊庞然大物——"炮王",其口径为89厘米,造于1586年,重量达40.6吨。用多棱白石砌成的多棱宫建成于1491年,宫内俄皇的朝觐大厅规模宏伟、装饰华美。报孝教堂重建于16世纪60年代,因为它整个屋顶都镀了金,所以当时被称为"金色拱顶"。

克里姆林宫的主体宫殿大克里姆林宫,竣工于1849年,尔后成了最高苏维埃举行会议的地方。克里姆林宫中举行党代会的大会堂建于1961年,它造在地下,以免影响那些古老建筑的美观。

克里姆林宫不仅是世界建筑史上的杰作之一,而且还是一座大博物馆和艺术殿堂。几百年来皇家收集的珍宝在武器库中展出,其中有武器、盔甲、皇冠、王室宝器、豪华的御座、珠宝、官礼服、马车、小巧玲珑的鼻烟盒以及法贝热的复克里姆林宫旁边的圣·瓦西里升天大教堂。

活节蛋。这里的皇冠、神像、十字架、盔甲、礼服和餐具无不镶满宝石。仅福音书的封面就嵌有26公斤黄金以及无数的宝石。哥登诺大帝的金御座上镶有2000颗宝石。四座教堂中也收藏着无数文物珍宝,圣母升天堂内的圣画像出自于君士坦丁堡的希腊画家,教堂中挂满了用黄金做架的圣画像。17世纪50年代建成的东正教教长宫,现在是17世纪俄国文化艺术的博物馆。

克里姆林宫外面是红场,列宁的陵墓就在那儿,他的遗体供人瞻仰。斯大林的遗体在1953年至1961年间亦在此陈放。广场中有令人叹为观止的圣巴西勒教堂,它的圆顶似一颗洋葱。它在16世纪50年代按伊凡雷帝的意愿建造,从此成了俄罗斯的象征。

专家点评

由俄罗斯和外国建筑家于14世纪到17世纪共同修建的克里姆林宫,作为沙皇的住宅和宗教中心,与13世纪以来俄罗斯所有最重要的历史事件和政治事件密不可分。克里姆林宫内包括了具有独特建筑艺术和造型艺术的建筑经典。在许多时期,克里姆林宫对促进俄罗斯建筑艺术的发展产生了决定性的影响。克里姆林宫通过其空间布局、建筑主体及其附属建筑为沙皇时代的俄罗斯文化提供了独特的见证。

起始时间	地理位置	推荐理由
公元1191年	瑞士首都伯尔尼	伯尔尼号称世界上最美丽的都市，从老城中的建筑，可见历史的变迁，伯尔尼人数百年来的努力维护，使老城保持了原来古城的风韵。

弥漫着平和市井气息的伯尔尼老城

文明印记

在瑞士人眼里，伯尔尼是世界上最漂亮的城市，连美丽的莱茵河在经过它的身边时都没有像在别处那样"一笑而过"，而是恋恋不舍地徘徊良久，逗留成一个大回环。因为伯尔尼总是保持着相差不大的气温和气候，行走于这里，人们总是被它的温和脾性感染着。

1848年，瑞士宪法将伯尔尼定为联邦首都，即使这样，它所表现的仍是温和含蓄，它只是联邦政府和议会的所在地，联邦最高法院设在洛桑，联邦保险法院则设在卢塞恩，联邦仅有的两所国立大学分设于苏黎世和洛桑，甚至这座瑞士国都没设一个机场。也许，这正是伯尔尼的美处，它拥有世界上任何一个国家的首都均不具有的安静、自在、悠闲与古老。没有人刻意地打扰它，人们只是安静漫步、穿过长达6公里的拱廊，探头去看看一家又一家被装点得浪漫而任性的店。尽管如此的不经意，伯尔尼浓郁的中世纪之风仍然一股连一股地扑面而来。

◀ 饰有伯尔尼小熊市徽的喷泉。

伯尔尼整个城市就是一宗完美的艺术品。经由历代巧匠精心制作，那些堂皇的建筑物——包括中古式、哥特式、巴洛克式——都奇妙地彼此衬托，恍若一体，非其他地方所能及。伯尔尼老城保留了原来的历史风貌：道路网沿阿勒河河岸延展，教堂的尖塔和钟楼、缀满鲜花的喷泉、建有角塔的屋顶以及公共花园等构成了一幅和谐的建筑风景画。

位于旧城区内主要十字路口的主教堂钟塔建于1530年，它是伯尔尼最古老的建筑，中世纪的古风遗韵在它身上被雕刻得细腻而精彩。整点的钟声一响，钟面上的鸡和小熊及小丑们便敲鼓、吹号，忙得不亦乐乎，这总是让人想到慕尼黑市政厅钟塔上的小人表演。也许，正是在这时候，人们才会对自己无意间所流露出的认真童趣表示承认。登上钟楼的最高层，看到的是涂了棕红色的屋顶和教堂的小尖顶，或者是某家的阳台上开得正盛的向日葵，抑或是被古老的建筑群半掩半藏的街道，这样的画面，应该是人们对欧洲最初的想象吧。

在伯尔尼众多的棕红色小屋顶当中，有一处是绿色的圆顶，它高耸于大片棕红的色块之上，极为显眼，这就是联邦议

会大厦的大圆顶。联邦议会大厦建于1852年至1857年，这座宏伟的宫殿就是温和含蓄的伯尔尼那明亮的眼睛和能够开口说话的嘴，它安静地注视、聆听，很少讲话，可一开口就一言九鼎。

别具风格的有顶盖的拱廊是伯尔尼市最引人入胜的特色之一。早在800年前，一些生意人在自己住宅前面几公尺处的大街上用木材建造了一列摊位或作坊，这就奠定了拱廊的根基。其后不久，有人需要更多空间，便加盖了一两层楼，并且将摊位与房屋从上面联拼，下面留出一道有用的空地。别人相继仿效，拱廊因此不断延展，形成人行通道和社交场所。即使在冬天，那下面也是一片和煦，市民们可以在此停下脚步，寒暄谈天。

现在的拱廊长达6公里，是"世界上最大的中古式购物中心"，那里能找到吃的、喝的，几乎任何东西都买得到，有名牌首饰，也有塑料提桶，有昂贵的服装，也有钓鱼用的活蚯蚓。许多深邃的地下室，以前是世世代代用来存放燃料和酒的地方，如今都变成了精致的店铺、书店或小剧院。

在伯尔尼，你一定会惊叹瑞士人的勤劳、智慧和无穷的创造力，他们把千余座16世纪的喷泉散布于伯尼尔的各个城区，圣洁的女神、凶煞的魔鬼、威猛神武的英雄，都体现着瑞士人的丰富想象力。

无论在伯尔尼的哪个城区，人们都可以看到被收拾得整整齐齐的小园林，瑞士人习惯定期更换园林内的花木，这样使它们看起来总是引人入胜。伯尔尼有1/3的面积都覆盖了花草树木，难怪中国人喜欢称它为"花园村庄"。或者你应该站在伯尔尼玫瑰园的长墙上去眺望阿勒河的身影，被浓密森林包围的伯尔尼似乎还是一个自然的幼子，它享受在自然宽阔深厚的怀抱里，深得自然之神的偏爱，却毫无拒人于千里之外的傲慢，依旧那么平易近人。

数百年来市民热心参与，是使这座瑞士城市确保全球最美丽国都盛誉的原因。而保护这城市的核心，一直是伯尔尼人非常关切的事情，他们几百年来努力维护美丽的建筑物和悦目的景色，所维护的成果到处都能够看到。

伯尔尼坐落在半岛上，有阿勒河环卫其四周，所以能免于战祸，但市区也不能蔓延拓展了，伯尔尼市民认为，这正是这条河给本城带来的最大好处：要是没有这条河，郊区就会大肆扩张，迫使古老的市中心失却生气，就像其他许多城市一样。

数百年来，有些建筑物也曾遭损毁——1405年一场大火便烧掉了600幢房子——不过原地上已重建了房屋，都是当时的风格。为了便于核定税款，城市创建人冯札林根公爵曾规定建筑用地一律为同样大小。所以市容虽历经修改，而根本格局却始终不变。连13世纪的下水道系统也依然维持原样。

中世纪风格浓郁的伯尔尼老城。

伯尔尼市也受到舆论的保护。一般市民都敦促民选议员尽力防止有可能损及城市的任何措施。例如在1954年，投机商人宣布计划，要将一整排的18世纪房屋改建成60户小型公寓。很多人担心老市区——那是伯尔尼市最美丽的地区——的其他房屋也会被陆续改建，而原来住在那里的家庭、手工艺人和工匠会被赶走，让位给外来人。居民预言，老市区剔除居家和商业生活后，会逐渐衰败，变成市中心的破落地带。市民迅即采取了行动。他们张贴告示，呼吁大家"挽救老市区"！结果有8000人齐集主教堂广场：乐队演奏振奋的音乐、有地位的人发表激昂的演说，平日难得冲动的市民大声喝彩，声震屋瓦。两天后，由古代行会与贵族后裔组成的"市民协会"买下了整排房屋，答应保留做住宅和手工工场之用。为保障老市区的安全，第二年市民投票表决，通过了严苛无比的新建筑物法规，1979年又添加了更严厉的条例。

伯尔尼市还特设了两位城市古迹管制员。他们一般为精通古代建筑技法的建筑师，每年能动用15万瑞士法郎的经费。他们监护所有的古代老建筑物，核发补助金，向修缮或使住宅现代化的人提供意见，也督导数百幢市有建筑物的重修工程。

此外，还有民间机构如"家园防护"、"维护绿色伯尔尼市"和"市民协会"一起担负维护城市古迹的职责。"市民协会"还每年支付100万左右的瑞士法郎，收购并重修值得保存的古老建筑物。在社会基层，还有个名叫"守望会"的独特组织，这是个100年前由居民、工匠和小商人组成的街坊委员会。会员监视临近地区，发现有人擅自更动建筑物，设置有碍观瞻的广告牌，或进行有害社区的任何事情，便向市议会提出检举。

建筑物法规指定，凡有意变更房屋外形者，必须在公营日报《市闻报》上刊登工程细节，好让邻居和管制机构有机会提出异议。房屋后面的形状虽然只有住在背后的邻居瞧得见，也同样受保护。市民甚至以投票的方式，授权当局对具有历史和艺术价值的室内陈设加以保护。

法律对于店廊和街头中别具一格的中古喷泉尤其重视。这些喷泉已有400多年历史，顶上安放着多彩多姿的雕像，深受游客和市民的喜爱。有些喷泉妨碍交通，但除非喷泉会发生危险，市政当局绝不考虑迁移，因为市民认为伯尔尼市本来是为人造的，不是为车造的。

现代交通也是个问题，因为车辆排出的废气会损坏石材。为此古迹管制人员拟订计划，准备将整个老市区列为禁行车辆地带。现在已有若干地段禁止车辆进入。

修复最宏伟的建筑物时，仍采用劳力密集的中古石工作业方式。有12名工匠在主教堂上雕琢石块、图案和人像，用以替代被风雨和化学物侵蚀的原有结构。修复时获得的技术经验都公开出来。手艺高超的工匠不吝传授独得之秘，由伯尔尼工艺学校开办特别训练班，招收瑞士各地的工人前来学习。

以瑞士的标准而论，伯尔尼市的居民不算富裕，他们的年平均收入低于瑞士国民平均所得，而纳税率则略微超逾一般水平。可是为了美化市容，他们经由投票表决，不惜每年支付300多万法郎，另外还花费千百万法郎整修自用房屋。

这样保存古迹会不会做过了头？老市区会不会逐渐衰落，变成一个博物馆或一个与时代脱节的城市？当你站在店廊左右延伸的街道上，心中自然会有了答案：

街上很热闹——儿童奔跑着上学、主妇在买菜、店铺老板在布置橱窗、锡匠在工场内敲敲打打……伯尔尼这种平和亲近的市井气已经维持了800年，历史的深沉已安静地沉积到了生活的底层，偶尔从平淡里可以体会到这种气质的高雅与宝贵，浸透出很多古雅与意味深长。

专家点评

伯尔尼老城保存如此完好，是因为后人尊重这一历史地区，而他们也因为自己的努力得到了城市给予的最珍贵的回报。

起始时间	地理位置	推荐理由
公元12世纪	秘鲁北部主要海港特鲁希略西北8公里	昌昌在契穆人语中是"太阳,太阳"之意,昌昌土城是世界上最大的土砖城。

象征着逻辑与次序的昌昌土城

文明印记

"远看一堆土,近看一座城"。在漫漫黄沙的海岸边,直到城门口,才能看清昌昌土城的轮廓。断垣残壁同城外的沙漠一样颜色,它是那么的不起眼。现在所能看到的城垣和屋墙,大部只剩墙基,最高不过五六米,难怪人们要对其"世界最大土城"的称号表示怀疑。

昌昌土城早在西班牙人入侵时就已被发现。300多年前,殖民者搜寻翻掘了城中的建筑物,挖了陵墓,将金银财宝搜刮一空。据说18世纪西班牙国王结婚时,秘鲁殖民总督就装了一船昌昌出土的金器文物,发运欧洲进贡。之后,不断有人来昌昌"掘金",加速了城堡的败坏。直到19世纪末,这里才开始了保护性的考古,但古城已被捣毁得面目全非了。最初由一位瑞士历史学家领导了第一个修复工程,接着又有美国、联邦德国和本国的考古学家进行了有益的工作,陆续修复了一部分古堡。历次出土的文物非常丰富,最近还发现了木乃伊和陶器、金狗等殉葬品。

城中有城,昌昌土城的城垣之内有各自独立的城堡,每个城堡和宫殿都有自己的城墙。现能看出坯形的城堡就有9个,小部分已修复供人参观。残留的一段城墙高7米,长440米。据说原墙最高的达15米。有一个城堡遗址,中间有个方形场地,方圆300多平

方米，四周为残墙所围绕，但墙基保存完整。走进城址中心，从纵横交错的道路网可以判断城市建设得井然有序，街道两旁有宫殿、祭坛、寺庙、花园、住房、市场、监牢、粮库等等。

不管是城墙或房屋，一律不见石，全部用土坯垒成。那土坯有大有小，依不同建筑物而定。砌得"天衣无缝"，常以品字形逐层砌造，以防地震的破坏。1970年秘鲁大地震时，后人修复的城墙倒了，而残存的古墙却毫无损伤。这些断垣残壁，历经五六百年的风吹雨淋而不蚀，有何秘窍？原来，筑墙的土坯是用粘土、贝壳、砂粒磨成细粉，混合渗水成型，以火焙烧制；成品呈紫红色，牢固度不亚于现代混凝土。当地气候干燥，几乎终年无雨，使土坯长久不败。契穆人避开远地采石的困难，利用当地最丰富的砂土、贝壳为建筑材料，的确是聪明的办法！

昌昌土城有出色的水利工程。渠道引来安第斯山的泉水，供市民饮用。其中有一条水道长达80多公里。从供水设施来判断，当时在这座城里的居民有5万多人。全城尚存一小片绿点，那是一个城堡遗存的水井，井底清水澈净，井边长满芦苇。沿着井壁斜坡砌了石盘道，人可走到井底打水。

昌昌土城的中心是庙宇般的查珠第城堡，这里有一个至今保存得特别完好的议事厅。24个坐席围着矩形庭院的土墙，看上去很像是个进行辩论的会议厅。此厅内部传声效果不同寻俯瞰昌昌土城。

常，坐在不同座位上的人哪怕用低声轻轻说话，都能被听得很清楚（这种传声效果，至今仍能得以体现）。在其他一些有趣的建筑物中，最为名的是绿宝石庙和彩虹庙。前者是1923年才被发现的，该庙宇呈金字塔形状，有两个寺院平台，周围有珍贵的浮雕，雕的是海底生物与鱼类。一座墙上，保存着一张大渔网的图案。另一座塔形寺庙是彩虹庙，周围高墙环抱，墙上精心雕刻着各种鱼和海鸟的图形，或栖或翔，或悠游水中，或潜水捕鱼。在一幅驯鸟图中，画中的鸬鹚仰头伸脖，企图吞下一条大鱼，可是脖子被人系了绳索，怎样使劲也吞不下去。

在一座神殿的四壁上，画了365个圆形的图案，据说这是代表月亮和一年365天。契穆人崇拜月亮，奉月神为最高神。包括上面的渔猎图案，都可以反映出契穆人是与海洋生活息息相关的。月圆之夜，乃是近海鱼类麇集的时候，是契穆人谋食的黄金时刻。

专家点评

昌昌土城是当时美洲契穆人的文化中心，这可从众多考古工作者在其遗址上挖掘出的大量珍贵文物、建筑以及雕刻艺术品中得到证实。

起始时间	地理位置	推荐理由
公元 12 世纪	希腊塞萨里亚平原上	许多陡峭的石柱矗立在希腊品都斯山的山影下。千百年来这些石柱是修士的安身之所,尽管困难重重,这里还是建造了24座修道院。文化景观使山岩和修道院浑然成为一体,非常壮观。

把修道院建筑在半空中的曼提奥拉

文明印记

在希腊塞萨里亚平原的西部,耸立着品都斯山,山的侧面有24根巨石柱拔地而起。自公元9世纪起,一批苦行修士便已选择在这些古老的石柱上筑起简陋的房子栖居。

曼提奥拉的石柱是由砂岩与砾岩(由天然黏土黏结在一起的水蚀岩石)混合而成。6000万年前,今天的塞萨里亚还是海洋,这些岩石就是当时的海床。

这一地区一连串的强烈的地壳活动把海床往上推,形成了高原,并在厚厚的砂岩中形成了多条断层;其后在水、风和冷热变化的温度等侵蚀下,砂岩断裂,留下巨大的石柱,而石上所留下的水平裂缝,地质学家认为是史前海洋的海水冲蚀而成的。

希腊史学家希罗多德在公元前5世纪曾经记载:当地人相信塞萨里亚平原曾被海水淹没,四周石滩围绕。

倘前面所说属实,在最近一次冰期终结时,即公元前8000年,这里可能为水所淹没。但希罗多德没有提到曼提奥拉的石柱,希腊其他古籍中亦没有这些石柱的记载。故有人据此断定这些石柱在2000年前是不存在的。但这一说法已被现代地质学家推翻。

居住于曼提奥拉的人是那些隐世者,他们在石柱上(可高达500公尺),寻找石间的洞穴和隙缝栖身，躲避风霜雪雨。没有人会攀登这些石柱，去打扰这些独居修士的沉思冥想。

起初，修士过着隐居的生活，只在周日和特别节日才会在建于一根石柱下的小教堂里，一起做礼拜和祈祷。到12世纪，他们开始成立自己的社区，但组织松散，仍以独居为主。

曼提奥拉地质现象非常奇特：巨大的山岩耸立在广阔的塞萨里亚平原上，有些山岩高达400米。这些山岩形状千姿百态、色彩丰富。

在这些壮观的山岩上，雄踞着一座座修道院。"曼提奥拉"的意思是"悬在半空"，非常形象地形容了这一地区的文化景观。

公元12世纪，一些修士和隐士在曼提奥拉修建了名叫"斯凯特"的小教堂。公元13世纪初，大批修士和隐士为了躲避战乱和宗教迫害，来到这里，建造了第一批修道院。

在这些修道院中，最著名的是科诺维提斯创立的大曼提奥拉修道院。塞尔维亚的国王和土耳其的侵略者竞相争夺肥沃的塞萨里亚平原，以致原来统治了希腊北部800年的拜占庭帝国日受威胁。1344年，来自圣山的科诺维提斯带领了一批信徒来到曼提奥拉。1356至1372年间，他在布罗德岩上创立了大曼提奥拉修道院。

布罗德岩的位置正合修士所需，这里不仅免受动荡政局影响，还可让他们完全控制修道院的通路。访客只能攀登一道长梯到达修道院，修士们倘若发觉有威胁时，即可收起梯子。

大曼提奥拉修道院建在海拔613米的岩峰上，当年建造它时，是用绳网把砖瓦、石块和木料从400公尺下面的高原吊上来的。

大曼提奥拉修道院最初只是一个私人祈祷所，后来规模不断扩大，内设教堂、塔楼、医院、餐厅、厨房，成为当地修道院中最重要的一座，被称为"伟大的曼提奥拉"。修道院内的教堂是整个修道院建筑的精华。教堂内部除了15世纪的珍贵壁画外，还拥有各种雕嵌精美的用具，最具有代表性的是一张用珍珠镶嵌、装饰豪华精致的修道院院长的宝座。

到15和16世纪，原来的几所简陋房舍已不足以容纳到曼提奥拉寻求庇护的人，因此较大、较精致的建筑便修建起来。那道梯子也不要了，改用一个令人心惊肉跳的绳网装置，这个装置是以绞盘操作的。

曾有个俄国宗教学者描述他于1896年由绳网登上石柱的情景。他说那是"很痛苦的一段路程，绳子一面不住地摇摆，一面把我往上拉，直到抵达石柱顶为止"。不过他的惊险旅程还没有完，因为"在他们快把我拉上木平台时，将我倒转。我大吃一惊，差点昏了过去"。今天，石柱上已经凿出115级阶梯，要攀登石柱已不那么危险了。

1517年，修士纳克泰利奥斯和西奥芬纳斯建立了以14世纪来此修道的修士瓦拉姆命名的修道院。

这些修士所创立的修道会是该地修道会中最清苦的，其中有项主要课业，就是漫长的深夜祷课和宗教仪式的鞭挞。瓦拉姆修道院拥有规模非凡的印刷和装订圣书的作坊，也拥有许多珍贵的东正教圣像，包括古老的绣像和手绘像。这里珍藏的众多圣经手写抄本，成为修士们的骄傲。这所修道院还藏有两件圣物：圣约翰的手指和圣安德鲁的肩胛骨。

这所修道院的设计很简单，但诸圣院和三祭司修道院的教堂内部都有壁画装饰。

诸圣院的教堂壁画是卡特兰诺于1548年所绘，画的是耶稣与圣母玛利亚的生平事迹。科里特人西奥芬纳斯于1527年在圣尼古拉斯修道院墙壁上也画了同样优美的作品，两者都充分显出拜占庭艺术家的风格和技巧。

尽管地方有限，但在13和14世纪间，在曼提奥拉共创立了24个修道院，每个有一两幢房子，里面有修道室、食堂、教堂或小教堂，有些还有图书馆。

今天，这里的众多修道院中，除了5个修道院外，全都无人居住。只有瓦拉姆、大曼提奥拉和圣三位一体3个修道院有修士居住，而圣斯蒂芬和罗瑟诺修道院则是修女的居所。

越来越多人把曼提奥拉当作博物馆，每年吸引着数以千计的游客来此游览。这致使很多有志于献身宗教事业的年轻修士不愿到这里的修道院修行，年长的修士也离开这里，另觅可让他们潜心修道之所。

专家点评

曼提奥拉岩高坡陡，既缺建材又缺水。在这里建造修道院，困难重重。但是，修士们靠信念和毅力使一座座修道院屹立在岩石上，形成了一道气势非凡的文化和自然景观。

起始时间	地理位置	推荐理由
公元13世纪	泰国北部素可泰府	素可泰在泰文中为"幸福的曙光"之意。素可泰王朝是泰民族建立的第一个独立国家。素可泰城有许多珍贵的文物和遗迹,已发掘出寺院37座,展示了泰式建筑的起源。

展示泰式建筑起源的素可泰历史名城及相关城镇

文明印记

素可泰王朝于1238年创立,国王英塔地宣布泰王国正式摆脱高棉帝国,从此独立。素可泰王朝的疆界包括今天泰国的大部地区,一部分马来半岛地区和一部分缅甸地区。

"素可泰"这三个字简直就是泰国艺术最高成就的同义词。这个时期精美的佛像造型达到了泰国艺术的顶峰。可惜的是,这是个短暂的时期。仅仅持续了两个世纪,历经九位国王。公元1438年新兴的阿育塔雅王国吞并了素可泰王国。

素可泰的城垣遗址显示出该城至少有三道城墙和两道护城河的防御。城市最初是由高棉人兴建,共有三座建筑和一个水利系统,与吴哥寺比较类似。在吴哥帝国开始收缩其规模后,高棉人就放弃了素可泰城,而泰人涌入,他们建造起了自己的家园。

古城探奇可以从郎堪罕国立博物馆开始。博物馆展厅内有许多素可泰时代的雕塑、陶瓷等以及其他时代的展品。入馆门口处站立着一尊威严的青铜佛像,据认为这尊佛像的风格反映了素可泰时代最高的雕塑修复水平。素可泰的雕刻家在泰国历史上首次创造出行走态的佛像。

另外值得注意的是一座具有高棉风格的石雕,雕像的后面虽然是一个铁架子,但他的服饰细节却极为精细。还有一个重要的作品是朗堪罕国王著名的石刻经文的复制品。原版雕刻则保存在曼谷博物馆。这块著名的雕刻碑文是在依帕萨,也就是在冢宫里面发现的。在1833年,孟库亲王发现了这块镌刻文字的石版。朗堪罕国王在碑文中记载了他如何征服邻近王国的经过,并记叙了他1283年发明暹罗字母的事迹。不过,还是有些专家怀疑它的真实性并认为是后人添加上去的。

朗堪罕的王位石座就曾设在依帕萨,尽管今天除了平坛和围墙外已看不到任何遗迹,这里仍是古暹罗奥秘的中心。亚历山大·格利斯渥曾经说:"我们说王位在政治上的意义,是丝毫也不会夸大的。因为国王接见前来朝圣的诸侯时就是坐在那里商讨国事的……"这座石头王位宝座,又称玛那加西拉,现存放在曼谷的玉佛寺中。

素可泰城墙内共有37处寺庙和建筑遗址废墟,其中最大的要数玛哈太寺。这座寺庙究竟是谁建造的,到现在也不能确定。格利斯渥称此庙为"泰王国的精奥中心"。根据猜测,玛哈太寺是由素可泰王朝的第一代国王建造的。玛哈太寺目前的造型乃是由洛泰王在1345年改建时完成的。

玛哈太寺的原型设计是在砖红壤台基上竖立着的四个砖红壤佛塔。平坛四个角的佛塔还可见到,是高棉风格的建筑。而上面的灰泥装饰是洛泰王后加上去的。在中央的佛塔现藏于洛泰王塔的底层。

四角塔和中心塔之间由砖红壤拱壁相连。庙里主要佛像乃是一青铜像,现存放在曼谷的苏塔寺内。主塔基座墙上有一道刻有行僧图的灰泥饰带,确实难得一见。

斯里斯外寺位于玛哈太寺的西南方,它原本是供奉希瓦的印度神庙。里面保存有一座三联塔,是仿高棉风格而建。16世纪时增建在塔上的灰泥装饰,展现的是神鸟与神明的造型,非常精致。

查那宋可兰寺和塔库安寺都有极为精细的斯里兰卡式佛塔,不过都剩下半部分了。塔库安寺内也有许多清善时期的铜像。

斯洛斯里寺位于前往素可泰城的南门途中,寺内有座斯里兰卡佛塔。佛塔东边的入口有座大佛堂,主殿废墟上遗留下来几排柱子,从那儿可以通向一尊修复得很好的坐佛佛像。阿奇尔·克拉芮说:"斯洛斯里寺在比例和装饰细节上均衡、和谐,是素可泰时期建筑所表现出精细不凡的审美观的见证。"

出了素可泰城以北的扇龙门，大约走上1公里，就可到达十分重要的寺庙——普拉排龙寺。它原本由三座砖红壤佛塔所组成，上面涂有灰泥。

寺院可能建于12世纪末，当时素可泰仍是高棉帝国的一部分，该寺可能就是当初素可泰的中心，而后来移到晚些建的玛哈太寺。这里发现的一尊坐佛石像的残骸，据认定是1191年高棉嘉瓦雅曼七世国王时的作品，现佛像安放在城内的朗堪罕博物馆内。在1960年对寺庙进行重建时，中央的那座佛塔里面有尊灰泥大佛倒塌，结果人们发现在大佛里面还有更多的小佛像，有些佛像大约建于13世纪下半叶。

在主殿的东边有一座角锥状的石砖宝塔，里面原本是13世纪晚期的灰泥坐佛像。后来，这些神龛都被砖封存起来，直到1953年修复时才重见天日。

在普拉排龙寺的西面就是西昌寺，寺内拥有全泰国最大的佛像之一。其主殿建于14世纪的下半叶，至于佛本身名叫普拉阿恰那，意为尊者。一般认为他正是朗堪罕国王铭文里提到的那尊佛像。主殿墙壁之间有楼梯可以通向房顶。楼梯间的天花板是由50多块石板瓦拼凑而成，上面描绘着佛教的民间故事。它们的作用正是将拾级而上的朝拜过程加以转化，用来象征佛学境界的提升。

在城墙之南还有一组寺院和神龛。其中有一个很有趣的地方叫柴图鹏寺，这个寺庙的藏经楼的护墙是用仿木造型的石板瓦所筑成的，它的大门也是用大型石板瓦做成的。这种石板瓦从附近山里开采出来，样子看起来有点像英格兰史前石柱的那种大石头。横跨环绕庙宇小河的桥梁也是用石头板搭成的。柴图鹏寺的中央塔上的佛像有坐、卧、站、走各种姿势，其中的行僧像被公认是这类佛像的精品。

朗堪罕国王碑铭上刻着这么一段话："素可泰城之西，林木丛生，是国王祭祀之地，郁郁葱葱中，有巍含萃殿，内有立佛一尊，高18尺……"这座寺庙据考证就是今天的沙潘欣寺，意为"石桥僧院"。它之所以得此名是因为要去庙里就必须走过一段用石板铺成的阶梯。佛像位于小山丘上，远远即可见到。佛像高达12米，手部抬起做"庇护相"。

素可泰城以西还可找到许多其他的古迹，这些古迹可能是斯里兰卡和尚建造的，因为他们喜欢在山林中建寺。另有一处值得造访的古迹离素可泰不远，叫做巴玛龙寺，意为"芒果林寺"，在1361年，李泰国王在这儿接见了一位小乘教的高僧，寺内仍留存有殿堂基座和主要佛塔的废墟。

素可泰城外约50公里处，有座萨查那莱城，它和素可泰城相同，都建于13世纪中叶，作为素可泰总督的府邸，一直和京都并称为姊妹城。此城内最重要的去处是昌隆寺，朗堪罕国王在他的碑文中记叙道，他在1285年开始兴建昌隆寺，以便供奉一些稀世的佛祖遗物。

寺内的宝塔是目前可认定为朗堪罕王所建造的建筑中仅存的一座，由砖红壤和灰泥建成，是斯里兰卡式的大钟塔，它坐落在二层方形的基座中。佛塔的上层里有神龛供着佛像，但是现在大部分已成了空穴，下层的39根象柱是用大块红岩建成。

象寺的南边是柴地猎拓寺的古迹，里面包括有七排舍利塔，收藏着西萨查那来城所有总督的骨灰，其中有一座塔刹里有尊由圣蛇那嘎庇护的灰泥佛像，这尊佛像修复得非常好。

再往南走，靠近庞大的城墙附近，有处南腓寺遗址，意为"女王庙"。寺庙的一段外墙上有精美的灰泥装饰，这块灰泥作品大概是16世纪产生的，与欧洲巴洛克作品颇有相似之处。

值得一游的其他寺庙，有考帕侬普凉寺和考苏汶克里寺，它们分别位于两个风景秀丽的小山丘上，寺院之间还有小道相连。普拉西拉坦那玛哈太寺是泰国最漂亮的寺庙之一，它位于古城东南几公里处，依傍在涌河之畔。

西查萨那来城与闻名的沙汶卡洛古董陶瓷有关。现在，这种陶瓷是泰国出口贸易产品。各类特色碗和有特色的双鱼图案的产品都用船运到中国。在泰国湾的沉海遗迹中发现了这种陶瓷。在这一地区仍有可能买到沙汶卡洛陶瓷古鼓，不过，大部分是复制品。

素可泰时期的"行步佛"青铜铸像。

▲ 素可泰王朝时期的神庙，其栏杆装饰有巨大的毒蛇石雕。

皮桑努洛克城距素可泰城50公里处，几百年来一直是泰国有名的城市。但是现在只有很少的古迹了。因为30年前古城遭受了一场大火，几乎毁焚殆尽。所幸在那场大火中，皮桑努洛克城的名庙玛哈太寺未受殃及。庙中佛堂供奉的神明普提婆浮图钦那来，受到全泰国人民的景仰。

供奉佛像的大殿的空间三级间架排列，每层都搭建在一面较低处的墙壁上，这样来客的注意力便全都集中在那座金光闪烁的佛像上。

佛像两旁各有一座木坛，是极其精致的阿育塔雅晚期作品。除此之外，值得留意的是佛堂大门，那是一扇18世纪的用螺姆母镶嵌的大门。寺院中央的佛塔是高棉风格，是后来由婆罗采洛加国王重建的。佛塔四周的回廊内有不同时代的佛像，有些具有极高的艺术价值。

专家点评

素可泰显示的伟大文明是众多民族文化和当地古代佛教传统艺术的汇合，形成了"素可泰风格"，是泰国历史上最光辉灿烂的文化艺术结晶。

起始时间	地理位置	推荐理由
公元 13 世纪	越南中部的承天省	顺化是越南的古都，在历史上曾经是越南政治、经济、军事、文化和教育的中心。因其悠久的历史文化和保存完好的古建筑，顺化被联合国评定为"世界文化遗产"。

模仿中国故宫建筑风格的顺化古迹群

文明印记

作为一个文化、教育和历史都很卓越的城市，顺化一直是越南的一个主要景区。这座古城不受时间影响的魅力不仅体现在其历史和建筑的价值上，还在于其位于香江河畔而具有的特殊风情。

顺化皇城，也称"顺化故宫"，建在香江北岸，面对玉屏山，是越南阮氏王朝的皇宫，也是越南现存最大的古建筑群。顺化的皇城由三个封闭的城墙组成，皇城墙和紫禁城被围在外城里面。外城墙是用石头、砖和土砌成的，有 8 米高，2 米厚，建于中国历史上的嘉隆皇帝期间。皇城墙是围着皇城和它的宫殿、寺庙和花园的围墙。

皇城始建于公元 18 世纪初，历经数十年的大修与扩建，才形成今天的规模。顺化皇城的建筑风格基本模仿中国北京的故宫，方形城墙每边长 500 余米，四周环绕护城河。皇城共 4 座城门，前门为午门，后门为和平门，左为显仁门，右为彰德门。午门内宽敞的广场，是朝廷举办重大庆典的地方，叫"大朝仪"。宫内主要宫殿有太和殿、勤政殿、文明殿等。太和殿是举行皇帝加冕等重大典礼或节日庆典的地方，是皇城内最大、最雄伟的建筑物。殿基高2米，殿内有朱红描金大柱，花石地面。勤政殿和文明殿是皇帝上朝议政的场所。宫内还建有华丽的大型庙宇，如太庙、世庙、兴庙等。

皇城内有一座紫禁城，城墙高约4米，厚约1米，每边长200米至300米，成不规则四边形，共有7座城门。城内是皇帝和后妃居住的地方。城中的乾城殿是皇帝的居室，养心殿是他的书房。皇后住在坤泰殿，皇太后住在延寿殿，端顺院、端和院、端庄院和端详院是嫔妃们居住的地方。除此之外，紫禁城内还有御厨、御医院、戏台、侍卫房。

在寺庙的前方矗立着壮观的世庙（灿烂亭），庙前排列着九鼎。1804年由嘉隆皇上兴建的德和宫是皇太后的寝宫。紫禁城是专门留给皇上和皇室家眷的，城内主要的建筑是天成殿。

皇城的大墙外面是另一个世界——顺化的商业区。它就在皇城的南墙和东墙外，位于跨过香江的长钱桥和嘉会桥之间，并以两桥的名称来命名。而位于浦卡的东巴市场也非常热闹，主要聚集着中国人和越籍华人，它形成于20世纪初期。

紫禁城附近的皇家博物馆是1845年由绍治皇帝兴建的，里面展有皇家和贵族的珠宝。

与其他王朝不同的是，阮氏王朝不愿把墓建在故乡，而是选在顺化西边香江另一岸的山脊上零散地修造。在顺化市区东北7至15公里香江两岸的山岭上，散布着阮朝皇帝的6座陵墓。陵墓因景而建，景色各异。每座陵墓都有4扇铜门，门前铺有大理石路，两旁立有石人、石象、石马。

明命陵位于香江的两条支流相汇的地方，始建于1804年，1843年由绍治皇帝完成。此地最美的季节是三月中旬，湖面上开满了美丽的荷花。

嗣德陵在顺化的西南方不远处。可以骑车穿过松林和葱郁的小山，一路上会使人十分

▼ 仿照北京故宫建造的阮氏顺化皇城。

护卫在明命陵外的石人。▶

轻松愉快。该陵始建于1864年，三年后完工。

绍治陵也在附近。绍治是明命的儿子、第三代阮氏帝王，统治期是1841年至1847年。他的陵建于1847年至1848年，建筑风格与他父亲的一样优雅，不过规模小得多。

启定陵与其他任何一个阮氏帝王的陵都不同。有些像欧洲的城堡，是东、西方风格的综合。一组壮观的龙身台阶直通一个院落，四周排列着大象、马和文武官员的雕像。

嘉隆陵位于距顺化16公里的山上，有大路可通，不过更有趣的途径是乘船。此陵始建于1814年，1820年建成。虽然在越战中遭到一些破坏，然而在天夺山的衬托下，那展露出的自然风光一定使你不虚此行。

此外，顺化还有1601年修建的天姥寺、耀帝庙、保国寺、玉盏寺、慈潭寺、灵光寺、祥云寺、师女寺、南郊坛以及富甘教堂、顺化主教教堂等等。其中天姥寺建于一个古占婆塔群遗址上，已有近400年历史。寺内有一座7层宝塔，塔高21米，每层供奉有一尊佛像。天姥寺内还有一座六角钟楼，悬挂的古钟铸于1701年，重达2吨。距天姥寺不远，是顺化的文庙，庙内现存阮朝进士碑32块。越南的阮朝不设状元，因此庙内只有进士碑。

从顺化往南不远，便到达了海云岭。海云岭海拔470米，岭上终年白云缭绕，随风飘忽，与蓝天、沧海浑如一体，故称海云岭。海云岭草木葱茏，翠竹成林，使人流连忘返。

专家点评

到目前为止，顺化有将近360年的历史。从建筑方面来看，它比较完整地保留着19世纪初越南古都的风貌。由于其特殊的历史地位，并穿越了好几个世纪，顺化有足够的条件与其他文化相交流，吸收各地精华，从而成为越南最重要的文化、历史中心之一。

起始时间	地理位置	推荐理由
公元401年	法国兰斯市	兰斯大教堂是法国四大哥特式教堂之一，大教堂雄伟高耸，庄严古朴，外墙上的雕塑尤为精美生动。

享有"皇帝之城"美誉的兰斯大教堂

文明印记

兰斯大教堂始建于公元5世纪，但后被烧毁，我们现在所看到的大教堂是公元1211年在被烧毁的旧址上重建的，它的建造也和许多哥特式教堂一样持续了多年。其圣坛部分于1241年完成，东西向的长殿一直延续到13世纪末才完工，顶上的两个钟塔完成已是14世纪。

兰斯大教堂是法国著名的哥特式大教堂，其建筑为双塔对峙，是典型的法国哥特样式。教堂建筑平面图经过严格计算，达到近乎完美的左右对称。建筑面积为5940平方米，大门正面有一对高耸的钟塔，约有101米，钟塔上面并没有像沙特尔教堂一样挺出高高的锋利尖顶，而是属于放射型，它的各个部位皆细长并向上延展，上面鲜明地垂立着线脚；直立的壁柱也都布满了垂直线，营造出向上升腾的动感。

大教堂的正面有三个拱形大门，中间的最大，正通教堂正厅。旁边的两个在钟塔下面。三个大门的门洞很深，上部周边呈现出八字的拱形，沿边有着一层层细密的线脚，每一层都有雕刻，十分细致，多是圣徒、圣经故事和训诫等宗教内容。门洞周遭的线脚和雕像饱满生动，形成了丰富的光影变化。大门上部加盖了突出的三角楣饰，中央正门上的尖顶部分还穿过了上面窗子的中线部分，层次丰富，动感强烈。

兰斯大教堂的大门造型典雅华丽，上面刻有的雕像是中世纪后期哥特式雕塑的杰作，其中最著名的是位于西大门入口处的《访问》组像。这组雕像创作于公元13世纪30至70年代，描述的是圣经故事中的两个场面：左侧的一对雕像被命名为《报佳音》，表现的是天使向圣母玛丽亚报告她怀上基督耶稣的消息。玛丽亚面容温柔平静，典雅而高贵，凝神谛听着喜讯。而活泼可爱的小天使生有一对翅膀，头自然地转向观众，脸颊上露出纯真的微笑。她的微笑不染纤尘，自然生动，具有极大的感染力，让人忘记了凡尘，这个"微笑的天使"，被视为兰斯的象征，闻名于世。大教堂也因此被称为天使大教堂。右边的雕塑名为《圣母玛丽亚访问伊丽莎白》，讲述的是圣母玛丽亚怀上基督以后，去访问同时怀孕的圣使徒约翰的母亲伊丽莎白的情景。只见圣母玛丽亚右手微微举起，左手拿着圣书，表情安详，嘴角流露出即将做母亲的幸福。伊丽莎白在圣母的左侧，年龄看起来稍长一些，体态端正，表情严肃，表现出恭迎圣母的恭敬与虔诚之情。在中世纪，雕刻作品并不是独立意义的艺术品，它们往往只是教堂等建筑的附属物，只起到再现教义和渲染宗教气氛的作用。雕塑的作者也大多是藉藉无名的工匠，其创作受到宗教思想的束缚，表现的内容很是有限。但这些创作者却也在作品中赋予了自己的理解和认识，表达出普通人的情感和艺术追求，流露出世俗性的气息。《访问》组像就很好地体现了这一特点。雕像中的伊丽莎白是个顺从的老妇人，而圣母玛利亚则焕发着青春的美丽，体态有着女性的典雅柔媚，雕刻家们已不满足于宗教雕像严肃、平板化的模式，赋予了宗教神像以生活的气息。雕像构图简洁，造型写实，人物表情生动，有着人类情感的真实流露。人物的衣饰顺人体流动，连衣裙的转折重叠都雕刻得十分细腻，充满写实主义的风格。

在兰斯大教堂的中央大门上还刻有两个雕像：圣徒西蒙和一个仆人。仆人全身的重量压在一条腿上，另一条腿略微侧向一边，显出衣服弯曲的线条，表情和动作都非常活泼。这些雕刻都是哥特式古典主义的杰出之作。

中央大门上面是一个直径为十几米的大圆窗，叫做玫瑰窗。美丽而高贵的玫瑰形象是圣母的象征。在玫瑰窗上横贯整个立面的是一排2米高的壁龛，里面立满雕像。因为兰斯大教堂是法国皇帝加冕之地，从11世纪至19世纪间，共有24位法国国王在此举行过加冕大典，这些雕像代表的是法国的国王，所以这个壁龛也叫国王廊。兰斯大教堂在法国大革命与第一次世界大战时，遭逢战火，国王廊的部分雕像已经被损坏。它们已于1996年修

◀ 兰斯大教堂西正面。

复完毕,现在国王廊里的部分雕像是原品,还有一部分是经后人重新制作后,摆放其中的。壁龛上面林立着许多小型的尖顶,活泼地跳动着,增加了垂直的动感。

　　从中央的拱门进入,就是大堂的中厅。中厅高为38米,不宽,只有14米多,但却有138米之长,十分窄细狭长,中厅的柱墩间隔不超过六七米,空间的导引性很强,信徒一进来就会被直接引领到圣坛。教堂的横殿与圣坛的环殿连成了一体。侧壁上部开窗的技术比沙特尔教堂更进一步,完全省去了墙壁,窗框与构成屋顶的拱券之间直接相连,显得高旷而神圣,将教堂内部的气氛烘托得更为庄严肃穆。由于大教堂当年是法国皇帝加冕的地方,其装饰很自然地体现出一种皇家气派。教堂内部有许多高耸垂立的圆柱,柱身装饰着生动活泼的浮雕和石刻,是宗教与艺术在高层次上完美结合的典范。教堂的墙上是巨大的用彩色玻璃镶嵌的花窗,五彩斑斓,无比瑰丽,真的好似绽放的玫瑰花,飘散着深远芬芳的气息。从玻璃花窗射入的五彩光线点点映照在教堂里,使人仿佛置身于美丽奇幻的天国。教堂内有座彩色玻璃窗是由兰斯当地的香槟业者共同出资修复的,画着香槟的制造过程,凸显出香槟区的浓郁特色。

专家点评

　　兰斯大教堂是法国中晚期哥特式建筑的杰作,是法国公元13世纪新建筑技巧与雕塑艺术结合的典范,其处处可见的轻盈的小尖塔,活泼灵动,细致精美,营造出一种升华飞腾的动感,就如同音符回荡在天际的轮廓线上。

起始时间	地理位置	推荐理由
公元13世纪	欧洲北部平原心脏地带	华沙城内城堡和王宫、教堂古迹众多，其建筑艺术是波兰民族文化和传统的象征。

象征波兰民族文化与传统的历史名城华沙

文明印记

波兰首都、全国第一大城市华沙，位于其国内中部平原上，坐落在维斯瓦河中游两岸，面积450平方公里，人口165万，是中欧诸国贸易的通商要道，自古以来就是非常繁华的地方。

当飞机抵临华沙上空，凭窗俯视，映入人们眼帘的是一幅美丽壮观的自然景色。银波粼粼的维斯瓦河，如一条玉带环绕在华沙的腰际，雄伟的华沙古城屹立在河岸上，欧洲中世纪式的红色尖顶建筑群鳞次栉比。横跨维斯瓦河的铁桥上车水马龙，一派繁华景象。条条热闹的大街两侧，房屋高耸，绿树成行，草坪连片，伸向远方，整座城市犹如一艘停泊在绿色海洋之中的巨轮。

"二战"结束后，华沙有70万人不幸罹难。整个城市到处是残垣断壁，一片废墟。战争刚刚结束，波兰人民提出"连城上的一条缝也要原原本本地复原"的口号，以举世闻名的"华沙速度"重建了自己的首都。他们以图画、素描、快照等等拼凑出华沙战前的面貌，再按图索骥，逐一恢复城市的原貌。当然，他们也有创意，修改了许多战前建筑的明显败笔，进行一定的调整，使整座城市建设得更加协调。在短短几年内，他们预想的蓝图便实现了，一个古香古色的历史名城华沙得以再生。

今天的华沙市依然保持着老城和新城的布局。维斯瓦河将华沙一分为二，老城区位于维斯瓦河西岸，各种历史纪念物、名胜古迹大都集中在老城区，特别是宏伟的宫殿，巨大的教堂，各式各样的箭楼、城堡等，每年吸引着大批来自境外的游客。据说华沙的美人鱼曾住在此处，因此维斯瓦河畔的美人鱼青铜雕像为华沙的城徽图案。

维斯瓦河西岸的风景线应以旧集市为起点，旧集市至少从13世纪起就十分兴隆了。这一带还是个风景如画的地区，艺术家在街头出售他们的作品，不少古玩商店和艺廊都是昔日的贵族豪宅。咖啡厅雅座上的阳伞五颜六色，马拉出租车在鹅卵石路上发出清脆的马蹄声。华沙历史博物馆定期演出一部纪录短片，介绍华沙重建前后的风貌。附近还有一座文学博物馆，以诗人亚当·米奇维茨之名命名。

圣约翰大教堂离旧集市不远，是华沙最古老、最重要的教堂。"二战"后完全从废墟中重建，全部恢复到14世纪初建时的原始风貌。有两位波兰国王葬于圣约翰教堂，而1905年以《暴君焚城录》一书获诺贝尔文学奖的亨利克·斯因克维茨亦长眠于此。

发现镭元素的居里夫人出生在弗瑞塔街16号，其故居已成为记录她生平与工作的博物馆。

从大教堂至皇宫的通道沿泽卡尼亚街而建，通道上方均盖有屋顶以策安全，因为以前曾有人企图在此行刺波兰国王齐格蒙特·瓦萨三世。负责将波兰首都从克拉科夫迁至华沙的人就是这位国王。

被誉为"波兰民族文化纪念碑"的皇宫于1944年被摧毁，直到1971年才开始重建。由于工程浩大，重建工作直到1984年才告完成。皇宫内的一个小教堂里有一个圣坛，内盛科希秋什科的心脏，他在争取独立的斗争中，曾率领波兰人奋勇反抗俄国的统治。

离开皇宫广场，皇家大道就从克拉科夫斯基泽德米舍大街后面展开。皇家大道是市内历史最悠久的街道，有一尊由丹麦艺术家伯特尔·托尔瓦德森雕刻的哥白尼塑像。这条路还与肖邦颇有干系，他逝世后其心脏被送回波兰，存放在圣十字教堂的一根柱子里。

走完皇家大道，从克拉科夫斯基泽德米舍大街转入新世纪街，此处的戏剧广场上有庞大的歌剧院暨芭蕾大剧院和华沙英雄纪念碑。这座歌剧院在战争中曾被彻底破坏，而纪念碑则是为纪念被炸死在剧院中的平民所建。

乌加兹多斯基大道是华沙最华丽的街道，多数外国使领馆和波兰参众两院均设于此。往前，就是乌加兹多斯基皇宫，这里曾是华沙历代国王的夏宫，如今是座博物馆。湖畔宫是波兰最后一位国王波尼亚托斯基的私宅。

橘园是真正的18世纪宫廷剧院，在这儿的肖邦纪念馆定期会举行钢琴演奏会。在湖边，坐落着当今波兰总统的官邸贝尔维德。

贝尔维德斯卡大街是皇家大道远离市中心的延伸，通往"维拉诺夫宫"，这座素有"波兰凡尔赛宫"之称的宫殿曾是波兰国王约翰·索别斯基的寝宫，迄今仍是国务活动的地方。

▼ "二战"后重建的文艺复兴式和巴洛克式的建筑物。

而这里的博物馆中则收藏了不少精致的海报。

华沙又是当之无愧的"世界绿都"。

战后重建初期,波兰政府便制定了把华沙建成一座"满城绿荫的现代化城市"的方案。市内原有的森林和绿地尽可能地得到了保护和利用,外围的森林也没有因大规模重建而受到破坏。为了减少城市的工业污染,工厂都避开市中心地带,建在远离住宅的地方。市内的房屋都保持着清淡的色彩,整个城市显得清新雅致。美丽的维斯瓦河由南向北静静地流过市区,沿河两岸树木葱郁,碧草如茵。各街道和各住宅区都大力进行绿化,成片的树木下面都种植了草坪,全市基本上看不到一片裸露的土地。在刮风天里,华沙城内见不到尘土飞扬的现象。市区有大小公园近70座,绿化面积130平方公里,平均每人占有绿地面积78平方米,在世界各国的首都中名列前茅。

波兰人民的骄傲——居里夫人。

专家点评

二战期间,华沙中心区有85%以上遭到德国纳粹占领军的破坏。战后,华沙人民开展了5年"百废俱兴"运动,原样重建了中世纪和文艺复兴风格的教堂、宫殿和市场。这种大规模的全部重建工作,在全世界也是绝无仅有的。

起始时间	地理位置	推荐理由
公元1248年	德国莱茵河畔的科隆市	科隆大教堂是德国最大的教堂，也是欧洲乃至世界上最著名、最完美的大教堂之一，是中世纪欧洲哥特式建筑艺术的代表作。

堪称哥特式建筑完美典范的科隆大教堂

文明印记

著名的科隆大教堂伫立在莱茵河畔的一座山丘上，是欧洲哥特式建筑的代表之作。教堂总面积达8400平方米，平面呈拉丁十字形，南北宽83.8米，东西长142.6米，内有10个礼拜堂。科隆大教堂是仿照法国兰斯主教堂建造的，但也有许多自己的特点。大教堂的长厅被分为了5部分，而不是通常的3部分，左右侧厅各为两跨间，宽度都与中厅相等。中厅宽12.6米，高46米，宽与高的比例大概为1∶4，是所有大教堂中最狭窄的，这样就使得空间显得更加细长，向上的动势更为明显，产生出一种超脱尘世的效果。

在大教堂的西端，正立面直立着一对高达152米的塔楼，它们高耸入云，宛如两把利剑直插蓝天，在科隆市区以外就遥遥可见，十分壮观。这也是科隆大教堂最突出的形象标志。两塔的塔尖各有一尊紫铜铸成的圣母像，圣母双手高举着小耶稣，圣母和耶稣均成十字架状，构图优美，形象生动。在教堂四周还林立着无数座小尖塔，如众星捧月般簇拥着科隆大教堂东面外观。

两座主塔，如同尊奉着至上的王者。教堂东端的后圆殿则完全仿照了法国亚眠教堂的形制。在两座尖塔上面，是科隆大教堂的钟楼。里面有5座大钟，最著名的是直径3.1米，重达24吨的大摆钟，名为"圣彼得钟"。它在全世界的教堂中都属于"巨无霸"级的。每当响钟齐鸣，洪亮深沉的钟声就如同波澜壮阔的洪流，此起彼伏，气势磅礴，久久地回荡在科隆的天空和大地，烘托得整个教堂更为神圣庄严。

科隆教堂充分体现出建筑师对哥特精神的理解，表现出卓越的空间结构的想象力，富有创造性地揭示出哥特建筑的本质。无论是中厅两侧拔地而起的成束的细柱，还是尖端收尾的拱顶，高高细长的侧窗，都是笔直的直线，没有任何横断的柱头及线脚来打断。整个教堂的外部通通由垂直的线条所统贯，一切造型部位和装饰细部都以尖拱、尖券、尖顶为要素。所有的拱券、门洞上的山花、凹龛上的华盖、扶壁上的脊饰都是尖尖的。所有的塔、扶壁和墙垣上端也都冠以直刺苍穹的尖顶。而且整个建筑越往上越是细巧，越是玲珑，建筑物所有的细部上都覆盖着有流动感的石造透空花纹，明快流畅，纤巧空灵，充满着超尘脱世、升腾而上、轻盈飘逸的动感和气势。

走进大教堂，中央是一个大礼拜堂。堂内陈列着各种金工、石工、木工的历史文物，都巧夺天工、精彩纷呈。其中由黄金、宝石和珍稀饰品组合而成的三王龛是宝中之宝。"三王龛"的名称源自于《圣经》中耶稣的故事。传说耶稣降生时,有三个来自东方的博士前来朝圣,向众人宣称这是上帝之子——神圣的基督。第二次显灵是在耶稣受洗时,圣灵的鸽子落在他头上,标志着他的崇高身份。第三次是耶稣在参加一次婚宴时,把水变成了酒,体现出他超人的神力。科隆大教堂还有许多关于"三圣节"故事的彩色玻璃,都具有极高的艺术价值。教堂的珍宝陈列室中则陈列着各个世纪留下来的法衣及用具,其收藏在整个欧洲都数一数二。教堂中还有一件著名的圣物,就是主教堂前面高高的祭坛上陈放的于1164年专门从意大利米兰送来的"三博士"的遗物——黄金、淳香和没药,现在它们都用金神龛装着,这个金神龛本身也是中世纪的一件金饰艺术品。这里还有一件著名的艺术品,就是唱诗班长廊中的一幅巨大的宗教画,它是15世纪早期科隆画坛中著名画家斯蒂芬·洛赫的杰作。

大教堂里面有着中世纪德国最大的圣坛。圣坛上耸立着一个巨大的十字架,据说这是欧洲大型雕塑中最古老、最著名的珍品。圣坛两侧排列着104个供信徒就座的木制席位,全部都用厚实的巨木制成,经过千年的使用,都露出发光的木纹。其旁是放射性的走廊。在教堂四壁上方有总面积达1万多平方米的窗户,镶嵌着描绘《圣经》人物的玻璃,五颜六色,在阳光反射下熠熠生辉,瑰丽缤纷,令人叹为观止。科隆教堂的内部结构独具一格,全部采用框架式的几近于裸露的骨架券组成,原本由大量石头堆砌的墙壁,都由彩色玻璃墙所取代。玻璃所代表的轻灵和透明,使人的心更为空灵,更能深切地感悟到浩瀚的苍穹和无涯的宇宙,体现了基督教神圣忘我的宗教精神。与法国的哥特教堂相比,科隆大教堂的装饰较为疏简冷峻,就连雕刻和壁画都没有。

沿着509级台阶盘旋而上,可登上教堂97.25米的最高处,凭栏眺望,科隆市和莱茵河的美景风光尽收眼底。

人们常说建筑是凝固的音乐,音乐是流动的建筑。科隆大教堂依傍着莱茵河的波光潋影,如同一首撼人心魄、恢弘壮阔的交响乐,每年都会吸引200多万游客前来观光。

专家点评

科隆大教堂是德国历史建筑艺术中最杰出的代表,哥特式建筑的完美典范。它巍峨宏伟,清矍冷峻,厚重凛然,充满着向上的力量,流淌着磅礴的大气,让人冥想、令人敬畏,是世界建筑史上无与伦比的旷世杰作。

起始时间	地理位置	推荐理由
公元 1346 年	日本兵库县姬路市的姬山上	姬路城拥有高度发达的防御系统和精巧的防护装置。城堡增加了我们对始于幕府时代的日本封建文化的理解。

印证幕府时代日本封建文化的姬路城

文明印记

姬路城位于姬路市中心，有400年以上的历史，是姬路的象征。姬路城结构坚固宏大，外观线条清晰，而且还有复杂巧妙的防御构造，被认为是日本最有名的城堡。

整座城基范围以天守阁为中心的本丸城郭向外扩展为二之丸、三之丸与西之丸。望塔通常建于城堡的最高处，并要高出城堡，这是便于远望四周，以保卫领土。筑有望塔的城堡中心区域，被称为"本丸"，在"本丸"的外围一般建有"二之丸"（第二层围墙内区域）、"三之丸"（第三层围墙内区域）等城郭，形成螺旋状的布局。姬路城的结构严密，固若金汤，它的三重螺旋形战略防御工事包括外部、中部和内部壕沟。防御工事修筑得十分精巧，从3条同心圆护城河开始，城壕环绕着高大曲折的石城郭，城郭之间设置有几座大门和瞭望塔。城墙和瞭望塔上有射箭、打枪的小孔。

姬路城的石垣呈陡斜状，这种特点被称为"扇形斜坡"。石垣的上部向外翘出，使人难以攀登，这种设计也体现出日本式城堡一种独特的审美意识。

▲ 姬路城天守阁。

在城壕的内侧，筑有城堡正门以及数道城门。外来者要从这里进入到"本丸"，必须经过几个城郭和好几道城门，路线是非常复杂的。并且，有些通道在设计上故意"使人误入歧途"，沿着通道却走进了死胡同，还有些道路迂回曲折，使人越走越远。

城壁上的洞孔也是用来击退入侵外敌的一种设计。细长的四角竖形孔是用于射箭的，圆形或正四角形的洞孔是用于打枪的。望塔或看守台是以设置在城壁表面的"落石"装置来进行防御的。所谓"落石"，是使设置在向外突出的壁面下方细长缝隙间的石头向下坠落，以阻止外敌的进攻。

姬路城城楼在所有城郭建筑中最富独创性，尤其是它的天守阁。天守阁是护城的祭祀高坛，也是用于城郭防卫的高大城楼（那时各城池上的城楼都称天守阁）。姬路城天守阁部分由一座大天守阁搭配三座小天守阁组成，构成了一个串联式、优美的城楼造型，别具特色。

天守阁外为5层、内有6层，还有一层在地下，从立面看近似正方形，在主城楼的四角另紧密依附着大小四座附城楼（即小天守阁）。而每一附城楼的设计，既统一又有变化。单独地看，每一个天守台都是正方形的，然而凑在一起时，排列交错，各有变化，互不相同。因此，整座城楼从平面图看，显然与从立面得到的感受不同。这些方形天守阁，高低传统的日本官殿和家庭内部都比较空旷，人们通常坐在垫子或者榻榻米上。

不一，交错参差，屋顶的挑檐四方漫射，前后配搭各有特色。此外，各城楼的窗户形状大小也不统一。这种多样统一的建筑造型，给人以繁杂而雄丽的印象。远远眺望，楼阁重叠，变化多姿，蔚为壮观。这是建筑术摆脱奈良、平安时期那种典型划一的建筑原理的一种创造性表现。因为这种结构美，还因天守阁整个建筑都使用了日本特有的涂壁材料——白灰浆进行封涂，远望犹如展翅的白鹭，因而有了"白鹭城"的别名，它纯白亮丽的外形和充满和谐的美感，越发显出姬路城的出类拔萃。

此外，城内还有千姬化妆楼、姻之石、菊井等名胜，极尽豪华之能事。

姬路城堡是17世纪早期建筑保存最为完好的典范，而日本在这个时代的防御建筑技术则达到了顶峰。

姬路城内包括主要城堡大天守阁在内的8座建筑被视为国宝，其余74座建筑也被确认为国家的重要文化财产。保存完好的建筑物和外围工事在给世人展示了伟大遗产的同时，又体现了日本城堡建筑的精致和战略防御的技能。

专家点评

姬路城被公认为日本现存古城堡中规模最大且最为美丽壮观的城堡。400多年来，它一直是日本木造建筑文化的象征，向世人展现了日本的传统文化和木造建筑的优美姿态。

起始时间	地理位置	推荐理由
公元14世纪中后期	西班牙的格拉纳达市	阿兰布拉宫以其装饰精细华美的清真寺、王宫和喷泉而著称,是西班牙众多摩尔建筑遗址之中最富丽堂皇的,充分体现了摩尔人的建筑天才。

摩尔人的阿兰布拉宫和赫内拉里费花园

文明印记

"阿兰布拉"意思是"红色城堡",因为它建在红土山丘上,又是用红土构筑城墙。它占地1.4万多平方米,是集城堡和王宫于一体的建筑群。

阿兰布拉宫由国王尤素夫(1333年至1353年)与国王穆罕默德五世(1353年至1391年)所建。虽然外表质朴无华,但堡内庭院廊道的构想别出心裁,无与伦比,风格有的典雅含蓄,有的华丽夸耀。

阿兰布拉宫有5座城门。城堡内按用途分为卫队防区、清真寺和王宫等几个区域。王宫是阿兰布拉建筑和装饰艺术的突出代表。

宫殿由好几个院落组成,每个院落的建筑和谐对称,院落之间有走廊相连,其中最重要的是南北向的清漪院和东西向的狮子院,其余的小院簇拥在它们左右。

清漪院(长36米,宽23米),中央一长条水池纵贯全院,院的南北两端都有纤秀的七间券廊。北廊后面通一间18米见方的正殿,高也是18米。因为主要用于接见外交使节，所以叫"觐见厅"。正殿上耸立着一座宏伟的方塔，方塔和券廊倒映在水池里，喷泉落珠敲皱了水面，宏伟的、纤秀的交织在一起，迷迷蒙蒙、闪闪烁烁，宏伟的染上了一点纤秀，纤秀的染上了一点宏伟。无定的变幻给人一种难以捉摸的怅触。

狮子园（长28米，宽16米）堪称阿兰布拉宫最美轮美奂的庭院，它由构成中央喷泉的12头大理石狮子而得名。它是内院，周边有两姐妹厅：闺房院和梳妆楼，充满了轻柔温馨的气息。园中心立有一个喷泉（约1362年至1391年间建造），由12头石狮子驮着，向四方各引出小渠一道，名为水河、乳河、酒河、蜜河。在《古兰经》中应许给敬慎者永远居住的"天园"里，最诱人的便是这四条河。它们是生于荒漠的阿拉伯人想象中的生命之源。阿拉伯世界的庭院和园林里，后来就用十字形的水渠来代表它们，水源来自庭院中央的喷泉。

作为沙漠部族的后裔，摩尔人对水尤为着迷，尽量把它融合在建筑之中。他们在宫内修建了众多水池以映出匀称的拱门和回廊。

在阿兰布拉宫，从山上引来的泉水还潺潺流经厅堂，厅堂里也是喷泉处处，小溪潺潺。它们不但缓解了当地炎热的天气，还给后宫增添了许多柔情。狮子园北侧的两姐妹厅和南侧的阿本莎拉赫厅中央都有水泉，山水由这里流向园心的喷泉。狮子园周边有灵巧的柱廊，124根细弱的柱子上架着瘦高的马蹄券，壁上布满玲珑剔透的石膏花饰，有金线勾勒，染彩色，有点儿凄婉的脂粉气飘散到整个院落。西侧的柱廊后面有穆克纳斯厅，东侧有审判厅。14世纪的宫廷诗人伊本·扎姆拉克把狮子园和四周的厅堂比作一个星座。他写道，星星宁愿留在"灿烂的"穆克纳斯厅，而不愿留在天穹。关于柱廊他又写道："架在柱子上的拱顶，装饰得明亮辉煌，像清晨映着红霞的池塘上的天穹。"

摩尔人热爱华丽装饰，这种对美的追求在阿兰布拉宫中表露无遗：流畅的曲线和重叠的棱角交织成画，随处可见，令人眼花缭乱；镶嵌画、瓷砖及石膏浮雕上复杂而抽象的图案大抵取材于花卉和藤本植物，人畜则阙如，因为伊斯兰教明确禁止后者出现在艺术中。

大厅、回廊及御用浴室的墙上铺满夺目鲜艳的红、蓝、绿花砖，石膏浮雕和石塑表面亦曾染上同样明亮的颜色。内壁饰以纠缠的几何线网，设计巧妙，乍看

阿兰布拉宫内的狮子园鸟瞰。

似纵横交错的几何线条，繁星群芳如在网中。花卉图案比比皆是，镶嵌图案琳琅满目，精巧绝伦，把廊柱和拱道装点得十分优美。

司法厅内珍藏了硕果仅存的若干中世纪伊斯兰数字绘画，直到今天依然金光灿灿，光彩照人，伊斯兰《可兰经》经文俯拾即是，一列列不规则线条夹杂着苍劲挺拔的书画，装饰着阿兰布拉宫的城墙。其华美若此，以至于曾有这样一段铭文："世上最残忍的事莫过于在格拉纳达做盲人。"

为了充分利用空间和阳光，阿兰布拉宫的建筑师用大理石来建造水池和地板，以反射安达卢西亚艳阳的光辉，使宫殿庭院沐浴在摇曳的金色光辉中；建成优美的拱门和回廊，以产生穿堂凉风和沙沙叶声。堂皇的庭院通向拱廊，拱廊内阴凉宜人；外面则可看到一个个高雅的平台。阿兰布拉宫建筑上最夺目之处就是圆顶、壁窗和拱券上的钟乳石装饰，这是伊斯兰教特有的艺术形式，自然光线穿过成千上万个小孔，明暗交织，产生出蜂窝状的效果，仿佛吸收了比邻平面上的反射，再把它释放出来，效果动人，这从两姐妹厅的天花板便可见一斑。阿本塞瑞伊斯厅的天花板也有类似设计。通过狮子园的门廊可到达阿本塞瑞伊斯厅，该厅以格拉纳达的一个贵族命名，据说15世纪末该贵族在此惨遭屠杀。在阿本塞瑞伊斯厅的天花板上，钟乳石装饰纷陈眼前，做工精细讲究，令人眼花缭乱。

阿兰布拉宫每个角落都别具特色，一个比一个迷人。池塘花园中央是个水池，水池两旁的大理石小径闪烁生辉，与长长的树篱相接。平静如镜的水面映照出拱廊的廊柱；金鱼穿梭于澄澈的池水中，金光掩映。科马雷斯塔就矗立在水池一端，其质朴的城垛恰好倒映在水面之上。

科马雷斯院是内宫沐浴的地方，院内的科马雷斯塔是阿兰布拉宫最高的建筑。诸王祠的中央穹窿镶有历代君王的塑像。当年各国达官显贵就在此向登基的国王致敬。

阿兰布拉宫的每个角落几乎都能撩拨人们的心弦。美国作家欧文（1783年至1859年）为它们写了厚厚一本书，充满了浪漫主义情调。他写道："蕴藏在这座东方的伟大建筑里的，该有多少逸事和传说，真实的和荒唐无稽的，多少阿拉伯的、西班牙的关于爱情、战争和骑士精神的诗歌和民谣。过去，这是摩尔族诸王的宫殿，他们在这里过着豪华、优雅的亚洲式奢侈生活，统治着他们夸耀为人间乐园的疆土，保卫着伊斯兰教帝国在西班牙的最后据点。"

阿兰布拉宫狮子园内景。

赫内拉里费花园坐落在阿兰布拉宫附近的小丘上，是国王夏季避暑的离宫，其修缮也蔚为壮观。

专家点评

阿兰布拉宫俯瞰古城，背靠内华达白雪皑皑、闪烁生辉的群峰，景色极其壮丽。这座美轮美奂的宫殿式城堡令人难忘西班牙昔日伊斯兰王朝的黄金岁月。

起始时间	地理位置	推荐理由
公元1406年	中国北京市中心	故宫又叫"紫禁城",是明清两代的皇宫。它是世界上现存规模最大、保存最完整的帝王宫殿。

完美体现中国古代建筑艺术精华的故宫

文明印记

中国古代将天空中央分为太微、紫微、天地三垣,紫微为中央之中,是天帝所居处。皇帝在人间,必居"紫微宫",紫禁城之名也由此而来。

中国的建筑强调中轴线,故宫是其中的典范,故宫所有的建筑,都严格按照对称的原则,沿着一条南北走向的中轴线排列。中轴线长15里,由大清门北起过两厢千步之廊,越长安街,跨金水桥,进天安门、端门、午门,穿太和之门。故宫大体上分两个部分,即外朝(皇室办公)和内廷(生活起居)。外朝分前三殿,即太和、中和、保和。内廷,以乾清门为界,分乾清宫、交泰殿、坤宁宫,东西两侧为东六宫和西六宫,为嫔妃居住区,总计15宫。

天安门是明、清两代皇城的正门,始建于1417年,原名"承天门",后来经过多次重修,到清朝顺治年间才改建成现在的规模,并改称为"天安门"。天安门前是宽阔的天安门广场,南北长880米,东西宽500米。天安门城楼的基座是汉白玉的,面积有2000多平故宫太和殿。

方米。基座上是10多米高的红色大砖台,叫"墩台"。城楼总高33.7米。屋脊上覆盖着黄色的琉璃瓦,上面有龙、凤、鱼、狮子等10个吻兽,表示"十龙守殿"。四周有汉白玉栏杆围绕。天安门前是金水河,河上横跨着雕饰精美、造型别致的5座汉白玉拱桥,与天安门城楼和城楼前的华表、石狮一起,共同组成一幅壮丽的画卷。

午门是故宫的正门,因为门墙上有五座楼,所以又叫"五凤楼"。午门高约38米,正中有3个门洞,两边还有掖门。明清两代,每逢将士出征或凯旋,皇帝都要亲自来午门举行仪式。午门的中门是皇帝专用的。清代科举考试殿试的前三名,在发榜这一天,也可以从中门进出一次。午门还是皇帝对臣子施行"廷杖"的地方。

外朝以太和、中和、保和三殿为中心,东西两侧还有文华殿、武英殿,是皇帝会见群臣、处理政事、举行重大庆典活动的地方。三大殿是紫禁城里最高大的建筑,位于北京的中轴线上。太和殿俗称"金銮宝殿",是紫禁城里最重要的建筑,也是中国最大的木结构建筑物,占地面积2370平方米。殿内有6根蟠龙金柱,中间摆放着楠木金漆雕龙宝座。皇帝的登基仪式就在太和殿举行,明清两代共有24位皇帝在这里即位。殿前是紫禁城里最大的广场,占地面积约6.5万平方米。中和殿在太和殿的北面,皇帝去太和殿之前,常在这里休息。中和殿的北面是保和殿,是进行科举考试殿试的地方。

  内廷的正门是乾清门。乾清门东面是上书房,是清代皇室子弟读书的地方;西面是南书房。乾清门的北面就是后三宫:乾清宫、交泰宫、坤宁宫。

  内廷是皇帝、皇后生活和起居的地方,以象征"天地乾坤"的后三宫为中心,两侧建有象征日月星辰的日精门和月华门,有象征十二星辰的东西六宫,还有象征群星的几组建筑,形成众星捧月的格局,俗称"三宫六院"。乾清宫是皇帝的寝室,宫内悬挂着一块匾额,上书"正大光明",是清代顺治皇帝的手笔。从雍正皇帝开始,册立皇太子的秘密诏书就放在这块匾额的后面。交泰宫在乾清宫的北面,是皇后生日时接受群臣祝贺的地方。清代乾隆皇帝以后,象征皇权的25颗玉玺也放在这里。坤宁宫是皇后居住的地方,雍正以后用来祭祀神灵。坤宁宫的东暖阁是皇帝、皇后结婚的新房。

  乾清门的西面是内右门,门内是养心殿和西六宫;东面是内左门,门内是斋宫和东六宫。清代时,皇后和后妃们就住在东、西六宫中。雍正以后,皇帝都在养心殿处理日常事务。从1861年起,慈禧太后就在养心殿的东暖阁"垂帘听政",长达48年。

  坤宁宫门外是御花园,占地面积1.2万平方米,有10多座宫殿,以钦安殿为中心,左右对称,前后呼应。花园里点缀着苍松翠柏,亭台楼阁,有园林意趣。出了御花园的贞顺门,就到了紫禁城的后门神武门,对面的景山是紫禁城的天然屏障。

  紫禁城现有各类房屋9999间,都是木结构,以黄色琉璃瓦为顶,青白石为底座,用彩画装饰。紫禁城里还到处都能见到龙的图案。以每座宫殿的屋脊上有6条龙计算,就有近6万条。如果加上其他建筑和日用品上的龙,就会有上千万条。这是因为,历代的封建统治者都自称"真龙天子",龙也因此成为皇室专用的装饰图案。

  有人将故宫比作一幅展开的长卷,也比作一首乐曲,有序曲,有高潮,有尾声。正阳门、大清门是序曲,到太和殿形成高潮,景山是尾声。如果我们站在景山顶上,你会被故宫的宏大气魄所震撼,金色的琉璃瓦,在阳光的照射下,产生出金碧辉煌之感。人们尤其会对故宫的中轴线和对称的布局叹为观止。但是,这种感觉还不仅仅是在建筑形式上的,更是对其有一种神秘的敬畏。

专家点评

  作为中国明、清两代皇朝行使最高权力的所在地,故宫的建筑群和珍藏的众多文物,充分展示了这一历史时期的中国古建筑和文化艺术的精华和风貌。

起始时间	地理位置	推荐理由
公元15世纪	秘鲁东南部的库斯科省	马丘比丘是秘鲁南部古印加帝国著名的古城废墟区。马丘比丘是世界上最为壮观的古迹之一，而有关它的种种疑团更为其增添了无穷魅力。

安第斯山脉的文明摇篮
马丘比丘历史圣地

文明印记

马丘比丘是坐落在现代秘鲁境内安第斯山脉一个高地上的城市。马丘比丘的意思就是"伟岸的高峰"，它位于库斯科西北部43公里处，坐落在层峦叠嶂、高达2000米的安第斯山脉之间，乌鲁巴姆巴河两座山峰间的盆地上，四周被崇山峻岭、悬崖峭壁所包围。周围的群峰隐没在云堆之中，远远望去，给人一种虚无飘渺的迷茫之感。

自从1911年海勒姆·宾格哈姆发现了马丘比丘以后，这座古老的印加文明遗址已被广泛地发掘和研究。现代专家们认为马丘比丘并不是一般意义上的城市，而是一个宗教活动遗址的中心。它是由佩查叩堤，即"地球震撼者"国王于公元1460年至1470年之间建造的。在佩查叩堤死后，马丘比丘成了他的继承人或者族人的财产，他们负责马丘比丘的维护、管理，时而对它进行一些新的改建。

这座古城的全部建筑都用巨块花岗岩垒砌而成，四周环绕着城墙。全城共有200多座巨石建筑，城内街道依山而铺设，错落有致。迷宫似的神殿、王宫、住宅、院落星罗棋布，相互之间全部用层叠的石阶连接。一座巨石砌成的城门——光荣门，矗立在625英里长的道路尽头，这是整个山城唯一供人出入的城门，居高临下，形式险峻。

马丘比丘由大约200座建筑物构成，大部分用来居住，房子有茅草的屋顶和梯形的门，一般没有窗子。有些房子有两层高，上到第二层可能需要用梯子。大约1200人居住在马丘比丘，他们中的大部分是妇女、儿童和牧师。城中还有庙宇、仓库和其他公共设施，并建有设计巧妙的引水渠道，可供2000人饮用。

著名的"三窗神庙"是马丘比丘最重要的圣地，一堵巨大石墙的三个窗口正对着安第斯山脉的层峦叠嶂，据说印加王朝的创始人就在那里出现。在马丘比丘的中心有一片长形开阔地，考古学者们称其为神圣广场。专家们认为各种典礼仪式就是在这里举行的，也许这儿是他们祭祀太阳神的地方。从神圣广场有一条阶梯道路向上直通陡然裸露着岩石的地面，它是一个平台，站在上面可鸟瞰整个广场。这块神圣的岩石名为英提露埃塔那，其含意为"太阳的驿站"。奇怪的是，在古印加帝国各地都没有这种"太阳的驿站"。它与遗址的建筑物和寺庙不尽相同，这一岩石地面不是用石块和砖头铺砌的，而是在这座山的基岩上立体雕凿而成。据考古者们推测：印加的祭司们就是利用这一巨石作为当时的观象台，从对石头阴影的观测来标明季节和假日的。"太阳的驿站"也曾被用来作为6月夏至和12月冬至时举行特殊典礼的地方。而马蹄铁形的日神塔是马丘比丘举行宗教仪式的地方，建塔的石块个个精工细琢，而砌合之处几乎没有缝隙。

日神塔下有一座皇室的陵墓，这是马丘比丘古城最怪异的建筑之一。在洞穴的墙壁上铺着精心制作的石板，在穴内坚硬无比的岩石上，有雕刻出的宝座和凹室。

人们认为这些建筑物是在专业的印加建筑师的监督之下设计和建造的。所有的建筑全都是用石块砌成的，石块之间没有任何黏合灰浆，全靠石匠用凿子、铁钎之类的工具镶嵌起来。尽管石块大小并不相同，而且是多边形的，但是这些石块相互间却契合得很完美，有些石块甚至有30个角。它们结合得很紧密，即使用最薄的刀刃也插不进去。

马丘比丘的另一个独特之处是建筑物和周围景观的融合。现有的石头结构用于各种建筑，岩石被雕刻出花样，水流穿过水塔和石头水渠，庙宇背靠着陡峭的悬崖。

马丘比丘城的庞大与壮美令现代人惊叹，而古印加人建造马丘比丘城时所表现出来的高超技艺更是让人叹为观止。

▲ 建造于印加晚期的太阳神庙，被认为是马丘比丘的宗教中心。

　　如今，马丘比丘以其独特的山顶建筑和世界上已知的最庞大帝国之一的遗迹而屹立于世上。站在这个远古文明的废墟上，我们会对包围着它的那些美景诧异不已，而且很容易在脑海中勾勒出这样一幅画面，从修女和牧师中选出的代表正在执行他们的宗教仪式，他们祭祀太阳神、月亮神以及维纳斯和普勒阿德斯。山脉中层叠的梯田和横跨整个城市的沟渠提醒着我们，聪明的印加人在建筑和农业上的造诣是如此非凡。

专家点评

　　凝望马丘比丘无数的庙宇和祭祀地，我们相信宗教和精神世界在印加人的生活中占据着很大的一部分。印加人民和自然相处和谐，而他们的周围环境明显是西班牙征服者所未知的，甚至也被库斯科附近的居民遗忘了。当你站在那里，站在那些废墟之间，你几乎可以设想他们所热爱的太阳神已经把他们聚集在臂上，并把他们带回天堂，让他们坐在自己的旁边，以报答这些远古人类对他的热爱和服务，而这些显赫的文明遗迹成了马丘比丘人聪慧的诠释。

起始时间	地理位置	推荐理由
公元1527年	巴黎以南60公里处的枫丹白露镇	枫丹白露宫富有意大利建筑的韵味，把文艺复兴时期的风格和法国传统艺术完美和谐地融合在一起。

被拿破仑称为"世纪之宫"的枫丹白露宫殿和园林

文明印记

枫丹白露宫现存有1座封建古堡主塔、6朝国王修建的王府、5个不等形院落、4座具有4个时代特色的花园。

人们说，枫丹白露宫是文艺复兴与法国传统的完美结合体。在建筑它时，许多世界著名的建筑家都汇聚于此，各个时期的风格都在这里留下了痕迹，其中弗朗索瓦一世和亨利四世两朝建树最多。弗朗索瓦一世在意大利征战时，为文艺复兴艺术所倾倒，请来一批艺术家和能工巧匠。往往是法国建筑家完成工程之后，由意大利艺术家来做内部装修。其中以意大利画家罗索和普利马蒂乔为首的艺术家们形成了枫丹白露画派，这个画派实际上是法、意两国艺术水乳交融的结晶。17世纪初，亨利四世再次扩建枫丹白露，艺术家们又从荷兰与佛兰德斯的浪漫主义美术中吸取营养，形成了第二期枫丹白露画派。

法国与意大利两国文化的水乳交融，雕刻与油画的完美结合，便是枫丹白露宫的独特气质，因此，它被人们称为"18世纪室内装饰博物馆"。

进入枫丹白露宫镶着金色图案的铁栅栏大门，是一个广阔的方形庭院，铺着四大块绿毯般的草坪，三面被蓝顶白墙的建筑物围住。正面宫前一座马蹄形状的楼梯台阶直通二楼正门，它已成为枫丹白露宫广场的主席台。据说，拿破仑迎接皇后约瑟芬入宫时，庭院里御林军白马队列阵欢迎，场面十分壮观，所以这个小广场便被称为"白马庭院"。后来拿破仑兵败退位，也是在这里和列队的部下官兵挥泪告别，所以此院又叫"别离庭院"。一院两名，记录了一代天骄拿破仑的兴衰荣辱。

位于白马庭院一端的马蹄铁形阶梯。

细木护壁、石膏浮雕和壁画相结合的装饰艺术，形成了枫丹白露宫的独特风格。著名的弗朗索瓦一世廊殿就是典型的一例。它的下半部贴着一圈2米高的金黄色细木雕刻做护壁，上半部以明快的仿大理石人物浮雕烘托着一幅幅带有文艺复兴风格的精美壁画，显得既辉煌又典雅。宫中还有一座舞厅也十分气派，豪华又有一种清新之感。护壁和天花板主调是金黄色。十余根粗壮的方墩柱也成了装饰品，不仅有许多浮雕，而且每根柱子上都嵌进了好几幅油画。当年帝王和王室贵族们便是在这里翩翩起舞，尽情欢乐的。身临此地，似乎还能听到宽松的长裙随舞步沙沙作响，绸缎舞鞋在细木地板上轻盈踏步，音乐声飘出窗外，和夜间树林的声音混成一首清幽的乐曲。

宫内的御座厅原为历代国王的卧室，1808年拿破仑将它改为金碧辉煌的御座厅，厅内墙壁和天花板用黄、红、绿3种颜色的金叶粉饰，地板用整张画毯覆盖，一盏镀金水晶大吊灯晶莹夺目。

枫丹白露宫最吸引人的地方应该是它丰富的典藏，由弗朗索瓦一世所收藏的大量珍品中，就有拉斐尔的《神圣家族》等。在枫丹白露舞厅中珍藏的50幅油画和8组壁画装饰、弗朗索瓦一世长廊。

蒂亚长廊内9幅描述法国历史的壁画、会议厅中满墙的蓝色与玫瑰色彩画、碟子廊内所镶嵌的128只细瓷画碟、王后游艺室内相间的雕刻与油画、国王卫队厅的雕梁画栋与仿皮革墙饰、华贵富丽的王后卧室等等，都那样引人入胜。这里不仅有1808年由拿破仑命名的御座厅，也有他于1814年被迫签字让位、甚至准备服毒自尽的弃位厅。

人们在枫丹白露宫中还可以看到中国明清时期的名画与香炉、牙雕和玉雕以及各种金玉首饰，东方文化艺术瑰宝在这里大放光彩。在这些艺术珍品中，就有1860年法军从北京掠去的珍宝。所有这些，都珍藏在枫丹白露宫中国馆中，它由拿破仑三世时期的欧仁尼王后兴建。

游完宫内厅室，不妨再到花园走走。宫后深处，是狄安娜花园。一大片草地当中有一个喷水池，池中几条石雕狗蹲在那儿好像保卫着上面的狩猎女神狄安娜。宫殿的另一侧，有个玉泉院。前面有一个小湖，叫鲤鱼塘。湖中建了一座淡黄色的八角亭。据说，当年拿破仑游园之余，常在这里小憩进膳。

在枫丹白露宫周围有面积为1.7万公顷的森林。这里过去是皇家打猎、野餐和娱乐的场所。以许多圆形空地为核心，呈星形的林间小路向四面八方散开，纵横交错。圆形空地上往往建有十字架，其中最著名的是圣·埃朗十字架，法国国王习惯到那里欢迎贵宾。森林中橡树、柏树、白桦、山毛榉等葱绿苍翠，绿树成茵，是避暑度假的好地方。

专家点评

枫丹白露宫豪华而金碧辉煌的宫殿建在一片浩大而苍翠的170平方公里的森林中，它来自于意大利人的灵感，是文艺复兴风格和法国艺术传统交融的产物。

起始时间	地理位置	推荐理由
公元1546年	玻利维亚南部的波托西省	波托西是现代重要银矿山中最优秀的例子。全部生产设备与水坝、沟渠、选矿中心和干燥窑都被完整地保存了下来，社会结构也同样被完好地保存下来。

素有"世界银都"之称的波托西

文明印记

波托西坐落在玻利维亚高原东部的波托西山麓，海拔4000多米，建于公元1546年，历史上以采矿业闻名，是玻利维亚最大的银矿产区，素有"银都"之称。

波托西最早是印第安人的小村落，居民靠制作燧石箭头和长矛换取生活必需品，过着原始生活。今天已经成为玻利维亚领土的这块土地从1538年开始由西班牙殖民当局统治，1543年它被并入秘鲁总督管辖的范围。1545年，西班牙殖民者在附近的里科山中发现了丰富的银矿，于是就在当地开始修建城市，强迫当地人修房开矿。自从被发现后，作为新大陆最重要的银矿之一，波托西经历了快速的成长。据记载，当时波托西有近6000多座土炉，银产量几乎占世界银产量的一半。

西班牙殖民者在波托西最初主要采炼表层富矿，但毫无节制的开采，使表层富矿迅速减少，银产量急剧下降，波托西很快就到了被废弃的地步。

1572年，托勒多被任命为总督后，才结束了矿山的第一个混乱的开采热潮。他采用银矿石加汞的新工艺技术进行开采，即先将矿石磨碎成粉末，再与汞混合。当时，采炼出的产品要靠牲口运输，穿越崎岖的安第斯山间小道，运到阿里加港口，再装船运到巴拿马。

为满足水动破碎机的需要,托勒多下令在高处筑坝蓄水,并修造了巨大的水闸。当时安装的130台水动破碎机,至今仍有20多台保存完好。为了确保有足够的劳动力,托勒多采取了轮流服役后可获取自由的"米塔"式压榨印第安人的劳役制。除采矿外,房屋建造、商品运输、邮政服务、田间劳动和城市供应等也都采取"米塔"劳役制,每年约有1.3万人被迫服这种劳役。大多数人因劳动条件艰苦而倒下,仅有少数人能获得自由。

1580年左右,当矿山的生产基本完善的时候,产业基础设施已经拥有了22条尾矿坝和大约100台轧碎机,银产量几乎占当时世界的一半左右。这是波托西一直持续到17世纪的全盛时期的开始。在南美洲,这座城市的兴旺发达带动了远到布宜诺斯艾利斯和利马等港口城市的发展。从1572年以后,城市根据"印第斯法"规划和发展,其中围绕中心广场的街道格栅尤其有规则。

▲ 原波托西银矿区。

波托西城市建筑随地势高低起伏，市区包括一座西班牙建筑风格的中心城和14片住宅区。25座教堂散布各处，其中最著名的是建于公元16世纪的圣多明戈教堂。

中心广场的建筑是巴洛克式和马提斯式的混合风格。

大教堂还有很多其他的纪念碑在18世纪被重建。造币厂也在18世纪重建，内有南亚美利加州最大的城市纪念碑。

洛伦佐大教堂在1548年建成，是波托西最古老的马提斯式建筑作品。环绕城市的14个分区是14个印第安居住区。

专家点评

波托西和全世界一件要事有直接和原始的联系："16世纪，因进口塞维利亚宝贵的金属，西班牙的货币大量涌入，引起了全世界经济上的变化。"

起始时间	地理位置	推荐理由
公元 1565 年	印度首都新德里的东南郊	胡马雍墓建于1565年，在印度建造如此大规模的伊斯兰式陵墓还是第一次，它是莫卧儿建筑的早期代表作。

代表莫卧儿早期建筑成就的胡马雍墓

文明印记

印度是一个非常富有艺术传统的国家，早在3000多年前，就留下了许多建筑遗迹，佛教、印度教和耆那教建筑也都体现出自己独特的建筑观念。

从11世纪到15世纪，来自中亚的突厥人和阿富汗人统一了印度北部大半，他们都是忠诚的穆斯林，印度文化也就部分地逐渐伊斯兰化了。1526年，建立了莫卧儿帝国。莫卧儿又称蒙兀儿，实即"蒙古"的音转，莫卧儿王朝的统治者是来自中亚的带有蒙古血统的察合台突厥人。

印度的建筑在莫卧儿帝国时期达到了登峰造极的程度。18世纪以前，这个帝国几乎每一位皇帝都在他们身后留下了若干出色的大型建筑，可以说，除了莫卧儿帝国的第六代统治者奥朗则布以外，所有早期的印度莫卧儿统治者都是伟大的建筑师。

不过，这里我们提到的胡马雍墓却不是墓中这位莫卧儿帝国第二代统治者本人的杰作。这座1569年初建成的印度现存最早的莫卧儿式建筑，坐落在德里东部朱木拿河畔，是

具有浓郁伊斯兰风格的胡马雍陵墓。

1565年由帝后哈克·贝克姆主持修建、米拉克·朱尔扎·吉亚斯设计的。

这位帝后———一个波斯学者的女儿——是在1542年初与流亡的胡马雍结婚的。说起胡马雍的流亡，那得完全归咎于他自身的软弱和优柔寡断。在他的身上，我们看不到遗传基因的影响。他的父亲巴布尔（1482年至1530年）是莫卧儿帝国的奠基者，这位突厥人和蒙古人的后裔，是亚洲历史上最富传奇性的人物之一，而胡马雍虽然像其他莫卧儿帝王一样知书达礼而且喜爱文化，甚至在流亡波斯期间仍在研究中国和波斯的艺术，却缺乏他父亲所具有的智慧、谨慎以及坚强的决心和坚韧不拔的精神，这一切在当时的情况下是必需的。一生忙于流亡和征战的巴布尔虽然在1526年建立了莫卧儿王朝，但他无暇制定新的法律和整顿行政，因而他留给长子胡马雍的是一个既不完善又不稳固的政权。

与阿富汗复兴的斗士舍尔沙·苏尔的冲突是胡马雍不幸的开始。1539年和1540年他两度被舍尔沙打败，军队丧失殆尽，从而毁灭了巴布尔在印度的事业，使印度斯坦的统治权又再次转入阿富汗人之手，胡马雍也不得不开始他约15年的流亡生活。后来他时来运转，得到伊朗萨非王朝的帮助，乘舍尔沙建立的苏尔王朝内乱之机，卷土重来，挽回了以往的失败，巴布尔开创的帝国总算失而复得。

这样的一波三折，一方面是由于胡马雍的无能造成的，另一方面却也同巴布尔的早逝使他无法巩固自己对于北印的征服有关。1556年1月24日，恢复了对莫卧儿的统治的胡马雍，还未尽情地享受得之不易的胜利，就意外地从德里的藏书楼的楼梯上跌了下来，并因此而丧命。他的儿子要比他强得多，这个叫阿克巴的第三代帝王巩固并扩大了其祖父开创的莫卧儿帝国，并成为这座辉煌的"帝国大厦"的建筑师。

胡马雍陵墓建筑群规模宏大，布局完整。整个陵园坐北朝南，平面呈长方形，四周环绕着长约2千米的红砂石围墙。陵园内景色优美，棕榈、丝柏纵横成行，芳草如茵，喷泉四溅，实际上是一个布局讲究的大花园。

陵园大门用灰石建造，是一个八角形的楼阁式建筑，表面用大理石和红砂石的碎块镶嵌成一幅幅绚丽的图案。

陵园正中是其主体建筑——高约24米的正方形陵墓，它耸立在47.5米见方的高大石台上。陵体四周有4座大门，门楣上方呈圆弧形，线条柔和；四壁是分上下两层排列整齐的小拱门，陵墓顶部中央有优雅的半球形白色大理石圆顶。这种圆顶的设计及其修建的方法特别引人入胜，在印度建筑中，至少在其完美的形式中，双层圆顶的显著优点初次体现出来，这种圆顶建筑形式在胡马雍陵墓中的应用，证明了这座陵墓的建筑者曾参与过波斯的建筑实践。圆顶是由两个单独的拱顶组成的，一个在上，一个在下，上下之间留有间隙；外层拱顶支撑着白色大理石外壳，内层则形成覆盖下面墓室的穹窿。外层拱顶中央竖立着一座黄色的金属小尖塔，光芒四射。寝宫内部呈放射状，通向两侧高22米的八角形宫室；宫室上面各有两个圆顶八角形的凉亭，为中央的大圆顶做陪衬，宫室两面是翼房和游廊。

胡马雍和皇后的石棺安放在寝宫正中，两侧宫室放着莫卧儿王朝5个帝王的石棺。

从红砂石精细的镂花、花园式的内景到四周墙壁上的拱形大门，这一切构成了典型的莫卧儿风格。据说亚格拉的泰姬陵就是仿照胡马雍墓建造的。不管这种说法是否属实，人们确实很容易看出二者风格上的师承关系。

通常人们认为胡马雍墓受波斯艺术的影响，不过其底层平面图是印度的风格；其外表大量使用的白色大理石也是印度的风格，而没有使用波斯建筑师所惯用的彩色砖装饰。整个陵墓给人一种威严、宏伟又端庄、明丽的感觉，一扫过去伊斯兰陵墓灰暗、阴森的风格。显然，它和整个莫卧儿时期的建筑一样，是伊斯兰教建筑的简朴和印度教建筑的繁华的巧妙融合。

专家点评

胡马雍的陵墓是阿克巴时代莫卧儿建筑风格发展过程中一个突出的里程碑。它巧妙地融合了伊斯兰建筑和印度建筑的风格，开创了伊斯兰建筑史上的一代新风。

起始时间	地理位置	推荐理由
公元17世纪初	加拿大东部魁北克省省会魁北克城	经过400年战乱的历史演变，魁北克不但存活了下来，而且成为一座巨大的"宝库"和"博物馆"。

素有"美洲直布罗陀"之称的魁北克古城

文明印记

魁北克城，一个镶嵌在加拿大东北部的明珠，魁北克省的省府，因为一直被视作进入北美新大陆的通道，而曾经成为当年入侵者首选的攻击目标，历经了400年战争和岁月的洗礼。

硝烟与杀戮没有消融这个古城的瑰丽，古老的建筑、纯朴的民风在磨蚀中傲然长存。

迈步踏上这座古城的土地，就像是走进了一个中世纪的圣地，街边一个又一个用厚重的砖石垒起的深宅大院，散发出古色的幽静和古朴的凝重气息，门窗虽已斑驳，却掩不住魁北克人的独具匠心和他们发自内心的艺术气质。尽管这里是魁北克省最吸引人的旅游胜地，但游客并不是那么多，人们尽可以在已经不知历经多少年风雨的石板路上慢慢踱步，体会着先人散落在空气中的古风遗韵。

路边的小店无一不在窗口、门前装饰着鲜花，将整条街装点得缤纷多彩、富有生活情趣，人们坐在露天的咖啡吧或餐厅里聊天赏景，在清风的吹拂下挥洒着浪漫的情怀。

盛装的马车踏着"得，得，得"的步伐从身边驶过，马儿抖动着脖上的铃儿，留下一段悠远的回响，清风吹动着马车上点缀的绿叶鲜花，留下一阵沁人的清香。

沿着石板铺就的洁净小路拾级而上，走一步也许就是一个颇有典故的景点。古代遗址上的铜炮、城墙、军事堡垒等防御工事和作战武器被完好地保存下来，和谐地融入城市建筑群中，流露出一种特有的历史韵味，生动形象地展示出该城的发展过程。路易十四——魁北克城最初的缔造者，虽然后人为了纪念他而建造了一个小小的广场，但游人们只是茫然地注视着这个历史长河中的伟人，自由的海鸟随意栖在他的肩上和头上，一座原本刻满历史印记的雕像也融入了自然中。魁省议会大厦的外墙上，整齐地竖立着魁北克历史上功勋卓著的名人们的全身雕像，他们遥望着他们为之奋斗的这片土地，保佑着它的生生不息。

沿着窄窄的断颈梯，可以边走边慢慢欣赏脚下流动的风景。小巷中的店铺吸引了游人恋恋的目光，一件衣服、一幅画、一件小摆设、一件小文物……在精致和古朴中无不透着浪漫的魁北克人用心构造的情趣。

断颈梯前的一座楼，侧面被从上到下绘成了巨幅的画像，生动地再现了中世纪时魁北克人的生活场景，有店铺、有住家、有流浪的艺人、有盛装的绅士、有玩耍的孩子、有相拥的恋人……画与现实的人，人与画中的景，在柔暖的阳光笼罩下好像融为一体。几对刚刚走出教堂的新人，在亲朋好友的簇拥下，站在这幅巨大的市井众生相前合影留念，像是触摸到那个古老年代的脉搏，让先人体味他们幸福的时刻。

教堂响起厚重的婚礼钟声，新人们将手中的鲜花抛向空中，笑声荡漾在古城的街井中，为古老的城市平添了一分活力。

古城建在陡峭的高原上，分上城和下城两部分。上城建在钻石角顶端，是宗教活动区和行政管理区，周围有城墙环绕；下城建在峭壁下，是港口和古老的居民区。高原下，流淌着圣劳伦斯河。

400年来积累的遗产中，最精彩与华美的部分是它的建筑艺术，你无法找到像魁北克这样对建筑艺术如此热爱、重视与珍惜的地方。

魁北克文化的精髓渗透在每一块砖、每一扇门窗、每一尊雕像，特别是历经

圣劳伦斯河与圣查尔斯河交汇处的魁北克古城。

战乱、保存完好的建筑群中，各个年代、各种风格的建筑都能找到他们在魁北克的影子，每一幢建筑物都展示着各自的魅力，记录着过去那些辉煌的日子。几年前，几十年前，几百年前的建筑，所有古代的、现代的、甚至将来的楼宇庭台，所有法国式、英国式的建筑共存于同一座城市里。当你还来不及惊叹如此缤纷的变化时，就早已被每个年代、每个国家、每种流派的艺术表现深深吸引住。从华丽的拱顶圆柱、精细的花纹雕饰、宏伟高大的结构、优质不俗的材料，到奢侈夸张的装饰、优美典雅的雕塑……如此广博的艺术魅力包围得你透不过气来。

每一扇门，每一块砖瓦，每一个角落，每一间房屋，包括走廊、大厅、阳台，每一幢建筑物，里里外外，上上下下的艺术气派，一如郊外的山水风景，无不令你视野开阔，心灵震动……

魁北克最古老的城市中心在下城区。皇家广场四周和圣母街两旁都是公元17世纪和18世纪的建筑，其中胜利圣母教堂始建于1688年，1759年毁于火灾，现在的教堂是后来重建的。皇家广场被誉为加拿大的"法国文明的摇篮"。

魁北克城堡位于上城区，高约120米，周围有护城河环绕。

城堡内现有25座建筑物，其中最宏伟的一座建于1892年，有宽阔的铜制倾斜大屋顶和塔楼以及典雅的红色砖墙，气势非凡，是典型的法国古典风格建筑，也是魁北克城的标志，现在是法蒂那城堡大饭店。

魁北克新城与旧城的交界处是著名的圣路易斯城门，从这里攀上去，是一片开阔的古战场遗址——19世纪，法国人为抵御美国人在战争后的反扑而修建了这个军事要塞，但这里曾经留下了法国人屈辱的历史，就在这个古战场上，法国军队将美丽的魁北克输给了英国军队。

宽阔的操场已被茵茵绿草遮盖了战火的阴影，加拿大皇家二十二团将战地公园作为他们的营地，间或在这里举行盛装武士的操练和换防仪式，让现代人重新体验那庄严的时刻。

广场是古城遥望远方青山绿水、俯视脚下古城街景的一个制高点，它同时从这里向现代化的魁北克新城延伸。

站在广场前通向亚伯拉罕平原的2200英尺长的木板长廊向远处眺望，魁北克城今天和昨天的历史尽收眼底，圣劳伦斯河依山而流，河边广场上身穿各式民族服装的魁北克艺人们陶然自醉的表演、恋人们在良辰美景中凭栏相拥的背影，相伴着游人们流连的目光，汇成了一幅怡然浪漫的风情画卷。

就像一本读不完的书，魁北克数不尽的博物馆、剧院、教堂珍藏着它成长与兴衰的历史，在这些已经久远的字迹、图片、文物中，可以感受到作为北美最独特种群的魁北克人为什么那么尊重他们的祖先，为什么那么珍爱法裔先辈留下的文化，为什么一直以自己是法裔的后代而自豪，为什么承继了迷人的优雅气质……源远流长的文化传统积淀出深厚的底蕴，这是越来越多现代化都市所无法媲美的。

专家点评

起伏的丘陵，秀丽的湖泊、瀑布，笔直的圣劳伦斯河，陡直的悬崖峭壁，迷人的"钻石海角"，古老的港湾，通向乡野深处的幽径……让你禁不住感叹上帝的厚爱，赐予了魁北克如此丰厚的"礼物"；也不难理解为何塞缪尔将它作为法国人在北美的大本营，为何无数的诗人、作家、画家情陷于此，创作源源不断，为它增添了更多的文化艺术遗产。

起始时间	地理位置	推荐理由
公元 1661 年	法国巴黎西南郊 18 公里的凡尔赛镇	凡尔赛宫是欧洲最宏大、最庄严、最美丽的法国王宫，是欧洲自古罗马帝国以来，第一次集中了如此巨大的人力、物力所缔造的杰作。

代表法国古典主义艺术巅峰的凡尔赛宫及其园林

文明印记

气势磅礴的凡尔赛宫是西方古典主义建筑的代表，这座庞大的宫殿，总建筑面积为 11 万平方米，园林面积达到 100 万平方米。以东西为轴，南北对称。宫顶摒弃了法国传统的尖顶建筑风格而采用了平顶形式，显得端庄而雄浑。在长达 3 公里的中轴线上建有雕像、喷泉、草坪、花坛、柱廊等。宫殿主体长达 707 米，中间是王宫，两翼是宫室和政府办公处、剧院、教堂等。宫殿气势磅礴，布局严密、协调。宫殿外壁上端矗立着大理石人物雕像，造型优美，栩栩如生。外观宏伟、壮观，内部陈设和装潢更是富丽奇巧，奢华考究，富于艺术魅力。宫内 500 多间大殿小厅处处金碧辉煌，豪华非凡。各厅的墙壁和柱子都用色彩艳丽的大理石贴就，镶着方形、菱形、圆形的几何图案，上面镶金嵌玉，配上彩色的镶边。有的墙面上还嵌着浮雕，画着壁画。天花板上金漆彩绘，雕镂精细的几何形格子里面装着巨大的吊灯和华丽的壁灯。各种装饰用的贝壳、花饰及错综复杂的曲线衬托得宫殿富丽堂皇、灿烂夺目，还配有精雕细刻、工艺精湛的木制家具，给人以华美、铺张、过分考究的感觉。宫内陈放着来自世界各地的珍贵艺术品，其中包括远涉重洋而来的中国古代的精美瓷器。

宫中最为富丽堂皇也最为著名的就是位于中部的"镜厅"，也称"镜廊"，它长73米，宽10.5米，高12.3米。左边与和平厅相连，右边与战争厅相接，是由大画家、装潢家勒勃兰和大建筑师孟沙尔合作建造的，它的墙面贴着白色的大理石，壁柱用深色的大理石，柱头是铜制的，且镀了金。拱形的天花板上绘满了反映中世纪晚期路易十四征战功绩的巨幅油画。画风酣畅淋漓，气韵生动，展现出了一幅幅风起云涌的历史画卷。天花板上还装有巨大的吊灯，上面放置着几百支蜡烛。吊灯、烛台与彩色大理石壁柱及镀金盔甲交相辉映；排列两旁的8座罗马皇帝丰耳雕像、8座古代天神整耳雕像及24支光芒闪烁的火炬，令人眼花缭乱。在镜厅中，一面是17扇面向花园的巨大圆拱形大玻璃窗，与它相对的墙壁贴满了17面巨型的镜子，这17面大镜子，每面均由483块镜片组成。白天，花园的美丽景色通过透明的大玻璃和光闪闪的镜子交相辉映，人在屋中就可以欣赏到园中胜景：碧蓝的天空澄澈如洗，青青的芳草如茵如梦，绿树环绕、碧波荡漾、流水潺潺，春花秋月种种胜景，令人心旷神怡。入夜，几百支燃着的蜡烛的火焰一起跃入镜中，与镜外的群星交相辉映，虚无飘渺，如虚如幻，使人如入仙境。

▼ 皮埃尔·帕特尔作品《凡尔赛鸟瞰》。

◀ 凡尔赛宫内奢华的便桶。

凡尔赛宫的正宫前面是一座风格独特的法兰西式大花园。凡尔赛宫的大花园完全是人工雕琢的，极其讲究对称。近处的两个巨型喷水池，600多个喷头同时喷水，形成了遮天盖地的水雾，在阳光下展现为七色的彩虹，颇为壮观。在水池边伫立着100尊女神铜像，都娇美婀娜。20万棵树木叠翠，环绕着如茵的草坪和旖旎的湖水。各式花坛错落有致，布局和谐。坛中花草的种植方式别具匠心。路易十四对种花有强烈的嗜好，每年都要从荷兰进口400万只球茎。亭亭玉立的雕像则掩映在婆娑的绿影和鲜花中。园林中还开凿了一条16公里长、60米宽的运河，引来塞纳河水，里面停泊着游船和小艇。

凡尔赛宫内有一座母神喷泉，是个四层的圆台，台边装饰着许多形态逼真、样貌有趣的乌龟和青蛙的雕像，它们都能喷水；在它们的簇拥之下，怀抱幼子的太阳神之母的雕像位于喷泉中央的最高处，用洁白的大理石雕成，高贵典雅、栩栩如生，有力地烘托、歌颂了太阳神的主题。

中轴线上有一座连着运河的水池，倒映着蓝天白云，绿影婆娑，在荡漾的碧波中央有一座太阳神阿波罗驾驭着骏马在水上疾速奔驰的雕像，只见骏马嘶鸣，太阳神气宇轩昂，整个雕塑壮丽辉煌。实际上这也揭示了整个凡尔赛宫的主题，就是歌颂人间的太阳王——路易十四。

凡尔赛宫囊括了各种能想象得出的舒适享受，从中可知，当年皇室贵族和达官显贵过的是一种何等奢华的生活。

专家点评

雍容华贵的凡尔赛宫代表了法国整个黄金时代的顶峰，是欧洲最宏大的宫殿和园林，它的建筑和花园形式是当时欧洲各国皇室纷纷效仿的蓝本，为西方古典主义艺术的卓越代表，几百年来欧洲皇家园林几乎都遵循了这种设计思想。

起始时间

公元 1632 年

地理位置

印度首都新德里以南约 200 公里处

推荐理由

泰姬陵以美丽著称于世界,号称"印度的珍珠",是印度最完美的穆斯林珍宝,为世界七大建筑奇迹之一。

象征着永恒爱情的泰姬陵

文明印记

泰姬陵可称为伊斯兰世界最美丽的建筑,也是世界上为数不多的建筑艺术极品之一,被称为"印度的珍珠"。

泰姬陵没有通常墓穴所具有的那种阴森威严和令人胆寒的气氛,而是拥有一种清新明快、恬静雅致的氛围。这正反映了沙贾汗的意愿:他要爱妻继续享受人间的安乐富贵,不必孤苦地在天国淡泊苦修。

泰姬陵继承了左右对称、整体和谐的莫卧尔建筑传统,在建筑艺术上达到了登峰造极的地步。陵墓及其两侧各有一座用砂岩建成的清真寺,都坐落在铺满大理石的花园里。整个陵区是一个长方形围院,长 576 米,宽 293 米,由前至后,又分为一个较小的长方形花园和一个很大的方形花园,都采用中轴对称的布局。

整个陵园占地 17 万平方米。步入正门,是一个长 161 米,宽 123 米的庭院,里面绿草菲菲,嘉木垂荫,使人顿时忘记了门外的黄土尘沙和炎炎烈日,进入了一个幽远宁静、令人心旷神怡的佳境。

往前,迎来了第二道大门,从第二道大门到陵墓,是一条用红石铺成的甬道,两印度泰姬陵。

边是人行道，中间有一个狭长的"十"字形喷泉水池，水池两旁整齐地栽种着深绿色的柏树，泰姬陵倒映在水中，闪闪发光。蕾状圆顶高耸入云，与拱门及四座尖塔相互辉映。

人们在第二道大门前就可以从拱形门洞里看到远处正前方的陵墓。它那纯净明丽的线条和雍容华贵的气质，会使你一下子受到某种难以言喻的震惊，令你凝视良久，不忍它顾。

整个陵墓是用洁白的大理石砌成的。陵墓修建在一座7米高、95米长的正方形大理石基座上。基座正中是陵体本身，每边长56.7米，有四座高耸的大门，门框上用黑色大理石镶嵌了半部《可兰经》经文。寝宫居中，总高74米，上面是一个硕大的、状似大半个球的高耸饱满的穹顶，直径18米。穹顶顶部隆起一个尖顶，直指空阔的蓝天。下部为八角形陵壁。陵墓四周有四座40米高的圆形尖塔，为防止倾倒后压坏陵体，塔身均稍向外倾。这四个圆形尖塔站在基座平台的四角，仿佛是陵墓的卫士，永远恭顺而尽职地守卫在墓旁。

整个陵墓的设计，体现了伊斯兰教"天圆地方"的概念。基座是方的，陵墓下部也是方的，给人一种博大、端正和肃穆的感觉。高耸的长方形大门，居高临下，雄视四方，体现了恢弘的气势。大门的上部是圆弧形的门楣,它使四四方方的下部产生了柔和之感。经过它们的过渡,陵墓上方的穹顶好似一个圆球悄然升起一大半,给人一种圆润、和谐的美感。穹顶四周还建有四个小圆顶,它们同大圆顶交相辉映,具有一种匀称的美。有了它们,尽管主顶高耸,也不给人突兀的单调感。基座四周的四座细瘦的尖塔,既突出了陵墓隐居正中的地位,又体现了整个陵墓的帝王气派。整个陵墓是一个和谐、完美的整体,而其上上下下浑然一体的白色大理石的银辉,更使它显得高雅纯洁,富有女性的柔美。

走近陵墓,可以看到陵体的大理石上镶嵌着许多宝石美玉,并且组成了美丽的图案,晶莹夺目,仿佛是美女的首饰。陵堂用磨光的纯白大理石建造,表面主要用金、银和彩色大理石或宝石镶嵌进行装饰,窗棂是大理石透雕,精美华丽至极。装饰的题材多是植物或几何图案,重要部位如各面正中的大龛周围雕刻着阿拉伯文的伊斯兰箴言。泰姬陵的装饰并不过分,镶嵌雕饰的表面与石面齐平,浮雕也突起不多,艺术家们充分认识到大理石的本色美,装饰只是附加的陪衬,服从于石头的材质之美。

陵墓环境极为单纯,宁静而优美,碧水、绿草、蓝天,衬托着白玉无瑕的大理石陵堂,圣洁静穆。陵堂左右各有一座红砂石建造的小礼拜殿,起对比点缀的作用。陵堂是运用多样统一造型规律的典范,大穹窿和大龛是它的构图统率中心;大小不同的穹顶、尖拱龛,形象相近或相同;横向台基把它们联系起来,造成了强烈的完整感。而在诸元素的大小、虚实、方向和比例方面又有着恰当的对比,统一而不单调,有着神话般的魅力。

泰姬陵有所创新的地方在于:过去的陵墓一般都是建在四分式庭院的中央部位,而泰姬陵则建在四分式庭院的里侧一角,背靠朱穆纳河,陵墓前视野开阔,没有任何遮拦。陵墓两边是同样形状的赤砂岩建筑,面向陵墓而立。每座建筑都有3个白色大理石穹顶,两侧是清真寺,东侧为迎宾馆,呈几何状对称外形,陵墓被恰到好处地烘托出来。

陵墓内的镶嵌装饰更是精美绝伦。陵内中央有个八角形小室,安放着沙贾汗及其爱妃的衣冠冢,四周围着镶宝石的大理石屏风。墓内柔和的光线透过格子窗把屏风上用华丽宝石镶嵌而成的图案映照出动人的光彩。

在短短二十几年内完成如此宏伟的建筑工程,成就的确卓越。沙贾汗的成泰姬陵寝宫周围的四座尖塔之一。

功,有赖于帝国丰富的资源,2万名劳工负责建筑,还有1000多头大象用来运送来自320公里之外采石场的大理石,甚至有俄国的孔雀石、巴格达的光玉髓及波斯和西藏的绿松石等,并由高级手工艺师加工使用。工程展开不久,英国旅行家芒迪到达泰姬陵,看到兴建泰姬陵期间的奢靡,不禁目瞪口呆:"视金、银如等闲之物,毫不吝惜;把大理石看作普通的石头,任意使用。"

可以说,泰姬陵这座历史悠久的建筑,是石匠、木匠、书法家、镶嵌工艺师以及其他手工艺者智慧的结晶。

在阳光的映照下,泰姬陵更加夺目耀眼,尤其在破晓和黄昏,泰姬陵透出万紫千红的光芒,再添一抹金色,色彩时浓时淡;在晨曦中,泰姬陵犹如飘乎于彩云之间。

在泰姬陵陵园第二道南门门额,镌刻着"请心地纯洁的人进入这座天国的花园"的铭文。的确,纯白的陵堂,配以大片碧绿如茵的草地,加上周围几座作为陪衬的红砂石建筑,给人的感受确实是简洁明净,清新典雅,难怪泰姬陵获得了"大理石之梦"、"白色大理石交响乐"的美誉。

据说,月圆之夜是泰姬陵最美的时刻,那时,一切雕饰都隐没了,只留下了沐浴在月色之下的整体的朦胧。

专家点评

印度诗人尼扎米说这座宫殿"掩映在空气和谐一致的面纱里",它的穹顶"闪闪发亮像面镜子……里面是太阳,外面是月亮",它一天之中呈现三种颜色……拂晓是蓝色,中午是白色,黄昏则是天空一样的黄色。这样的建筑简直可以说是一种完美的存在。总之,陵园的构思和布局是一个完美无比的整体,它充分体现了伊斯兰建筑艺术的庄严肃穆、气势宏伟、富于哲理。因为这个建筑所流传的美丽爱情故事,即皇帝和他的妃子的爱情故事,有人又把它称为象征着永恒爱情的建筑。

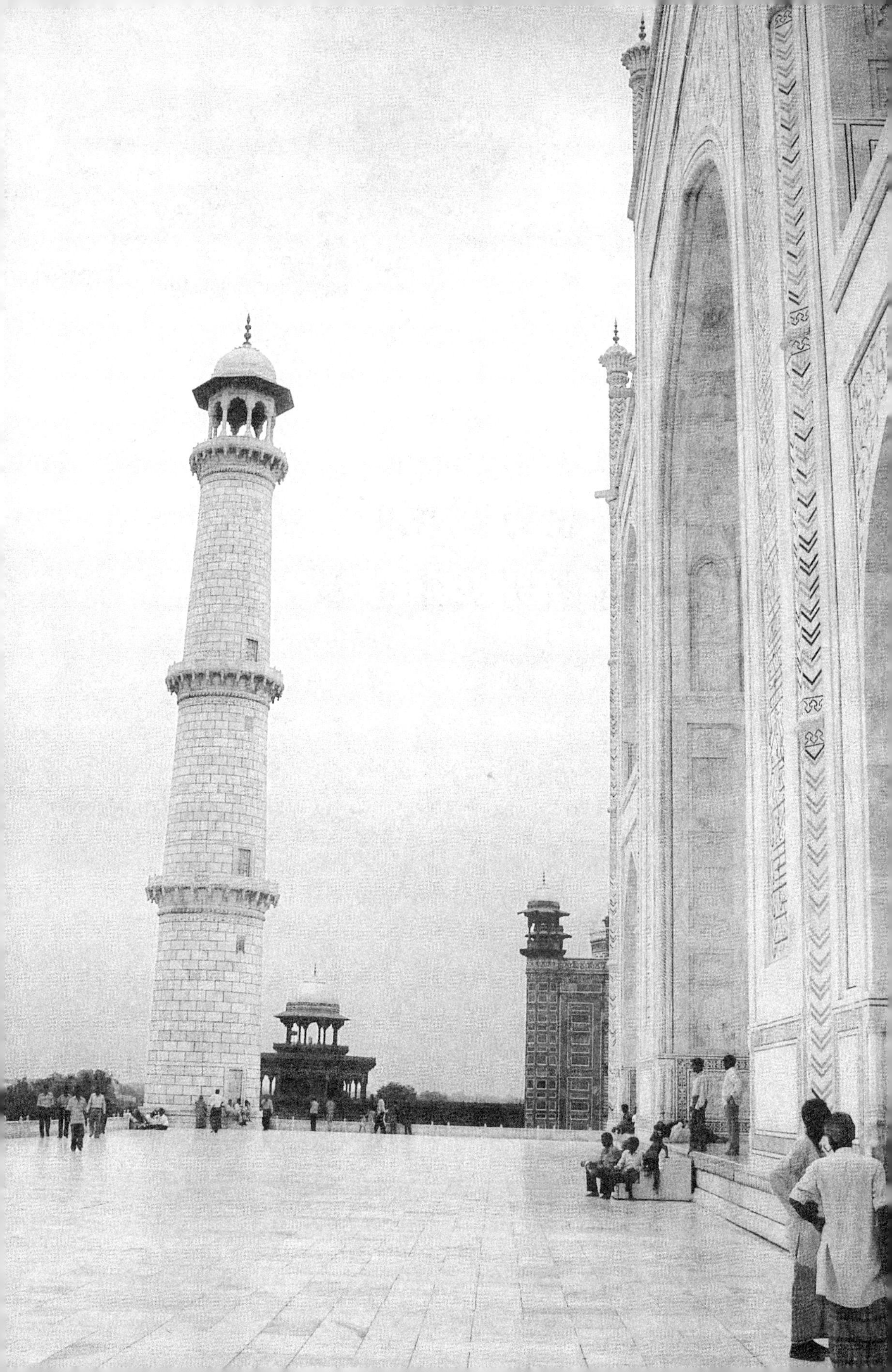

起始时间	地理位置	推荐理由
公元1703年	俄罗斯西部的圣彼得堡	圣彼得堡的建筑遗产将巴洛克式建筑风格与纯古典式建筑风格完美结合,其中的海军部、冬宫、大理石宫以及爱尔米塔什博物馆都享有世界声誉。

素有"北方威尼斯"美誉的圣彼得堡历史中心及古迹群

文明印记

圣彼得堡建立于公元1703年,历史上是政治、文化和工业中心,现为圣彼得堡地区首府。城市位于芬兰湾,直通波罗的海和欧洲。

圣彼得堡是遵循彼得大帝的意愿用石料建造起来的。多数纪念建筑顶部为尖塔和圆形穹顶。河岸、广场和宽阔的街道协调一致,其他地方没有的色彩和排列形式增强了其宏伟壮丽的效果。城市建设规模宏大、设计完美、建设迅速,圣彼得堡代表了独一无二的艺术成就。18和19世纪,由拉斯特莱里、瓦林德拉蒙特、卡麦龙、里纳尔迪以及扎哈罗夫负责兴建的城市整体建筑群,对俄国和芬兰地区产生了不可估量的影响。

涅瓦河三角洲上数十条纵横交错的水道和运河,把大地分割成近百个小岛,靠400多座桥梁相连,使圣彼得堡拥有了独特的"水城"和"桥城"景观。中心城区在大涅瓦河南岸,全市最繁华的涅夫斯基大街横贯城区;海港、河港和各类工厂分布在外围的瓦西里耶夫岛区、彼得格勒区和维堡区,昔日帝都留下的俄罗斯古典建筑群和名胜古迹比比皆是,如彼得罗巴甫洛夫要塞、冬宫与皇家广场、夏花园与夏宫、海军总部大厦、圣伊萨克大教堂、十二月党人广场、斯莫尔尼宫……涅瓦河哺育了灿烂辉煌的俄罗斯文化,使圣彼得堡成为著名的科学文化城,罗蒙诺索夫、门捷列夫、普希金、果戈里等许多杰出的科学家、文学家都在这里生活和工作过。

涅瓦河左岸的宫殿群中屹立着一座享有世界声誉的雄伟建筑——艾尔米塔什博物馆,它以历代沙皇居住的"冬宫"为中心。艾尔米塔什博物馆的收藏非常丰富,规模可以和大英博物馆或卢浮宫相媲美。

冬宫于1714年开始建造,于1754年至1762年由意大利著名建筑师拉斯泰利最终设计建成,是18世纪中叶俄国巴洛克式建筑的杰出典范。它于1837年遭焚毁,并于1838年至1839年间得到修复。第二次世界大战时,冬宫遭严重破坏,战后修复。

冬宫是一幢三层楼的建筑,呈封闭式长方形,长约280米,宽约140米,高22米,建筑面积4.6万平方米,占地9万平方米。它有两个立面,一面朝涅瓦河,另一面朝海军大厦和宫殿广场。外墙四周布有上下两排圆形倚柱、上中下3层拱形窗,立面顶端有200多件雕像和花瓶等装饰图案。1924年,冬宫有房间1500间,1941年改建为650间,内部用

圣彼得堡斯莫尔尼宫。

金、铜、水晶、大理石、孔雀石和各种艺术珍品装饰,色彩缤纷,豪华雅致。宫内所有大厅各具特色,其中乔治大厅、亚历山大大厅、孔雀石大厅、小餐厅尤为著名。在乔治大厅的墙上,有一幅罕见的俄国地图,上面镶有4.5万颗各色宝石。

作为俄罗斯皇家宫殿,冬宫的花园也美丽惊人。彼得大帝在1703年将圣彼得堡作为他的新首都。由于他是一位强烈坚定的西方主义者,他决意造一座能与凡尔赛宫相媲美的建筑。他亲自规划布局,动用军队和农奴来为一系列令人眼花缭乱的喷泉和人工瀑布挖掘沟渠水道。这些喷泉每秒钟需水34095升。在这个21公顷的花园里有许许多多的瀑布和喷泉,其中有些设有不定时喷水装置,会把无准备的游人淋成落汤鸡。其中最大的

图为列宁在集会上发表演讲。前苏联时期，圣彼得堡曾被改名为列宁格勒。

瀑布从七级宽的台阶逐级下降，每级台阶两边都有喷泉喷水和镀金的古典神像及英雄塑像。《旧约》中的英雄参孙，被置于一个巨大的水池上，他正用手把一头狮子的嘴撑开，狮子口中有一水柱喷向空中，高达20米。周围水花晶莹跳跃，还有海豚、水仙女和正吹着号角的海神特赖登，疯狂地欢庆。

被人称之为皇村的普希金市是在18世纪时主要为伊丽莎白女皇和叶卡捷琳娜女皇设计建造的。据说这里是欧洲第一个全部用电照明的城市。该城于1937年在诗人百岁诞辰时被重新命名为普希金市。最主要的建筑是叶卡捷琳娜宫，或称夏宫，是由拉斯都里以最豪华的巴洛克风格为伊丽莎白女皇建造的，其内部由一位苏格兰建筑师查尔斯·卡梅伦采用新古典主义样式为叶卡捷琳娜女皇重新装修。该宫及庭园在战争中被破坏，除琥珀殿外，现又都重建。琥珀殿所有墙壁上都有一层琥珀。还有一个普希金博物馆，普希金就是在这儿上学的。亚历山大夫斯基宫建于18世纪90年代。它是末代沙皇尼古拉二世喜爱的居住地，他的一家在此度过了不少快乐时光。这座宫殿现对游人开放。离普希金市3公里处是匹夫路夫斯基别墅区，那儿的另一座分外豪华的宫殿坐落在一个607公顷的令人惊叹的园林之中，这座宫殿是查尔斯·卡梅伦为叶卡捷琳娜女皇的儿子保罗一世沙皇设计建造的。1918年他与家人都被革命者处决。

专家点评

　　文化遗产把杰出的经典皇家巴洛克风格住宅与圣彼得堡整体建筑融为一体，成为一种巴洛克风格和新古典主义风格相结合的重要财产。

起始时间	地理位置	推荐理由
公元1732年	美国东北部的宾夕法尼亚州首府费城	费城独立厅是在美国历史上有着重大历史意义的建筑物。公元1776年7月4日，来自全国以华盛顿为首的13个州的代表，在这座大厅里签署了著名的《独立宣言》。

标志着美国独立战争开端的费城独立厅

文明印记

在美国人的心目中，费城是个有着特殊意义的地方，1776年7月4日，13个州的代表在这里通过了气壮山河的《独立宣言》。激动人心的自由钟声敲响了，一个充满崇高理想的新国家诞生了。从此，费城作为合众国的摇篮载入了美利坚的史册。

外地游客初到费城，都会首先直奔位于市区的"独立国家历史公园"。这个公园被称为"美国最具有历史意义的平方英里区"。在这里人们可以找到美国历史的开篇。这座历史公园是1948年经国会通过决议建立的，旨在保护独立厅及其周围的历史性建筑，以示永久纪念。园内共有20多栋房屋，其中有作为1774年第一届大陆会议（在独立厅通过《独立宣言》的大会称第二次大陆会议）会址的木匠厅，原为木匠公会会所。

这个历史地段最著名的建筑物，当然要数"独立厅"。独立厅由安德鲁·汉密尔顿设计，建于1732年，1741年竣工。美国独立史中所发生的大事，几乎都与这座双层乔治式的红砖楼房有关。

这个独立厅本是殖民地时期的宾夕法尼亚州政厅，与现代的高楼大厦相比，它可以说是其貌不扬，只是两层高的红砖房子，楼顶有一个乳白色的尖塔，尖塔上镶嵌着计时的大钟，仅此而已。但是，就在这栋朴实无华的房屋里，华盛顿被推选为抗英大陆军总司令，美国早期的政治家们签署了《独立宣言》，明确提出了"天赋人权，主权在民"的思想。《独立宣言》是美国历史上最重要的官方文件，它反映了大多数美国人要求独立、脱离英国统治的愿望。签署宣言的日子是1776年7月4日，从此7月4日成为美国的国庆节。

▼ 费城独立厅外景。

1787年，联邦会议在独立厅召开，会议从5月20日开始，经历4个月才告结束。为了制定宪法和建立美国的万世基业，富兰克林、麦迪逊、汉弥尔顿及其他有才干的政治家殚精竭虑，争论了好几个月才达成共识，完成了一部至今仍行之有效的国家大法，确立美国为联邦制的国家，奠定了美国的政治基础。

现在的独立厅内，依然保持着公元18世纪的陈设。会议厅并不大，约几十平方米。十几张会议桌上铺着绿色丝绒台布，桌前文具盒里都插着当年使用的那种羽毛笔。桌面上还放着蜡烛台、零散的纸张和书籍，好像代表们刚刚离席。安放在主席台上的高背椅是华盛顿担任制宪会议主席时坐的。椅背上雕刻着初升的太阳，人们称它为旭日椅，象征着这个国家光明的未来。

每天，独立厅门口都有不少人排长队等待着进入这个"圣殿"，去领略一下开国元老们为新生的合众国制定蓝图的地方的"历史气息"。

独立厅北面有一片草地，草地的尽头有一所玻璃房子，这里陈列着极为著名的"自由钟"。这口钟原先是为纪念宾夕法尼亚州建州50周年而由英国人在伦敦浇铸的，高约1米，钟沿周长3.7米，重943公斤。1752年，这口大钟从伦敦运到费城。钟上刻有铭文："宣告自由，遍及全国，家喻户晓。"但是，这口大钟从一问世就"弱不禁风"。1752年7月它在州政厅第一次被敲响时就破碎了，历经两次加铜重铸，才恢复原状，后被悬挂在州政厅的钟楼上。当大陆会议在这里召开以及《独立宣言》在这里宣读时，"自由钟"响起庄严而洪亮的钟声。1835年，当"自由钟"为美国大法官举行葬礼而敲丧钟时，再次被敲裂。为了保持历史的原貌，美国人没有重铸这口大钟。因此，人们现在看到的"自由钟"上面就有一条大裂缝。1976年，为纪念美国独立200周年，市政府将"自由钟"移到这所玻璃房子里，以便更多的游人参观。

从1790年到1800年迁都华盛顿以前，费城曾是美国的首都。独立厅东边的小楼是最高法院，西边的是国会厅。华盛顿总统当年在这里做了最后的国会讲演，著名的"人权法案"也是在这里通过的。

专家点评

美国独立史中所发生的大事，几乎都与独立厅有关。美国没有其他的建筑具有如此深远的历史价值。

起始时间	地理位置	推荐理由
公元 1779 年	英国什罗普郡地区塞文河谷	乔治铁桥区附近的建于公元 1708 年的高炉是发明焦炭的历史见证，它与世界上第一座铁桥一起对人类历史上的技术进步和建筑业的发展有着重大影响。

作为工业革命重要象征的乔治铁桥

文明印记

什罗普郡的心脏塞文河上有一个铁桥峡，名字来源于世界上第一座铸铁桥，这座桥建于 1779 年，在它建立以前，这个地区原来名叫科尔布鲁克代尔。这里因为有丰富的自然资源和便利的水运，自亨利八世起，就是采矿和制铁中心。16 世纪或更早些时候，这里就有了熟铁熔炼炉，制造熟铁坯。但到了 17 世纪，由于树木稀少，用来给鼓风炉做燃料的木炭不能满足需求，就需要更廉价和更丰富的替代品。

这个难题由一个名叫阿伯拉罕·德比的贵格会教徒及铁锅的制造商解决了。

1708 年，德比在科尔布鲁克代尔租赁了一只熔炉，次年用焦炭代替炭做燃料成功地把铁熔化，这是工业界一项重要的发明，这一工艺使他能大规模地生产质优价廉的铸铁锭，科尔布鲁克代尔因而成为当时世界上最繁忙的工业中心，它也使德比家族由此发迹。现在在科尔布鲁克代尔的铁器博物馆内仍可以看到那只熔炉。

阿伯拉罕·德比于 1717 年去世，但他的后继者们继续发展着他的事业：1722 年，生产了用于制作蒸汽机的铸铁圆汽缸，1729 年铸造了用于采矿坑道的第一条铁路的轮轨，1767 年生产了首批铁轨。

德比去世时留下一个6岁的男孩，他就是阿伯拉罕·德比二世，他接管了事业以后又扩展了业务。早期阶段的铁路就是在他的时代从科尔布鲁克代尔开始发展的。他造了第一批铁轨和火车。1763年他去世以后，他的儿子阿伯拉罕·德比三世接替了他，当时他只是一个十几岁的孩子，但是后来就是他建造了著名的大铁桥。他于1789年去世，年仅30岁。1802年，一位与德比家族关系密切的名叫理查特·特拉维斯克的工程师在科尔布鲁克代尔铁工厂内造了世界上第一个蒸汽火车头。阿伯拉罕·德比四世，这个家族的最后一位贵格会教徒则率领大伙为世界上第一艘铁制远洋轮"大不列颠"号压制出了船体钢板。1851年，作为英国最大的铸造工厂，它为在伦敦举行的大博览会建造了一座富丽堂皇的大门。如今在肯辛顿公园仍可以见到它。

工业革命后出现的巨型轮船。

铁桥峡最吸引人的地方有铁桥、德比科尔布鲁克代尔铁厂、铁器博物馆以及布鲁兹山露天博物馆。

英国大铁桥建于1779年，是世界上第一座用金属制成的桥，它大大推动了科学技术和建筑学的发展。

铁桥是一个拱形结构，跨度100英尺，高52英尺，宽18英尺，全部用铁浇铸，有好几百吨重，重量与罗德岛的巨人像可相抗衡。

铁桥由科尔布鲁克代尔年轻的铁业巨头阿伯拉罕·德比筹建，来自什鲁斯伯里的托马斯·法诺·伯里卡特设计。德比在1773年向他的委托人约翰·威尔金斯提出了修建这项工程的建议，约翰·威尔金斯在当地和威尔斯都有铁厂，他是一位铁器的推崇者，绰号叫"铁疯子"。他造了第一批铁船，帮助德比开始实施计划。

其他重要的合伙人有爱德华·布莱克威，他后来成为煤港瓷器厂的创始人之一；还有格斯特家族中的两位，他俩后来在梅尔瑟·蒂德菲创建了著名的铁工厂。

几次失败之后，铸造厂于1777年开始浇铸桥的拱肋和桥面的构件。主要的拱肋每根重达5.1吨，桥梁虽然是伯里卡特设计的，但更多地归功于德比和他手下人的技术和经验。这座桥梁如木结构一样，是预制后再行装配的。巨大的结构框架是在露天沙场浇铸，并借助鹰架搬运的。颇费匠心的是：这座铁制件的各接头是以传统木匠的方法为基础，用互相扣住的楔子连接的，而不是焊接起来的。

1779年，在不中断河上交通的情况下，大桥终于树立起来了，后又经过陆上道路的建造和桥面的铺设，最后大桥于1781年元旦通车。

这座优美的单跨桥的跨度为30.6米，重量稍高于384吨，它不仅在当时引起人们很大的兴趣，现在还是如此，人们都来观看它，艺术家来描绘它；它也是铁器制造商与他们

新技术的强有力的广告,这无疑正是他们所希望的。1795年大桥毫无损伤地经受了塞文河上的一场可怕的洪水,除铁桥外,河上的其他石桥都遭到了破坏。

20世纪70年代时对大桥进行了整修,它现在成为乔治铁桥博物馆群的中心建筑,这个博物馆群也是世界工业传统的展示厅,它包括科尔布鲁克代尔铁器博物馆,在老科尔波特厂的瓷器博物馆和一个设在兹克雷文·邓尼尔工厂里的装饰瓷砖博物馆以及一个重建的19世纪90年代的布里斯特·希的工业小镇,吸引人的展品有阿伯拉罕·德比一世用焦炭炼铁的熔炉和早期的鼓风炉等。

专家点评

作为世界上同类大建筑中的第一座,英格兰科尔布鲁克代尔的塞文河上的大铁桥有一种完全适合18世纪的古典的匀称和雅致,它预示了将要出现的事物,它是对设计那座大桥的铁器制造商的技术和勇气的一曲颂歌。

▼ 英国威廉·鲍威尔·弗里斯作品:《火车站》。

起始时间	地理位置	推荐理由
清代乾隆年间	中国北京市西北郊	颐和园内有各种建筑三千多间,几乎囊括了中国古代建筑的各种形式,其布局合理,气势宏伟,是中国园林艺术的典范。

堪称中国园林艺术典范的北京颐和园

文明印记

颐和园的前身清漪园始建于清乾隆十五年(1750年)。这是一座以万寿山、昆明湖为主体的大型天然山水园。而万寿山和昆明湖早在建园之前就已经是北京西北郊风景名胜区的一个组成部分,它的自然景观以及某些人文景观都与此后的园林设计有着直接的渊源关系。

乾隆十六年,适逢皇太后钮祜禄氏六十整寿,一向标榜"以孝治天下"的弘历,为庆祝母后寿辰,于乾隆十五年(1750年)选择瓮山(即万寿山)圆静寺旧址兴建大型佛寺"大报恩延寿寺"。同年3月13日发布上谕,改瓮山之名为"万寿山"。建设佛寺的同时,万寿山南麓沿湖一带的厅、堂、亭、榭、廊、桥等成片的园林建筑也做出了设计和估算,陆续破土动工。

当时,西北郊先已建成的诸园之中,圆明园、畅春园均为平地造园,虽然以写意的手法模拟了江南水乡的风致,但毕竟由于缺乏天然山水的基础,并不能完全予人以身临其境的真实感受。香山静宜园是山地园,玉泉山静明园以山景而兼有小型水景取颐和园佛香阁。

胜，但缺少开阔的大水面。唯独昆明湖是西北郊最大的天然湖，它与万寿山一起形成北山南湖的地貌结构，不仅有良好的朝向，视野也十分开阔，实为天然山水园的理想建园基址。

在为兴修大报恩延寿寺而展开的全面园林建设中，这座园林因水景取胜的特点被命名为"清漪园"。乾隆十六年（1751年），"清漪园"的名字正式公诸于世。

颐和园的面积达290公顷（4350亩），其中水面约占3/4。整个园林以万寿山上高达41米的佛香阁为中心，根据不同地点和地形，配置了殿、堂、楼、阁、廊、亭等精致的建筑三千多处。山脚下建了一条长达728米的长廊，犹如一条彩虹把多种多样的建筑物与青山、碧波连缀在一起。整个园林艺术构思巧妙，在中外园林艺术史上地位显著，是举世罕见的园林艺术杰作。

颐和园大体可分宫殿区、前山前湖区、西湖区和后山后湖区四大景区。

宫殿区位于全园的东部，万寿山脚下，以仁寿殿为中心。清朝的离宫型园林都有供皇帝上朝听政的地方，所以在颐和园的主要入口东宫门内首先布置了一组宫廷型建筑物。仁寿殿原名勤政殿，是皇帝坐朝听政的大殿。慈禧、光绪曾多次在此召见群臣，接待外国使节，现在中央部还保存着原来清代的陈设。殿前陈设的铜龙、铜凤、铜鼎等，雕制均极精美。仁寿殿西北方建有慈禧太后看戏用的德和园大戏楼，它与故宫的畅音阁、承德避暑山庄的清音阁合称三大戏台。戏楼顶棚上有绞车牵引，戏台底下有一口深井和五个水池，可以表演升仙、下凡、入地等情节；光绪皇帝及皇后居住的玉澜堂与宜芸馆往西数十米就是慈禧太后的寝殿乐寿堂。它们和宫殿建筑一样，均采取前朝后寝的布局，仁寿殿居前，与在它左右的配殿组成一个规整的庭院。不过在这里的殿堂都不用琉璃瓦顶，也不用重檐的形式，庭院里栽种了几株珍贵的玉兰，还点缀着一块名为青芝岫的巨大的山石。

绕过宫殿区的主殿仁寿殿，通过一条曲折的小道，进入前山前湖区，气氛忽然一变：前泛平湖，目极远山，视野十分辽阔，远处玉泉山的塔影被借入园内，近处岸边的一排乔木又起了"透景"作用，增加了层次，加深了园林的空间感。

万寿山南麓，金黄色琉璃瓦顶的排云殿建筑群在郁郁葱葱的松柏簇拥下似众星捧月，流光溢彩。这组金碧辉煌的建筑自湖岸边的云辉玉宇牌楼起，经排云门、二宫门、排云殿、德辉殿、佛香阁，终至山巅的智慧海，重廊复殿，层叠上升，贯穿青天，气势磅礴。巍峨高耸的佛香阁八面三层，踞山面湖，统领全园。其东面山坡上建有转轮藏和巨大的万寿山昆明湖石碑，西侧的铜亭，名宝云阁，是一座铜铸的佛殿，重41.4万斤，是中国铸铜工艺中少有的珍品。登上佛香阁，凭栏送目，碧波荡漾的昆明湖上，楼船泛绿，百舸弄波。蜿蜒曲折的西堤犹如一条翠绿的飘带，萦带南北，横绝天汉。堤上六桥，形态各异，婀娜多姿。浩淼烟波中，宏伟的十七孔桥如长虹偃月，倒映水面，涵虚堂、藻鉴堂、治镜阁三座水中岛屿鼎足而立，寓意神话传说中的"海上三仙山"。在湖畔，还建有著名的石舫，惟妙惟肖的镇水铜牛，赏春观景的知春亭等点景建筑。

沿着昆明湖北岸修筑的长廊，长达728米，像一条锦带把前山各组建筑连为一体，同时在山水之间画出了一条对比明显的界线。长廊共273间，是中国园林建筑中最长的廊道，廊顶梁枋上画有西湖风景、历史人物、山水花鸟等一万四千多幅画，有很高的造园艺术价值。

长廊西端水中有一石舫，为巴洛克样式。此类风格在圆明园"西洋楼"景区更多，由在宫廷供职的西洋画师设计。

颐和园前山前湖区开朗宏阔，真山真水，大笔触，大场面，大境界，建筑物上绘有华丽彩画。其中佛香阁建筑群采用黄琉璃瓦顶，风格浓丽富贵。

在昆明湖西部筑西堤，西堤将北面隔成两个岛，与龙王庙岛一起，构成一池三神山的传统皇苑布局，为西湖区，风格疏淡粗放，富有野趣。

万寿山北麓是后山后湖景区。后湖实为一串小湖，以弯曲河道相连，夹岸幽谷浓荫。万寿山北麓，地势起伏，花木扶疏，道路幽邃，松柏参天。重峦叠嶂上，仿西藏寺庙建造的四大部洲建筑群层台耸翠，雄伟庄严。山脚下，清澈的湖水随地貌演变为一条舒缓宁静的河流，顺地势而开合，时宽时窄。两岸树木蓊郁，蔽日遮天，画栋雕梁，时隐时现。后溪河中游，模拟江南水肆建造的万寿买卖街，铺面房鳞次栉比，错落有致。钱庄、当铺招幌临风；茶楼、酒馆画旗斜矗。若轻摇画舫，徜徉其间，品一杯浓浓的碧螺香茗，听一曲地道的软语吴歌，真让人顿生姑苏之想。沿河东游，水尽处，闻溪流琮琮，如琴如瑟，是为谐趣园。小园环池而筑，游廊相连，厅堂楼榭，精致典雅，"一亭一径，足谐奇趣"。

长于鉴赏的乾隆皇帝有诗曰："何处燕山最畅情，无双风月属昆明。"颐和园集中国历代造园艺术之精粹，是中国园林艺术史上的里程碑。古往今来，它以其无与伦比的园林艺术魅力倾倒了无数中外游客，被人们赞誉为"人间天堂"。

专家点评

北京的颐和园与圆明园、承德避暑山庄都是以规模取胜，它不像江南私家园林那样的"城市山林"、"咫尺山林"，而是以真山真水作为基础。全园有四大景区，万寿山和昆明湖将自然的山景和广阔的水域与人造景观合为一体，其中水域占全园面积的3/4。由于这里既有山又有水，所以颐和园又被称为"山水园"。园内各式宫殿、楼阁、寺院以及小型园林，与湖光山色融合在一起，秀美无比。另外，园内的一景一物的设置也很有讲究。

颐和园十七孔桥。

起始时间	地理位置	推荐理由
公元1836年	英国伦敦威斯敏斯特地区泰晤士河西岸	英国国会大厦象征了英国历史悠久的民主制度,很多人把它当成是伦敦的重要标志,其北端的大本钟更是闻名世界的标志性建筑。

象征君主立宪政体的英国国会大厦

文明印记

英国国会大厦,即威斯敏斯特宫,是一座庄严、瑰丽的哥特式建筑。它是英国最高立法机构——上议院和下议院所在地。从英国君主立宪政体建立以来,这座风格独特的庞然大物就成了英国政界商讨国家大事、制定法律的场所,也成了英国各政党高谈阔论、互相论战的讲坛。

国会大厦沿泰晤士河西岸向南北展开,占地三万多平方米。主体建筑是前后三排近300米长的宫殿大楼,大厦的两端和中间由7座横楼连接。大厦共有1100个房间、一百多处楼梯、11个内院,光是走廊的长度就计3公里。入口在西,是古典式的拱门。国会大厦正中是八角形的中央大厅,将国会分成南北两部分,南面是上议院,北面是下议院。在中央大厅之上耸立着高达91米的采光塔,在大厦两端还各有一个高塔。大厦南端是高耸的维多利亚塔,高102米,长、宽各22.9米,十分宽大。塔的内部共有11层,因其全部为石质结构,防火性能强,所以一直被用来存放议会的重要文件档案。

大厦北端就是著名的大本钟钟楼,它高96米,里面陈放着一口沉重而华丽的大钟,名为"大本钟"。它是1859年由当时的英王工务大臣本杰明·霍尔爵士监制的,人们便以他的英国国会大厦。

名字命名。最初这个名字只是赋予塔中那座13吨重的大钟，如今已演变为整个塔楼的名字了。这座大钟面朝西方，圆形的钟座直径有6.7米，四个钟面的面积有两平方米左右。上面的时针长2.7米，分针长4.27米，当它起动时，摆重有305公斤。铸造这口大钟共耗资2.7万英镑。大本钟根据格林威治时间走动，每一秒的响声都那样深沉而铿锵。它从1859年起就开始为伦敦城报时了，至今已过去将近一个半世纪，尽管这期间大本钟曾两度因裂开而重建。现在大本钟的钟声仍然清晰、动听。每隔15分钟，钟声便会响彻四方，在数英里之外都能听到钟声的回荡，其深沉的声音直入人心。一到夜晚，大本钟就在灯光的照耀下，静静地浮在夜空中，从对岸观望更觉壮观。大本钟现在已经被视为伦敦市的标志和英国的象征，凡到伦敦观光的人，无不聚集到钟楼周围，欣赏伦敦这个独具一格的建筑。这可能是英国最多人摄影留念的地方，BBC英国广播公司以前也按照大本钟对时播报新闻。

这样，由高塔和主楼组成的整个建筑，特别是沿泰晤士河的立面，高低起伏，轮廓参差，形成了十分丰富的天际线。

国会大厦内最重要的建筑是国会大厅。上院的国会厅长27.5米，宽14米，正面讲坛上有英王宝座。下院议事厅长23米、宽14米。女王、上院议员和下院议员进入国会大厦时都须从不同的门进入。每次国会在此开会时，大厦南面的维多利亚塔塔顶就会挂满国旗，它们随风飘摆，看起来十分壮观。

国会大厦的西侧为宫内正房，里面有许多房间，都装饰得富丽堂皇。其中最著名的有几间。"皇室舞厅"是最大的一间。它建于1850年，是专门供维多利亚女王使用的。屋子里面悬挂着巨型的水晶吊灯，光华四溢，令人目眩神迷。而蓝色客厅被视为宫内最雅致的房间，里面摆有为拿破仑一世制作的"指挥桌"。拿破仑被英国打败后，这张桌子作为战利品被法国路易十八赠送给当时英国的摄政王乔治四世。白色客厅名副其实，主要由白、金两色装饰而成。室内摆放着精致的家具和豪华的地毯，大多是英、法工匠制作的艺术品，精美绝伦。在御座室正中端立的御座是当今的伊丽莎白女王在1953年加冕时和丈夫爱丁堡公爵使用过的座椅。此外，室内还保存了维多利亚女王的加冕御座和英王乔治四世加冕时使用过的四张大座椅。四周墙壁顶端还绘有15世纪玫瑰战争的情景，惟妙惟肖，栩栩如生。大厦里还有一个宫内音乐室，房顶呈圆形，用象牙和黄金装饰而成，以前，维多利亚女王和艾尔伯特亲王经常在此举办音乐晚会。

国会大厦是英国的政治中心。它不仅外表雄伟壮观、内部装饰华丽，而且其建筑结构和内部设计也充分地体现了世界上最古老的君主立宪政体的特质。据说英国国会开会时，国王应坐在上议院的国王宝座上，首相和议员则必须从下议院的入口进入自己的席位，普通公民只能在旁听席观看会议进程。英国国会大厦的一大特色是充分利用了泰晤士河的河岸，与之浑然一体。它的建筑风格在建筑界影响很大。匈牙利的国会大厦受其影响，也充分利用了多瑙河河岸，成为匈牙利一道亮丽的风景线。中华民国时期，袁世凯的总统府也受到了英国国会大厦的影响。

英国国会大厦对外开放，游客可以由维多利亚塔入内参观。不过自从发生恐怖炸弹事件以来，现在已经禁止以观光名义进入宫内。但在国会开会期间，游人可以以旁听会议的名义进入威斯敏斯特宫内部。而且国会大厦内部的公共区域还是一直对外开放的，每年8月、9月还安排有专门的解说导游服务，吸引着无数游客慕名前来。

专家点评

气势磅礴的英国国会大厦是英国君主政体的象征，也是英国浪漫主义建筑的代表作，它是大型公共建筑中的第一个哥特式复兴作品，风格生动活泼又凝重庄严，壮丽恢宏中带有古典风韵，为当时浪漫主义建筑鼎盛时期的标志。

起始时间	地理位置	推荐理由
公元 1869 年	美国纽约赫德林河口的贝德罗岛上	自由女神像是象征友谊和自由的作品,自落成以来,她一直屹立在纽约湾的入口处。她表达了一种美国人对理想和信念的追求。

高举火炬的自由女神像

文明印记

举世闻名的自由女神像,高高地耸立在纽约港口的自由岛上,象征着美国人民争取自由的崇高理想。

自由神像重45万磅,高46米,底座高45米,是当时世界上最高的纪念性建筑,其全称为"自由女神铜像国家纪念碑",正式名称是"照耀世界的自由女神"。整座铜像以120吨钢铁为骨架,80吨铜片为外皮,由30万只铆钉固定在支架上,总重量达225吨。铜像内部的钢铁支架是由建筑师约维雷勃杜克和以建造巴黎埃菲尔铁塔闻名于世的法国工程师埃菲尔设计制作的。

女神双唇紧闭,头戴光芒四射的冠冕,身着罗马古代长袍,右手高擎长达12米的火炬,左手紧抱一部象征《美国独立宣言》的书板,上面刻着《宣言》发表的日期"1776.7.4"字样。

女神身上的各部件都具有象征意义。

女神脚上残留着被挣断了的锁链,象征暴政统治已被推翻。花岗岩构筑的神像基座上,镌刻着美国女诗人埃玛·娜莎罗其的一首脍炙人口的诗:

送给我

你那些疲乏的和贫困的

挤在一起渴望自由呼吸的大众

你那熙熙攘攘的岸上

被遗弃的可怜的人群

你那无家可归、饱经风雨的人们

一齐送给我

我站在金门口

高举自由的灯火

女神身体微微前倾,气宇轩昂,神态刚毅,给人以凛然不可侵犯之感。而其端庄丰盈的体态又似一位古希腊美女,使人感到亲切、自然,是一件不可多得的艺术珍品。晨光初射时远眺女神,她在朝霞的映衬下,显得雄伟、优雅;夜幕四合时,神像基座的灯光向上照射,将女神映照得宛若一座淡青色的玉雕。从女神冠冕的窗孔中射出的灯光,又好像在女神头上缀有一串闪着金黄色光芒的珍珠。女神右手高举的火炬在夜空中发出橙黄色的光辉,给热闹、喧嚣的大都会平添了一处颇为壮观的夜景。

观光的游人可以从铜像底部乘电梯直达基座顶端,然后沿着女神像内部的171级盘旋式阶梯登上顶部的冠冕处。为了方便游人,每隔三节旋梯就设置一些休息座,供不能一口气登顶的游客小憩。冠冕处可同时容纳40人观览,四周开有25个小铁窗,

自由女神像。

自由女神像与原纽约世贸中心遥遥相望。

每个窗口高约1米。通过窗口向外远眺,东边可见有"钢铁巴比伦"之称的曼哈顿岛上高楼大厦林立;南边的纽约湾一望无际,波光船影相映;北边的哈得逊河逶迤伸向远方。从冠冕处向右还可登上铜像右臂高处的火炬底部,这里可容纳12人凭窗远望,因顾及安全因素,此处已不再对外开放了。塑像的基座是一个大厅,1972年美国联邦政府将其辟为移民博物馆。馆内设有电影院,为游客放映表现美国早期移民生活的影片。

专家点评

自由女神像从1886年10月28日由美国总统格罗弗·克利夫兰揭幕后,迄今已在风暴和海水的冲击中巍然屹立了106年,作为自由的象征,她还曾给从世界各地来美国的移民带来宽慰和希望。

起始时间	地理位置	推荐理由
公元1886年	英国伦敦泰晤士河北岸	伦敦塔目睹了无数血腥残忍的宫廷阴谋和王室罪行，增添了一种神秘特殊的气氛。其珠光宝气和森严壁垒的气势，吸引着众多的游客。

凝聚着英国各时代建筑艺术特色的伦敦塔

文明印记

伦敦塔位于泰晤士河北岸，名为"塔"，实际是英国历史上几百年来历代王朝不断扩建而成的一组庞大建筑群构成的城堡，故又译作"伦敦古堡"。按最初的规划，它建置在罗马时期的旧城墙内，后经扩建，向东延伸，越出旧城墙之外。现在的伦敦塔包括壕沟在内，共占地18公顷。这组庞大的建筑群，以白塔为中心，在它四周有13个塔，最外层是又宽又深的护城壕，里面原来有水，后来成为旱壕。

伦敦塔曾是英国最具有历史意义的要塞。整个要塞由两道防御围墙组成，可谓铜墙铁壁。外部围墙最初是一圈低矮的墙体，墙外缘挖筑了一道沟堑作为屏障。沿墙设有6座碉堡，东北角和西北角的为圆形的棱堡，在上面居高临下有利于射杀壕沟外的目标。南面临河设有塔门，跨于壕沟之上，塔门上有雉堞和箭孔，用来监视和控制河道。内墙较高，沿墙设有13座碉堡，构成了第二道的防御屏障。碉堡凸于墙外，卫兵可以清楚地俯视墙外每寸土地，防备来自任何方向的攻击。这些碉堡战时用于防卫，平时则作为住房。

城堡中最著名也是最古老的建筑要数征服者威廉一世兴建的白塔,也称大塔或中央要塞,是一座方形的大楼。1078年,来自于法国北部的诺曼底公国征服了英吉利王国后,建筑伦敦塔,驻扎重兵,作为威慑。当1087年威廉一世去世时,白塔尚未完工。直到1097年,从初建经过了20年的时间,才由威廉二世将其最后建成。这座用乳白色石块砌就的巨大堡塔是诺曼底式建筑,据说是英格兰最早的石制建筑。白塔一共有3层,为双层墙壁,有胸墙和雉堞,是用坚硬粗糙的毛石砌成的。白塔四角建有塔楼,除东北角的塔楼是圆形以外,其余3座塔楼皆呈方形。白塔高27.43米,是不列颠的军事据点和征服者威廉权威的象征。进入塔内,角落里有一螺旋形的楼梯,十分狭窄,仅容一人上下,沿此可通达顶层。三层是当年英王的寝宫,空间十分狭小,光线也比较暗,不像其他王宫那样奢华。在

波西米亚·霍拉尔作品《伦敦塔》。

白塔中还有一座圣约翰小礼拜堂,是伦敦现有教堂中最古老的一座,被奉为诺曼时代早期建筑中的经典。它不仅用于宗教仪式,还供领主召开私密会议。整座建筑宛如一座巨型堡垒,从12世纪到17世纪,这里一直是英国国王的主要城堡之一。如今的白塔,是一座皇家武器陈列馆。

以白塔为中心,在其四周有近20个塔楼层层防御,确保安全。其中以威克菲塔、血塔、比彻姆塔最为有名。

血塔建于1225年,原称花园塔,16世纪末改称血塔,因在此地上演了许多流血事件而得名。这里主要是囚禁国王的政敌之地。犯人在威斯敏斯特宫受审后,通过伦敦塔南城墙下的一道水门被押入塔内囚禁。这道门本来是保护塔门的入口,但因为犯人

经法庭判决后，必须沿泰晤士河，经这道水门方能进入，故这道门被称作"叛逆者之门"。血塔的最后一个囚犯，是纳粹德国的第三号人物、希特勒的副手鲁道夫·赫斯。当时因他来英国搞秘密会谈，被英国首相丘吉尔囚禁于血塔之内，战后公审后被判处无期徒刑。

伦敦塔内值得一提的还有博尚塔，塔内墙上留存着许多刻字和落款，字迹有的端正，有的潦草，是过去关押在这里的囚犯们临死前的心境告白，很多都反映出当时的历史风貌。

伦敦塔内有个珍宝馆，馆中收藏颇丰，陈列着自威廉一世起至今的历代君王的画像，还有各种宝石和金银器皿及历代王族所使用的武器、盔甲和战袍，如1661年制成的纯金鹰，1664年制成的直径达1米的镀金银盘，还有1829年制成的镀金银酒缸。当然最吸引人的还是维多利亚女王加冕时所戴的王冠。它由金子做骨架，红丝绒为帽顶，镶有三千多颗璀璨夺目、价值连城的宝石。在珍宝馆内还珍藏着一颗据说是世界上最大的钻石。这个镶在权杖上、名为非洲之星的、达530克拉的南非巨钻，熠熠生辉，华丽非凡。除此之外，被称为"黑王子"的红宝石以及东印度公司赠送给维多利亚女王的科希内尔钻石等都是闻名世界的稀世珍宝，令人叹为观止。这里的珍宝有很大一部分是来自于英国以前的殖民地，显现了昔日号称"日不落"帝国的大英帝国的强盛与蛮横。珍宝馆大厅里的银幕上常年播放着伊丽莎白二世登基典礼的盛况，重演着辉煌的历史瞬间。

在伦敦塔内还有一些身体肥胖、被称为"渡鸦"的大乌鸦，它们与一般的乌鸦不同，毫不避人，肆无忌惮地在塔内盘旋着。英国人对乌鸦如此善待，是源自这样的一个民间传说：乌鸦从伦敦塔消失之时就是不列颠灭亡之日！所以，大约从17世纪起，这里的乌鸦就有专人饲养。为防止渡鸦飞出伦敦塔，饲养人员在专家指导下给每只渡鸦修剪翅膀，这样它们就只能在塔内扑腾了，所以现在人们把渡鸦戏称为伦敦塔内"最后的囚徒"，它们为这座伦敦古堡增添了一股诡异的气息。

伦敦塔有千年的历史，堪称伦敦最悠久的古迹，它是英国最古老的王宫之一。当年，每逢加冕的前一晚，英王都要在伦敦塔内过夜，翌日在礼炮轰鸣中，再前往威斯敏斯特宫举行仪式。时至今日，每逢重要的庆典，伦敦塔的总管总会通知皇家炮兵团把大炮拉到城堡南面的河畔，鸣炮庆贺。伦敦塔还有一个特殊的仪式，每晚塔门关闭之前都要例行"上锁仪式"，自1485年沿袭至今，从不间断。

英国伦敦泰晤士河上的塔桥。

在伦敦塔的出入口处,有两名身着古老的都铎王朝制服的禁卫肃然站立着,这些衣着古老的卫兵,营造出一种特殊的氛围,仿佛把人们带回到过去的时光,成了游客欣赏和摄影的对象。伦敦塔的士兵均是由服役22年以上,得过品行优秀奖章的高级军士充任。他们既是卫士又是导游。游人可在身着都铎王朝制服的禁卫引导下进行参观。伦敦塔以其独特的历史内涵和风貌,每年都吸引着达200万的参观者。

登上伦敦塔的城墙,可以眺望远处泰晤士河的美景。这不禁让人慨然生叹,千载不变、悠悠流动的河水见证着多少人世的沧桑和生命的流逝,伦敦塔又见证了多少风云变幻的场景。

专家点评

伦敦塔是伦敦的著名古迹,它宏伟肃穆、巍峨壮观。经过历代君主的扩建和整修,伦敦塔反映着英国不同王朝的不同风格,是英国各个时代智慧的结晶。它以其雄伟的建筑和悠久的历史成为英国最重要的文化遗产,在岁月的流逝中愈加彰显出独特的魅力。

起始时间	地理位置	推荐理由
公元1957年	巴西东南部戈亚斯高原中央	巴西利亚是世界上最年轻的首都,是城镇规划史上融世界古今建筑精华与艺术风格于一城的标志性城市。

融世界古今建筑精华与艺术风格于一体的巴西利亚

文明印记

当你乘飞机在巴西上空飞行到南纬47°、西经15°的时候,从舷窗眺望,你会惊奇地发现,地面上也有一架飞机。

这不是飞行中飞机的影子,而是巴西首都——巴西利亚。

巴西新都巴西利亚,位于巴西东南部戈亚斯高原中央,阿尔托山之南,海拔1161米,东距大西洋1000千米。

新都所在的联邦区直辖于中央政府,面积5814平方千米,人口120万,其中35万住在市区,85万住在8个卫星城。

城市的设计构思非常巧妙,整个新都被设计成一架飞机。飞机象征着速度和力量,喻示巴西是一个迅猛发展、高速起飞的发展中国家。

巴西利亚的建设速度,真正体现了设计者的心愿。从1957年破土动工到1960年4月举行迁都庆典,前后只用了3年时间。

首先兴建了一个">"形人工湖,周长80千米,最宽处5千米,蓄水5亿立方米。整个城市迁入人工湖的半岛上。

"机头"是三权广场,即议会、法院和总统府的所在地,突出于半岛的尖端,面向大湖。

从三权广场到城西的广播电视大楼,是一条8千米长的大街,宽达250米,比布宜诺斯艾利斯的7月9日大街(宽130米)和巴黎的爱丽舍田园大街(120米)约宽1倍,为城市的基干,即"机舱"。

"机舱"的前部是政府各部广场大厦,其后是文教区、体育城、电视塔、公交中心。"机尾"是为首都服务的轻工业区和出版印刷区。

长长的两侧"机翼"是公寓区,沿着人工湖"八"字形展开。在两翼与机舱的连接部,是商店、银行、旅馆等建筑。

人工湖分南湖和北湖,如双臂拥抱着大半个城市,薄体桥如虹,接通两岸。湖滨环绕着使馆和私人住宅。

巴西利亚是一座只有三十多年历史的新城,没有一处古代建筑。有名的现代建筑主要集中在城市的核心——三权广场。

建筑造型可以说是标新立异。国会大厦、震旦宫、高原宫、最高法院大厦、伊塔马拉蒂宫、国家剧院、巴西利亚展览中心、印第安人博物馆、独立纪念馆等许多著名建筑的设计都出自奥斯卡·尼梅耶尔之手,这些构思独特、线条优美的建筑为新都增添了绚烂夺目的光彩。

国会大厦是两座并列的28层的长方形大楼,是全城最高的建筑。法律规定,任何建筑物都不得超过它的高度。

两座大楼之间由一条过廊连通,形成一个"H"形,这是葡萄牙文"人"的第一个字母,表示一切为了人。右侧大楼为众议院大厦,楼侧是一个仰天的"大碗",意为"广听民意";左边是参议院大厦,侧旁亦有一个"大碗",不过是倒扣,象征"集中民意形成决议"。

"碗"下为两院会议大厅以及商店、餐厅、车库等附属建筑。两院会议厅各有1200个坐席,均有藏书数十万册的专用图书馆。巴西人自豪地说,这是"世界上最大的议会建筑"。公民可以自由进入大厦参观,也可以入公众席旁听,有什么意见,可以委托议员代为传达。

总统府在黎明宫。这是一座围廊悬空在外的建筑，廊柱一反圆、方的陈规，有的如上长下短的菱角，有的似展翅欲飞的大雁。菱形四角如印第安人的盾牌，象征巴西最早的主人是印第安人。

司法宫别具特色，由14根洁白的几何形大柱托着一个平顶大棚，棚下为审判大厅和办公楼，门前竖立着一尊蒙着双眼的正义女神塑像，表示"法不认人"，在法律面前人人平等。

大厦广场的政府各部大厦也各自标新立异，互不雷同。

外交部的伊塔马拉蒂宫构筑在一个大水池上，钢架玻璃结构，突出了水晶宫的特色。池内由5块石头组成的莲花型石雕，和奥运会的五环旗一样，象征着五大洲的团结和世界和平。

规划是城市建设与发展的灵魂，巴西利亚从建设新都的那一天起，就充分展现了巴西人的全新规划理念：南北人工湖像张开的双臂一样拥抱着几乎整个城市，市区不建重工业区，居民公寓在六层以下，从城市广场到每个家庭的院落全面实行绿化，市内公路均为单行线，立体交叉，不设红绿灯，从而使城市街区成为放大的公园，花木扶疏，秩序井然，处处生机勃勃，诗情画意。

公寓区布局合理，服务设施齐全。每十几座楼房组成一个"方街"，方街内及其周围设有托儿所、小学、运动场、影院、诊所、小商场、面包店、餐馆、药房、洗衣房、理发店，居民不出方街就能获得必要的生活服务。

巴西利亚人特别重视城市环境建设、管理和保护。

当初在规划巴西利亚城市建设蓝图时，建筑师卢西奥就已经考虑到新首都未来的环境问题，他不希望巴西利亚再走旧都的老路，因无节制地发展而造成环境的严重污染。

卢西奥首先将未来的首都定格为"行政管理型城市"，城市规模控制在70万居民以内，市区里只有政府机构和为城市居民生活与消费提供服务的行业，不准兴建任何生产型企业。

为此，政府明文规定，只许建设无污染的小型工业企业，住宅不许建在办公区内，大商场只能建在商业区，湖滨只许建两层以下的别墅式住宅。这些规定贯彻始终，从而保持了城市风格的连续性和稳定性。

▲ 巴西利亚的标志性建筑——议会大楼。

迄今为止，在巴西利亚看不到对着天空冒浓烟的烟囱，也听不到机器的轰鸣声。

为了减少旱季空气干燥的影响，卢西奥巧妙地在流经巴西利亚的两条小溪上筑坝断流，形成一个环抱市区、面积为46平方公里的人工湖泊，用于调节城市空气湿度。不仅如此，市政府每年还将1/3的市政预算投在绿化工作上。

现在将巴西利亚称作"城市花园"绝不为过，这里除了建筑物就是草坪和绿树，人均绿地面积超过100平方米，居巴西各大城市之首。

专家点评

巴西利亚的规划设计构思新颖，反映了现代城市规划研究的一些成果。巴西利亚的城市建设理念给人以借鉴和启迪。